한국의 법철학자

한국법철학회

세창출판사

이 도서의 국립중앙도서관 출판시도서목록(CIP)은 서지정보유통지원시스템 홈페이지(http://seoji.nl.go.kr)와 국가자료공동목록시스템(http://www.nl.go.kr/kolisnet)에서 이용하실 수 있습니다.(CIP제어번호: CIP2013007351)

간행사

한국법철학회는 한국법철학계를 대표하는 학술단체로서 1957년 유진오 박사님을 초대회장으로 발족한 이래 반세기 동안 성장을 거듭하여 왔습니다. 1998년에는 『법철학연구』라는 전문 학술지를 창간하여, 우리나라 법철학을 선도해오고 있으며, 금년말에는 영문 법철학저널 『Asian Legal Philosophy』도 창간할 예정으로 있습니다. 그간 단행본 편찬사업도 꾸준히 해왔습니다. 1996년 『현대 법철학의 흐름』을 시작으로 하여 2001년 『법치국가와 시민불복종』, 2002년 『응용법철학』, 2007년 『한국 현대법철학의 형성과 전개』 그리고 2013년 『한국의 법질서와 법해석론』 등이 그 대표적인 결실입니다. 이와 같은 법철학 저널과 단행본의 출간 사업은 한국의 법철학을 선도적으로 이끌어가는 중심적 역할을 수행하는 것이었다고 자부하고 싶습니다.

하지만 이런 학회의 사업은 법철학을 중심으로 이루어진 것일 뿐 법철학을 연구하는 '사람'에 대한 것은 아니었습니다. 학문을 구축하는 인프라로는, 학문적 논의가 필요한 현실문제, 그런 문제들을 논의하는 담론과 그 결실로서 다양한 문헌의 생산, 그리고 담론과 문헌의 생산을 수행하는 두터운 학자집단을 들 수 있을 것입니다. 이 책은 바로 법철학의 담론을 펼치고 문헌을 생산하는 우리나라 법철학자에 관한 정보를 담고 있습니다. 법철학자 개인별로 그(녀)의 법철학 세계와 이론의 핵심을 개관할 수 있게 해줍니다. 이를 통하여 법철학자들 사이의 학문적 소통이 더욱 확대될 수 있고, 법철학의 학문후속세대들이 좀 더 쉽게 법철학의 세계에 다가갈 수도 있게 될 것입니다. 더욱이 앞으로 있을 이 책의 영문판 출간은 한국법철학의 현황을 세계에 알리는 데에도 크게 도움이 될 것입니다.

이 책에서 다루는 법철학자의 범위는 56년의 학회 역사 전체를 포괄하고 있습니다. 이항녕 박사를 필두로 하여 심재우, 오병선, 박은정 전임회장님은 물론이고 학계의 중진을 형성하는 학자들과 최근 눈부시게 성장하고 있는 신진 법철학자들까지 다루고 있습니다. 이 자리를 빌려 귀중한 원고를 내주신 회원님들께 깊은 감사의 마음을 전합니다. 다만 이 책은 아직 한국의 법철학을 대표하는 모든 학자를 담고 있지는 못합니다. 그 점을 매우 아쉽게 생각합니다. 하지만 시간을 두고 보완을 하여 한국을 대표하는 모든 법철학자를 빠짐없이 망라하도록 노력할 것입니다.

끝으로 이 책의 출간에 재정적인 뒷받침을 해주신 법률사무소 김&장과 이재후 대표변호사님께 심심한 감사의 마음을 전하고 싶습니다. 아울러 이 책을 만든 세창출판사 사람들, 특히 이방원 대표님과 임길남 상무님 그리고 강윤경 님께도 감사의 마음을 전합니다. 또한 이 책의 출간사업을 주관한 한국법철학회 출판이사 양천수 교수님(영남대)의 노고도 결코 잊을 수 없을 것 같습니다. 아무쪼록 『한국의 법철학자』가 법철학에 관심이 있는 모든 사람들에게 널리 유익하게 이용될 수 있기를 간절히 기대해봅니다.

2013년 5월 13일
한국법철학회 회장
이 상 돈

차 례

제1장

제2장

제3장

제4장

제1장 | 한국의 법철학자

이항녕*

이항녕은 1915년에 충남 아산에서 출생하였고, 1940년 경성제국대학 법문학부 법학과를 졸업하였다. 해방 이후 동아대학교와 부산대학교, 그리고 성균관대학교 부교수를 거쳐 1954년부터 고려대학교에 재직하면서 고려대학교 법과대학장과 교육학부장, 그리고 제9대 문교부 차관직을 수행하였으며, 홍익대학교 총장을 맡기도 하였다. 1980년에 퇴임한 이후 홍익대학교 명예교수로서 노년까지 연구와 집필을 계속하다 2008년 작고하였다.

I.

해방 이후 한국 법철학계의 제1세대 학자들 가운데에도 선구자라고 평가되는 이항녕은 왜 자신이 법학분과 가운데에서 '법철학'을 연구하고 가르치기로 택하였는지에 대해 다음과 같이 적고 있다: "법철학의 강의는 적어도 법조문에서 해방된다는 이점이 있

* 본고는 법철학연구(제8권 제1호, 2005)에 "이항녕 선생의 법사상과 문학, 그리고 그 영향" 특집으로 수록되었던 최종고, "이항녕의 법사상과 문학," 심재우, "이항녕 선생의 직분법학과 구체적 자연법," 강희원, "법사회학적 시각에서 본 풍토법 법사상 —풍토적 법철학방법과 풍토적 자연법론을 중심으로," 그리고 스즈키(이정민 역), "이항녕 박사의 '법철학개론'에 관해"를 바탕으로 재정리한 것임을 밝힌다. 또한 이동희, "유기사상과 풍토적 자연법론 —자연법 사상의 역사성과 구체성," 법학논총(제34권 제1호, 2010)을 참조하였다.

다. 현미경식으로 꼬치꼬치 캘 필요도 없고, 망원경식으로 허공을 향해 대포를 쏘아도 별로 탓할 까닭이 없다. 대학에서 육법전서의 조문해석을 잘못 가르치면 실생활에 나아가서 직접 손해를 볼지 모르지만 대학에서 법철학을 잘못 배웠다고 해서 실사회에서 크게 밑질 것은 없다. 나는 이 대포 쏘는 재미로 법철학을 강의해 왔다"(1978a, 104-105). 또한 그는 자신의 정의론에 대하여 "나는 법철학을 법의 궁극 목표인 정의를 타구하는 학문이라고 대포를 쏜다 …(중략)… '정의란 무엇이냐'하고 큰소리를 외칠 수 있는 자유는 법학에서는 오직 법철학뿐이다. 법철학은 법의 과학이 아니고 법의 철학이다. 법의 과학이라면 법조문이라는 대상이 뚜렷하지만, 법의 철학이기 때문에 법조문이라는 대상에 구애됨이 없이 강의하는 사람의 세계관에 의하여 그 학문을 자유스럽게 구성할 수 있다"(1978a, 195-196)고 이야기한다.

이처럼 겸허하고 소박하게 스스로의 학문세계를 규정지었지만, 사실 이항녕의 연구들은 현대 자연법론에서 법의 역사성의 문제와 구체적 자연법의 문제를 해결하기 위한 수많은 관념적 혹은 유물론적 시도를 아우르면서, 균형적이고 통합적인 인식관을 보여주는 것으로 평가받고 있다. 그는 만유의 근원은 에네르기(energy)라는 데 주목해야 한다고 주장하면서 동양의 기(氣) 사상에 기초한 유기사관을 구성하고 이를 토대로 풍토적 자연법론을 전개하였으며, 또 이것의 구체화로서의 직분을 법적 효력의 토대로서 제시하였다. 그는 법철학을 '법을 통하여 성립되는 보편적 사회의 철학,' '사회철학의 통합체'로서 파악하고 세계사를 시간적 구조와 공간적 구조로 나누어 각 법문화권에 부합하는 법이념을 설정하였다. 이항녕의 풍토법사상은 법다원주의의 맹아를 품고 있는 법사회학적 이론이며, 그의 직분법이론 안에서는 서양의 자연법이론과 동양 유교의 덕치 · 예치사상이 만나고 있기도 하다. 이항녕은 단순한 '법의 철학'을 넘어서 역사학, 사회학, 인류학, 지리학 등이 학제적으로 융합된 이론체계의 단초를 보여주었다. 특히 법학과 문학의 내적 연결고리들을 발견하여 다수의 관련저작을 남겼으며, 작품활동을 통하여 이를 실천적으로 예증하였던, 시대에 앞서간 기초법학자이기도 하였다.

II.

이항녕의 고유한 법철학의 세계는 1955년(수도문화사)에 초판을 펴내고, 이후 1965년(고려대학교 출판부; 개정판)과 1974년(박영사; 재개정판), 그리고 2004년(박영사; 제3정판)에 이르기까지 수정 · 보완하였던 그의 대표적인 저서 『법철학개론』에 특히 잘 담겨 있다. 이항녕은 이 저작이 "켈젠의 순수법학과 상반되는 입장에서 법사회학적 경향을 띠었다"(2011, 211)고 스스로 규정한 바 있다.

『법철학개론』은 크게 3편으로 구성되어 있는데, 제1편에서는 법철학 방법론을, 제2편에서는 세계사의 법철학적 구조를, 그리고 제3편에서는 법철학의 현대적 과제를 다루고 있다. 이항녕은 법을 문화현상으로 바라보고 세계사적 유형으로 파악해야 한다는 전제에서 출발하여, 역사적 인식론으로서의 유기사관에 입각하여 세계사를 해석한다. 또 한편 풍토를 역사의 시원으로 파악하고, 그 역사적 시원으로서의 풍토를 유형화하여 '유형적 풍토'에 입각해 '풍토적 존재 내지 현상으로서의 법'을 읽어낸다. 그의 풍토적 법사상은 『법철학개론』 제1편에서는 법학을 조망하는 그의 고유한 시각에 입각하여 직관적으로 구성되어 있는 한편, 제2편에서는 세계사에 지금까지 등장했던 수많은 법사상의 조류를 평가하며 열거적으로 전개되어 있다고 평가받는다.

이항녕은 인간과 자연, 그리고 인간 상호간의 관계는 항상 변하며, 그렇기에 역사란 보편적이지도 특수하지도 않고 단지 유형적인 것이라고 규정한다. 여기서 유형성이란 역사적 개념인데, 보편성이 형식을, 그리고 특수성이 내용을 구축하게 되면 하나의 유형성이 형성된다는 것이다. 그렇기에 역사란 항상 보편적 특수이며, 또한 특수적 보편이기도 하다. 그런 맥락에서 법은 세계사적인 유형성 안에서 고찰되어야 한다는 것이다(2004, 31-32). 또한 이항녕은 관념론과 유물론의 일면타당성을 종합하고 어느 한쪽으로 치우치지 않는 통합적 인식론을 구성하기 위하여 만유의 근원은 에네르기(energy)라는 사상에 주목해야 한다고 주장한다. 여기서 에네르기 개념은 헤라클레이토스(Herakleitos)의 만물의 유전론, 엠페도클레스(Empedokles)가 에네르기와 유사한 것으로서 설명하였던 운동의 법칙, 아낙시메네스(Anaximenes)가 우주의 본질을 밝히기 위하여 에네르기와 유사한 것으로서 사용하였던 공기라는 관념, 그리고 오스왈드(Oswald)의 에네르기에 대한 일원론적 세계관 등에서 그 단초를 찾아볼 수 있다.

이를 바탕으로 이항녕은 동양의 기(氣) 개념에 입각하여 서양의 관념론과 유물론을 결합시킨 이른바 "유기론(唯氣論)"을 구축하였다. 여기에서 '기'란, 이(理)에 대립하는 물질적인 것이 아니라 정신을 내포하고 있는 하나의 우주적인 본질로 이해된다. 즉 기는 물질적 존재이면서 동시에 정신적 존재로서, 유기론적 이해는 사물의 본질을 관념적이거나 혹은 유물론적인 것으로 일면적으로 보는 이론들을 단순히 종합한 것이 아니라 오히려 사물의 시원을 육박하여 관념과 물질의 발원지를 탐구하려는 시도이다(2004, 39-40).

유기론적인 역사관에서는 역사를 직선적으로 보는 것이 아니라 파동적으로 이해하고, 물질이 정신을 유도하는 가능성과 정신이 물질을 유도하는 가능성이 파동적으로 교제하는 것으로 읽어낸다(2004, 43-44).

이와 같은 유기사관에 입각하여 이항녕은 "천인합일의 상태"(2004, 46)로서의 풍토를 법의 역사적 시원으로 파악한다. 여기서 풍토란 일차적으로 "환경이 주체화된 것이고, 인종이 객관화된"(2004, 47) 유형적 생활기초로서의 존재이다. 따라서 세계사적 유형성은 풍토적 다원성이며, 이는 무한한 특수적 집합으로서의 다양성을 의미하는 것이 아니라 구체적인 보편성으로 정향될 뿐이라고 한다(2004, 53). 이처럼 법을 풍토적 현상으로서 유형화할 때 풍토적 배경이 없는 법은 생활이 없는 것이 되고, 생활이 없는 것은 법이 아니게 된다. 그렇기에 법의 세계사적 유형성을 전제할 때 일원적 보편성이란 존재할 수 없다. 법철학에서는 법의 다원적 특수성이 대상이 되는 것이 아니고 법의 다원적 보편성이 과제이기 때문에, 법철학은 다수의 법이 하나의 유형을 구성하고 그 유형이 다시 세계사에 있어 하나의 경향을 지향해야 한다는 것이다. 여기서 법철학의 임무는 사회현상으로서 법의 보편성과 특수성을 적절하게 배합하고, 하나의 세계사적 법유형을 구성하는 데 있다고, 그는 이해한다.

따라서 법철학에서 대상으로 하는 것은 유형적인 법이라고, 이향녕은 밝히고 있다(2004, 53). 유형론적 시각에서 법은 하나의 유형으로서만 인식된다. 유형이란 특수한 것을 내포하면서 보편적인 것을 지향하기 때문에 유형적 법은 이른바 '내용이 변할 수 있는 자연법'과 같다는 것이다. 이러한 법유형론에 따르면 자연법은 법에 있어 하나의 이상이고, 실정법은 하나의 현실이다. 자연법은 실정법의 배후에 있으며 실정법이 지향하는 방향을 지시하는 추상적 형식(보편성)이고, 실정법은 자연법의 욕구를 충당시키는 구체적인 내용(특수성)이 된다는 것이다(2004, 54). 이와 같은 유형론적 시각에서 법의 특수성과 보편성은 풍토적 세계사적 유형성에 지양되고, 시간과 공간을 초월한 자연법과 시간과 공간에 제약될 수밖에 없는 실정법의 결합체로서 진화되어 법이 된다는 것이다(2004, 55).

Ⅲ.

일찍이 파운드(Pound)의 『법철학입문』을 국내에 번역하여 소개(1960)하기도 하였던 이항녕은, 법현상의 원인을 법 자체가 아니라 법 바깥의 것인 '풍토'를 통하여 규정하려고 했다. 이는 현대법사회학, 특히 발생학적 측면에서 자연적 · 경제적 요인 등에 대한 법의 구속성으로부터 법현상의 원인을 규명하려고 하였던 뒤르깽(Durkeim)이나 베버(Weber) 등의 법사회학 이론과 맞닿아 있다고 볼 수 있다. 또한 개개의 상이한 문화가 각자의 특수한 환경과 역사의 결과로서 고유한 생활원리를 가지며, 법은 모든 문화에 편재하는 보편적인 질서원리가 아니라는 법다원주의적 사유가 일찍이 이항녕의 풍토적 법사상에 내재되어 있었다고 평가되기도 한다. 더 나아가 풍토를 일정한 자연환경에 기반을 둔 문화현상으로, 그리고 '주체적 · 객체적 생활형태'로 파악하는 이항녕의 접근은, 법을 문화현상으로 읽어내는 문화인류학적인 법학방법의 단초를 제공하고 있다고 할 것이다. 무엇보다 지리학적 · 지정학적 사유를 법철학에 도입한 이항녕의 독특한 접근은 브로델(Braudel) 등 초기 아날(Anal)학파의 거시사적이고 지정학적인 역사이해와도 맞닿아 있으며, 그런 의미에서 그는 법사학과 법지리학의 접합이라는 매우 새로운 방식으로 '역사적 · 문화적 공간요소로서의 풍토가 법에 미치는 영향'을 밝혀내었다고 평가할 수 있을 것이다.

이항녕의 법철학은 공간적으로는 동방사회, 중방사회, 그리고 서방사회를 조망하면서, 그곳에서 각각 다른 규범문화의 세계관이 생겨난 이유를 문화철학적 관점에서 밝혀낸다. 동방은 계절풍 풍토유형을 갖고 있어 정착적인 농경생활에 적합한 생활기반을 이루는 반면, 중방은 대륙성 풍토로 자연과 투쟁하고 방황하는 유목생활의 반항적 생활양식을 갖고 있으며, 한편 서방은 해양성 풍토로 온화하고 상업생활에 적합한 생활기반을 이루고 있다는 것이다. 또한 시간적으로는 그러한 규범문화의 세계관을 고대, 중세, 근대, 현대에 걸쳐 이데올로기화해가는 과정을 보인다. 도식화하자면 고대의 동방은 농경사회이고 중방은 제국사회이며, 서방은 봉건사회이다. 또 중세의 동방은 군현사회, 중방은 제국사회, 서방은 봉건사회이며, 근대의 동방은 민족사회, 중방은 전체사회, 서방은 민주사회이다. 한편 현대의 동방은 인륜사회를 지향하고, 중방은 인류사회를 지향하며, 서방은 인간사회를 건설하고자 한다는 것이다.

이항녕의 풍토적 자연법은 그런 의미에서 구체적 자연법에 속한다. 시간과 공간 안에서 그 시대와 민족에 구체적으로 타당한 자연법이었기 때문이다. 심재우는 이를 "그 내용에 따라 보면 공간적 개념으로서는 풍토적 자연법이며, 시간적 개념으로서는 역사적 자연법이며, 문화철학적 관점에서는 문화적 자연법이었다"고 분석하면서 이렇게 다양한 얼굴을 한 자연법이론은 동 · 서양 법철학사에 유래 없는 독창적인 이론체계라고 평가한 바 있다. 또한 그는 악법에 대한 저항권의 근거로서 자연법을 들며 "반항은 모든 인간에게 최초의 가치를 만들게 하는 공통적인 태도이다", "나는 반항한다.

고로 존재한다"(1978b, 83)고 주장하며 자연법을 근거로 저항권론을 전개하였다.

Ⅳ.

이항녕의 고유한 직분법사상 역시 그의 이러한 자연법 이해에 바탕을 둔 것이다. 이항녕의 직분법사상은 마이호퍼(Maihofer)가 말한 직분존재(Als-sein)의 법철학에 그 뿌리를 두고 있다. 마이호퍼는 법이란 인간과 인간 사이의 관계를 규율하는 규범인데, 그 형태에는 두 가지가 있다고 분석한다. 그는 아리스토텔레스에 따라 인간존재 상호관계를 규율하는 평균적 정의의 질서형태와 직분존재 상호관계를 규율하는 배분적 정의의 질서형태가 나누어진다고 보는데, 여기서 후자는 직분존재와 직분존재가 만날 때 서로 대응하는 존재 사이의 올바른 직분역할을 수행해야 함을 강조하고 있다(2004, 358). 예컨대 군주와 신하가 만날 때 군주는 군주로서의, 그리고 신하는 신하로서의 직분역할을 알맞게 수행해야 하다는 것이다. 이는 또한 공자가 논어(論語)에서 펼쳐보인 정명(正名)사상에 기초하고 있기도 한데, 사물의 이름, 즉 직분존재(名)에 상응하는 직분역할(分)을 올바르게 수행하면 사회질서가 바로잡힌다는 것이다. 정치의 역할은 정명의 질서를 세우는 것이고, 사회관계에서 각자 주어진 사회적 직분책임을 다할 때 그 사물의 이름에 실(實)이 있게 되어 사회질서가 바로잡힌다는 것이다.

따라서 정명론에서 그 이름(名)과 실체(實)가 일치하는 명실상부(名實相符)란 각 직분명의 본성을 실현하는 것을 의미하게 된다. 이항녕은 세상 모든 법률은 정명(正名)이 허명(虛名)으로 변질되지 않도록 규제하는 장치라고 이해한다. 가령 변호사법 제1조에서 "변호사는 기본적 인권을 옹호하고 사회정의를 실현함을 사명으로 한다"고 할 때 이는 변호사의 직분윤리에 해당한다. 이 직분윤리는 모든 직분명(名)에 그 본성으로서 존재한다. 법조윤리, 의료윤리, 언론윤리, 방송윤리, 정치윤리, 환경윤리 등이 모두 그러하다. 이러한 직분윤리규범은 법규범에 선행하는 생활규범으로서 구체적 자연법을 형성한다. 생활인은 이 자연법에 따라 규범생활을 하는 것이지, 실정법을 알고 그것에 따라 생활하는 것이 아니다. 법의 효력에 관한 이항녕의 이해 역시 여기서 출발한다.

이항녕은 법의 효력의 근거로서 신뢰설을 주장하면서(2004, 380) 덕과 예로써 정치를 하면 백성의 신뢰를 얻을 수 있지만 법과 형으로써 하면 신뢰를 얻을 수 없음을 강조한다. 이는 "윗사람의 몸가짐이 바르면 명령하지 아니하여도 백성은 행하고, 그 몸가짐이 부정하면 비록 명령을 하여도 백성은 따르지 아니한다"는 공자의 말에 근거하여, 백성에 대한 위정자의 도덕적 책임감을 강조한 덕치사상에 기반을 두고 있다. 이 도덕적 책임감에 조응하여 백성의 신뢰가 생기며, 그렇기에 위정자가 도덕성을 갖추고 솔선수범하여 법을 지키는 것이 법의 효력을 근거짓는다는 것이다. 이는 또한 예(禮)로써 형(刑)의 필요성을 제거하고자 하는 예치사상을 바탕에 두고 있는데, 즉 예의에 의한 교화는 잘못이 아주 미소할 때에 그것을 그치게 하고, 아직 그 형태가 드러나지 않을 때 사악함을 미연에 방지하는 데 있기에, 백성으로 하여금 자기도 모르는 사이에 선으로 옮겨가고 죄에서 멀어지게 한다는 것이다. 또한 그는 "무릇 사람의 지능은 지나간 과거를 볼 수는 있지만 미래를 볼 수는 없다. 예는 악의 발생을 미연에 방지하는 것이고, 법은 그것이 발생하고 난 다음에 금하는 것이다"라는 공자의 "예기(禮記)"를 인용하면서 형법의 최후수단성을 도출해낸다. "덕(德)으로서 인(仁)을 행하는 자가 왕(王)"이 되어 폭군의 지배를 배제하고 성군의 지배를 받는 것을 목적한다는 점에서, 동양의 덕치주의와 서양의 법치주의는 실질적인 지향에 있어 접점을 갖는다고 그는 해석한다.

이러한 이항녕의 법이론은 한편으로는 각 민족의 전통과 개성을 강조하였던 역사법학과 라드부르흐의 상대주의적 가치관으로부터 영향을 받았으면서, 다른 한편으로는 동양철학, 특히 유교사상에 기반을 둔 한국적인 법철학이론이었다고 평가할 수 있다. 또한 직분적 정의에 기초한 구체적 자연법론은 그의 기(氣) 사상의 구체화이며, 법과 현실의, 그리고 자연법과 법실증주의의 간극을 극복하기 위한 고유한 시도였다고 보인다. 이것은 권리와 의무의 이율배반이라는 난제를 해결하는 방안으로 권리를 대신하는 직분이라는 개념을 제시함으로써 권리 중심의 개인주의적 법의식보다 자발적인 개인의 사회적 책임을 강조하는 데 목적을 두고 있다.

V.

이항녕은 법철학자이면서 동시에 문학인이기도 하였다. 그는 중학시절부터 문학을 동경하였고, 대학 예과에 다닐 때까지도 소설가를 지망하였다고 한다. 1935년 동아일보 장편소설 모집에 응모하였다가 낙선하였는데, 당시 당선작이었던 심훈의 "상록수"의 높은 문학성에 자괴감을 느꼈던 데다 선배문인으로부터 "그만한 소질로서는 장차 호구하기 힘들 것"이라는 조언을 듣게 된 다음 문학에의 뜻을 접고 법학에 집중하였다고 회고하고 있다(1962a, 62-63). 이후에도 "문학에 대한 정열은 좀처럼 식지가 않"(2011,

315)았던 그는, "교육가족"(1959)과 "청산곡"(1962c) 등의 장편소설을 비롯하여 창작집 "사직이유서"(1980b)와 "객설록"(1962a), "낙엽의 자화상"(1977), "작은 언덕에 서서"(1978a), "깨어진 그릇"(1980a) 등의 수필집, 그리고 다수의 시조를 내었다. 하지만 이항녕은 단순히 문학적 재능과 관심'도' 지닌 법학자 차원에 머물렀던 것이 아니었으며, 법과 문학의 내적 연관을 고민하고 그 학문적인 가능성을 일찍이 가늠하였다고 평가될 수 있다.

1960년 소설 "청산곡"을 경향신문에 연재하였을 당시를 회고하며, 그는 연재하게 된 이유에 대하여 "4 · 19 대학교수 주가상승 붐을 이용하면 오히려 직업작가가 아닌 대학교수가 소설을 쓴다는 것이 인기가 있을지도 모르겠다는 의견이 낙찰되"어서라고 소탈하게 적고 있다. 그러나 "직업적 작가도 아닌 내가 소설을 집필한다는 것 자체가 큰 망발이라고 생각하고 있지만, 4월 혁명을 겪고 난 뒤에는 아무리 보잘것없는 사람이라도 하고 싶은 말이 생겼다. 이와 같은 생각을 혹은 논문으로 발표할 수도 있고 혹은 수필로도 발표할 수 있으나 나는 소설이라는 형식을 택했다"라는 그의 소회에는 문학이 갖는 현실고발적인 힘과 문학의 인권법적 쓰임새에 대한 예리한 통찰이 담겨 있다.

이항녕은 "문학자들이 문학이라는 형식을 통해서 자연법을 구상할 때 그 사회적 영향력은 법학자가 순전히 법학이라는 형식을 통하여 자연법을 구상하는 것보다도 더욱 강력하다"(2011, 400)고 주장하면서, 톨스토이나 빅토르 위고, 그리고 춘원 이광수 등의 작품세계를 예로 들고 있다. 톨스토이의 "부활"과 빅토르 위고의 "레미제라블"의 배후에 자리잡은 사상은 법질서를 유지한다는 것이 얼마나 인간성을 유린하게 되는지를 보여주고 있으며, 춘원 역시 기존 질서를 유지하려는 법의 목적에 저항하여 '실정법'으로서의 법을 부정하였다는 것이다. 그러나 이항녕은 바로 그런 의미에서 이러한 문학인들은 실정법 너머의 자연법적 질서를 법학자들보다 더욱 열렬하게 탐색하고 적극적으로 시인한 셈이며, 이들을 문학적 자연법론자라고 부를 수 있다고 단언한다. 그리고 문학적 자연법론자들이 가질 수 있는 파급력은 고유의 법학적 자연법론자들의 그것보다 한층 강하다는 것이다(2011, 401). 왜냐하면 기존질서를 존중하고 현행법전을 소중히 하는 습성을 가진 법학자들은 혁신적인 사태를 구상하기에 용이하지 않지만, 자연법론자들은 고정적인 것에 구애받지 않는 창조력과 자유로운 구상이 가능하기 때문이다. 또한 법학자의 문장은 간결하고 일반화되어 있으며 수식 없이 건조한 데에 반해 문학인의 문장은 감정적 호소력이 강하고 구체적 사태를 세밀하게 묘사하기 때문에 그 내용이 훨씬 흡입력을 가진다는 것이다. 그렇기에 자연법적 정의를 실현하는 데 있어 법학은 문학의 도움을 필요로 한다고, 그는 강조한다.

더 나아가 이항녕은 "법학 속에도 문학이 있고, 문학 속에도 법학이 있다"(1977, 111)고 주장한다. '법학 속에 문학이 있다'는 것은 법률용어나 법정변론, 판결문 등이 문자로 표시되는 이상 무미건조하거나 난삽한 것을 피하여 문학적 형태에 가까워져야 함을 의미한다. 그렇게 법문헌이 문학화된다면 문학에도 새로운 장르가 생기게 되는 셈이고, 법학은 그 목적을 더 효과적이며 명확하게 달성할 수 있다는 것이다(2011, 402). 한편 '문학 속에 법이 있다'는 그의 주장은 문학적 소재가 따지고 보면 자연법을 추구하며, 설령 그것이 명시적으로 '법'의 형태로서 표현되어 있지 않다고 하더라도 문학 텍스트 안에 법의 본질과 대중의 법에 대한 인식 · 감정이 녹아들어가 있다는 것을 의미한다. 또한 그는 "문학의 극치가 비극에 있다면 법학의 극치도 이 비극을 해결하는 데 있다"(2011, 404)고

밝히기도 하였다. 이처럼 이항녕은 단지 법률가의 교양을 쌓기 위한 목적으로 고전문학 읽기를 권장하는 차원을 넘어서, 법 텍스트와 문학 텍스트의 내적 연관과 상호형성의 가능성을 탐색하였던, 시대에 앞서간 기초법학자로 남게 될 것이다.

(이소영 집필)

인용된 저술목록

(1959) 『교육가족』, 수도문화사.

(1960) 로스코 파운드 저, 『법철학입문(번역)』, 정음사.

(1962a) 『객설록』, 수도문화사.

(1962b) 『민법학개론』, 박영사.

(1962c) 『청산곡』, 청파문화사.

(1973) 『신법률학사전』, 문성각.

(1977) 『낙엽의 자화상』, 범우사.

(1978a) 『작은 언덕에 서서』, 휘문출판사.

(1978b) 『법철학적 인간학』, 평민사.

(1980a) 『깨어진 그릇』, 일지사.

(1980b) 『사직이유서』, 일조각.

(2004) 『법철학개론』(제3정판), 박영사.

(2011) 『작은 언덕 큰 바람』(유고집), 나남.

김철

김철(金徹)은 서울대학교 법과대학과 법과대학원 박사과정 수료, Fulbright Fellow로 Georgetown Univ. Law Center를 거쳐, Michigan Law Sch. Graduate Study에서 공부하였다. 연구 경력은, N.Y.U. Law Sch.(Dworkin) Research Scholar; Harvard Law Sch.(Harold Berman, Emory), Columbia Law Sch.(Randle Edwards), Stanford Law Sch.(Posner, Chicago)에서 단기 연구하였다. 서울대학교(법과대학 및 사회과학대학, 행정대학원)와 고려대학교(국제대학원)에서 가르쳤으며, 숭실대학교 법학과 기초법 교수를 역임하고, 1982년 숙명여자대학교 법학과를 창설하였고, 기초법과 공법을 담당하여 왔으며, 약 31년 이상 새로운 법학교육 방법론을 탐구하였다. 현재 명예교수로 강의를 계속하고 있다.

Ⅰ. 들어가는 말

김철은 법철학을 모든 법학 분과를 포괄할 수 있으며, 어떤 시대, 어떤 문명의 법제도를 관통하고 있는 사고방식 내지는 방법론으로 파악한다. 김철의 법철학의 소재는 한국의 강단 법학에서 취급하는 법의 모든 분과와 본인이 취급할 수 있는 외국법의 소재(대륙법, 영미법을 비롯한 동유럽-러시아법과 서양법 전통의 비교법과 중국법)를 포함한다. 김철은 인류 문명사에 있어서 법제도가 문명의 중요한 변전(變轉)에서 어떤 역할을 했는가를 탐구해 왔다. 자유주의와 신자유주의, 법과 경제질서의 연구는 이런 보편적 시점을 출발로 한다. 김철은 서양법 전통과 한국법은 개화기 이후 보편과 특수의 긴장 관계를 가지고 있고, 점차로 한국 문명은 더욱더 인류 문명사에 포섭되어 있다는 관찰을 한다. 따라서 한국 법학의 보편성과 특수성, 한국 법철학의 보편성과 특수성을 문제의 출발점으로 삼아 왔다. 이하에서 필자의 논문과 저서를 기초자료로 지금까지의 궤적을 소박하게 그려 보고자 한다.

Ⅱ. 자유주의, 자유지상주의, 신자유주의에 대한 연구 (2006년~2012년)

최현대의 서양 법제도사에서 2차대전 이후 최대의 사건은 동유럽-러시아 혁명(1989)이다. 1917년 이후의 사회주의 법 가족이 지구상에서 사라져가는 기점이 되었다. 동 · 유럽 러시아 혁명이 사회주의 법 가족에 대한 조종(弔鐘)이었다면, 이후의 전개를 볼 때 서양법제도를 채택한 문명 사회의 최대의 시련은 2008년 10월의 금융위기가 촉발한 세계 경제위기였다. 이것은 더 길게 보면 자유주의 국가의 승리로 끝난 1차대전 이후, 자유주의의 최대 시련이자 당시 산업화 국가 모두에게 고통을 강요했던, 1929년 가을 이후 2차대전 발발 이전까지 계속되었던 1930년대의 세계 대공황(The Great Depression) 이후의 문명세계가 겪는 최대의 도전이라고 볼 수 있다. 김철은 1차대전과 2차대전 이후의 세계문명의 주류인 자유주의에 대한 20세기와 21세기의 시련이자 도전인 세계경제위기에 처한 서양법 제도에 대한 법철학과 법사상에 걸친 기초 법적 연구를 행했다. 기초 법적 연구는 그 소재로써 법 제도를 포함한다. 구체적인 소주제는 다음과 같다.

1) "한국에 있어서의 자유주의와 자유지상주의에 대한 반성"(2006)

2) "최현대의 경제공법 사상"(2009b)

3) "최현대의 경제공법 사상(2)"(2009f)

4) "최현대의 경제 공법: 금융 규제와 탈규제-글라스 스티걸 법부터 뉴딜시대의 금융 시스템의 붕괴까지"(2010b)

5) "세계금융위기 이후의 경제, 규범, 도덕의 관계: 금융위기와 관련된 제도의 도덕성 논의를 위한 시론"(2010d)

6) "공법에 있어서의 경제적 보수주의와 경제적 자유주의의 순환: 경제공법에 있어서의 패러다임의 재성찰"(2010e)

7) "근대 이후의 자유주의의 변용(1) —경제공법질서의 전개과정—"(2010f)

8) "근대 이후의 자유주의의 변용과 경제공법질서의 전개과정(2)"(2010g)

9) "법과 경제의 상호교호관계: 장기대침체시대(the Long Depression, 1873-1897)의 경제와 법"(2010h)

10) "정의란 무엇인가: 자유주의와 공동체주의의 가치, 자유와 평등, 형평"(2011a)

11) "법과 경제 질서"(2011b)

12) "신자유주의 시대 경쟁과 과시"(2012a)

13) "폭력의 사회경제적 배경과 판례: 자유 지상주의, 신자유주의에서의 아노미에 대한 판례의 태도"(2012b)

또한 학회 발표문으로는,

14) "경제법사상의 최근 동향: 통합적 방법론"(2011d)

15) "인종문제와 세계화, 자유화, 시장화"(2011e)

16) "법과 경제질서: 역사적 접근"(2011c)

Ⅲ. 『법과 경제 질서』 3부작(2009년~2010년)의 통합적 법철학

필자는 1989년에 동유럽 러시아 혁명과 관련된 세계 법제도에 대한 통합적 비교법 연구(1989)와 1992년의 종교와 법제도의 상호연관성(The Interaction of Law & Religion)에 대한 소개(1992a)(1992b)에 이어, 2008년 이후, 세계경제위기가 세계의 법제도에 미치는 상호 영향(The Interaction of Law & Economics)에 대한 연구로 2009년 3월에 『경제 위기 때의 법학—뉴딜법학의 회귀가능성』(2009a)을 출간하고, 세계 법체계의 변화의 영향권에 있는 한국 법학의 변화가능성에 대한 연구로 『한국법학의 반성—사법개혁시대의 법학을 위하여』를 2009년 9월에 출간하였다(2009c). 『법과 경제 질서: 21세기의 시대정신』은 3부작의 세 번째 연속물이다(2010i). 3부작 모두 해롤드 버만의 통합적 법철학(Integrative Jurisprudence)(2013a)(2012c)에서 제시한 법실증주의의 극복, 자연법론의 회복과 극복, 역사학파의 회복과 극복 및 사회이론의 회복과 극복을 감행하려고 노력했으나 미흡하다는 것을 고백한다. 그러나 2008년 세계금융위기 이후에 달라지고 있는 세계경제환경의 급변에 따라서 앞으로 달라질 세계경제질서의 패러다임을 원경에서 제시함으로써 한국의 법문화 및 기초법과 인접 법학 및 사회과학에 도움이 될 것을 바랐던 것이다.

Ⅲ-1. 비교법, 비교법 방법론 및 비교법 철학: 역사적 방법론

『경제위기 때의 법학(2009a)』, 『한국법학의 반성(2009c)』, 『법

과 경제질서: 21세기의 시대정신(2010i)』의 기초가 된 연구의 밑그림은 몇 가지의 경로를 가진다. 비교법학에 대해서는 1980년대부터 필자가 한국 강단법학을 넘어서서 본격적인 비교법의 연구자들을 탐구하기 시작할 때부터 소급하지 않을 수 없다.

"오랫동안 한국을 포함한 다른 나라의 법학자들은 문화적, 역사적, 정치적, 경제적 그리고 사회적인 요인들에 대한 고려를 접어두고, 법률양식(樣式)과 기술적인 사항들에만 주로 전념하였다(1989). 기억할 사실은 법은 진공 속에서 존재하는 것은 아니며, 그렇기 때문에 진정으로 비교를 하려는 어떠한 연구도 법을 그 출생지와 분리시키지 않는다는 것이다. 반드시 인식되어야 하는 한 가지 사실은 법체계를 유형화하는 연구는 정치적, 경제적, 사회적 기준들이 법원칙(法原則)과 법절차(法節次)에서 어떻게 반영되었는가에 대한 분석에서만 추출될 수는 없다는 것이다. 법제도(法制度)가 그 일부분을 구성하는 전체 사회의 역사적 발전의 맥락에서 오랜 시간에 걸친 법제도의 역사적 발전을 분석하는 것도 동등하게 중요하다. 따라서 비교법학자들은 어떤 문명의 법체계를 세 가지 차원에서 취급할 것을 제안하여 왔다(John Hazard, 1969)(Harold Berman, 1971). 첫째, 개념-형식상의 범주로서이다. 이것은 개념법학과 형식주의 법학을 일컫는 것으로 한국의 개화기로부터 식민지 근대화 시기를 거쳐 제2차 세계대전 이후의 여러 시기를 거쳐 이 글을 쓰는 현재까지 약 110년 이상 무릇 한국의 공식 교육 기관에서 전수한 법학이라면 거의 이 첫째 범주에 속한다고 할 수 있다. 둘째, 역사적·정치적·경제적·사회적 범주이다(Hazard, 1969). 셋째, 의-종교적 범주(擬-宗教的 範疇)로서이다(Berman, 1971). 그러나 이 요약은 비교법학자들의 초기 특징만 나열한 것이다"(2009a)

(2009c)(2010i).

비교법과 비교법 철학자들—해롤드 버만(Harold J. Berman)

개념-형식상의 법문화에서 법학을 시작한 필자가 법문화를 초과하는 데에는 세계적인 비교법학자들의 깨우침이 필요했다(2010i).

이미 고인이 된 John Newbold Hazard(1909-1995)(미국 비교법학회 회장 Columbia Law School & International Affairs)(2009c)와 명예교수가 된 R. Randle Edwards(Walter Gellhorn Professor Emeritus of Law, Columbia Law School)(2009c)를 통해서 필자는 해롤드 버만 교수를 만나게 되었다(2013a). 이미 고인이 된 Harold Joseph Berman(1918-2007)(Harvard Law School & Emory)은 법철학, 법학교육론, 비교법철학, 비교법사학, 법과 종교의 분야에서 필자에게 영향을 미쳤다(2009a)(2010i).

Ⅲ-2. 법철학과 사회이론을 병행하게 한 드워킨(Ronald Dworkin)의 세미나

일단, 개념-형식상의 범주에서 벗어난 필자가 법철학과 사회이론을 병행해서 같이 파악할 수 있을 때까지는 도움이 필요했다(2010i).

로날드 드워킨(Ronald Dworkin, 1931~2013), New York University School of Law 교수가 조직한 The Program for the Study of Law, Philosophy & Social Theory(Fall, 1995)에서 필자는 Dworkin과 Cass Sunstein(당시 Chicago Law School)과 Charles Fried(Harvard Law School) 등 8인의 당대의 학자들의 논문의 1차 초안(very preliminary draft)의 직접 발표와 즉석 토론을 듣는 기회

를 가졌다(2009a)(2009c)(2010i). Dworkin은 2008년 가을 방한하였고, 한국 법철학회의 이틀에 걸친 전문가 세미나에서, 자유주의자(liberal)에 관한 결정적인 견해를 끄집어 낼 수 있었다(2009b)(2010i). Dworkin은 83세로 2013년 2월에 서거하였다.

Ⅲ-3. 법학방법론으로서의 경제학적 법학방법론

비교법학, 비교법철학과 사회학적 법학의 도움으로 개념법학과 형식주의를 초과한 필자가 법학방법론으로서의 경제학적 법학방법론을 배우기 시작한 것은 리처드 포즈너(Richard Posner)의 *Economics of Justice* (1980)와 *Overcoming Law* (1995)에 의거한 바 크다. 1987년에 필자는 스탠포드 로스쿨을 방문하였는데, 이때 포즈너가 초청강연을 하고 있었다(2009a) 이후 2001년에 필자는 포즈너의 방법론을 한국에 소개하는 연구 발표를 하였고(2002), 노벨 경제학 수상자인 경제사학자인 더글러스 노스(Douglass C. North)의 제도이론(North, 1990)에 접하게 되었다. 포즈너에 대해서 필자의 입장은 비판적 수용이었다. 세계 금융위기 이후 포즈너는 이전의 경제학에 대해서 비판적 입장에 서게 된다(2010c)(2010i).

Ⅳ. 한국 문화 안에서의 한국 법학의 성질, 한국 법학의 방법론(2000년~2012년)

"한국의 법학은 언제까지나 경제, 사회 기타의 주된 분야에서 사전에 발생한 문제들을 사후적으로 해결하는 일을 계속하면서 지내야 할까? 라는 학자들의 의문이 있다(2010i)(2012c). 그렇다 치고,

그러면 어떻게 해야 할까? 최소한 세계의 주된 흐름을 예측하거나 따라잡으면서, 한국 사회의 흐름을 인도하거나 왜곡을 바로 잡아서 예방할 수 있는 방법이 없을 것인가? 지난 시절의 강단법학은 필요한 것이었으나 발전적으로 지양되어야 하고 새로운 지평을 열어야 한다는 강한 요구가 새 제도와 관계하여 터져 나오고 있다.

어떻게 할 것인가? 법학자 · 법률가의 역할이 규범해석에 그치지 않고 규범정립을 위한 역할에까지 확대되려면 어떻게 해야 할 것인가? 그런 역할을 하여 온 법문화를 보아야 하고, 그런 법문화를 이끌어 온 역사를 우선적으로 취급하는 것이 현 단계에 있어서 한국법학의 긴급한 의무라고 보인다. 어떤 법학에 다가가야 할 것인가?"(2009c)(2010i)

> "미래로의 우리의 길을 가로막고 있는 장애를 어떻게 극복할 것인가? 중요한 장애는 법 자체에 관련된 지난날의 생각과 실행이 좁고, 부자연스럽게 인위적으로 누군가의 편의에 맞게 좁게 구획화된 것이다. 법을 역사에서 완전히 분리한다든가, 모든 법을 국가법과 동일어로 한다든가, 법의 역사를 한 나라만의 역사로 취급한다든가 하는 것들이며, 더 강조할 것은 다음의 오류들이다. 지난날의 오류는 어디에서 오는가? 첫째, 실정법 제도를 연구의 대상으로 삼을 수밖에 없는 것은 인정하나, 오로지 권력 주도적이며 정치과정에만 관련된 법학의 오류, 즉 '법실증주의'라고 불리는 방식의 오류, 둘째, 첫 번째 법실증주의와 정반대의 스펙트럼의 극단에 존재하는 것이 있다; 자연법론을 역사적 실재로 받아들이고 특히 금융위기 이후에 다시 주목하면서도, 한편으로 배타적으로 순수철학에 속하며, 제도를 논의의 중점으로 두지 않는 순수 윤리철학 또는 순수 도덕 철학의 오류. 오로지 '순수 이성'과 '순수 도덕'만을 강조하는 입

장은 모든 역사상의 제도에 대해서 강한 불신과 니힐리즘을 깔고 있을 수도 있다는 의미에서 그렇다. 셋째, 역사적 접근을 방법론으로 받아들이나, 배타적으로 지난 역사를 강조하여 복고적으로 흐르는 경향의 오류, 넷째, 배타적으로 특정 사회이론의 영향을 받아서 법제도를 어떤 사회경제적 힘의 함수 또는 부산물로 보는 관점의 오류. 우리는 지난날의 법실증주의의 장단, 자연법론의 장단, 역사법학의 장단, 법의 사회이론의 장단을 가리고, 그 결과를 서로 묶어서 새로운 시대의 도전에 응전할 수 있는 법률가를 문명사회를 보존하기 위한 전장에 내보낼 준비를 해야 할 때이다"(Berman, 1983: 서문)(2009c)(2010i)(2013a).

1) "현대 한국 문화에 대한 법철학적 접근—바람직한 시민 사회 유리의 정립을 위하여"(2000)
2) 『한국 법학의 철학적 기초-역사적, 경제적, 사회・문화적 접근』(2007a)
3) "한국 공법학의 반성"(2007b)
4) "형이상학적 이원론 아래에서의 당위와 존재의 문제와 현대 법학의 과제"(2008a)
5) "뒤르케임의 아노미 이론과 평등권에서의 기회균등"(2008b)
6) "위기 때의 법학: 뉴딜 법학의 회귀가능성-현대법학에 있어서의 공공성의 문제와 세계대공황 전기의 법 사상"(2008c)
7) 사간본, 『한국 법학의 반성』(1998a)
8) 사간본, 『법제도의 보편성과 특수성 —한국 공법학의 지향점을 위한 비교법적 시도』(2007c)
9) 한국 법학의 반성-사법개혁시대의 법학을 위하여』(2009c)

Ⅴ. 인류 문명사에 포섭되어 있는 한국 문명과 법제도는 더 큰 거울이 필요하다

“최근 한국 지식인들은 한국 문명이 인류 문명사에 포섭되어 있다는 것을 느끼게 되었다. 한국인들의 활동 영역이 국내를 넘어서서, 한국 역사상 처음으로, 동아시아를 넘어서서, 제3세계뿐 아니라, 서양 문명이 영향 미친 광대한 영역으로 확장하게 되었다. 한국인의 사고 방식에는 아직도 동양과 서양의 구별은 넘을 수 없으며, 동(東)은 동(東)으로(East goes East), 서(西)는 서(西)로(West goes West)라는 20세기 초의 구별이 각인되어 있다. 한국인이 어떤 자기정체성(Identity)을 지향하든, 어떤 『동서의 피안(彼岸)』을 지향하든 간에, 지금까지 한국 문명이 받아들였다고 생각된 서양 문명과 문화를 다시 검토하지 않으면 안 될 단계에 이르렀다. (2007a)(2009a)(2009c)(2010i) 동서의 피안까지 가지 않더라도 폭을 좁혀서 한국인이 그의 정체성을 다시 검토하기 위해서라도 이제는 어떤 거울이 필요하다는 것을 느낄 것이다. 그 거울은 지금까지 사용해왔던 것보다 더 다면적이고, 그것이 비추는 지경(地境)이 더 넓고 과거와 미래를 포괄하지 않으면 안 된다. 그 거울은 어떤 거울이 될 것인가?(2013a).

개화기 때로 돌아가 보자. 당시의 한국인들이 새로운 문명을 총칭해서 서양 문명이라고 불렀고, 이후에 한국인들의 체험이 넓어짐에 따라서, 그리고 직접 세계사에 노출되면서, 이제는 서양도 나라별로 본격적으로 파악하기 시작한 지가 해방 이후부터였다. 훨씬 이후에 한국인들은 산업화된 한국인으로서 이제는 세계화라는 시대의 조류에 접하게 되었다. 문명과 문화를 나라별로 파악하는 태도는 이유가 있는 것이지만, 주로 정치적 동기와 경제적 동기에서 비롯되었고, 보다 넓은 문화와 문명에 대해서는 인문학의 다소 일반적인 관찰과 서술에 맡겨져 왔다.

오랫동안 한국인들은 전체 문명과 부분 문화를 구별하며 정치·경제·사회·문화·법의 영역을 따로 떼어서 구별해서 각기 독립적으로 파악하는 데에 익숙해져 왔다. 각 분야는 따로 떨어져서 독립적으로 전개, 서술하는 것이 당연하며, 또한 후기 산업 사회 시대의 전문화를 촉진하는 것으로 생각되었다. 이러한 구획화와 분절화는 특히 법의 영역에서 극대화되어서, 다른 분야와 배타성을 가짐으로써 전문화되는 것으로 최근까지 인식되었다. 그리고 이런 경향이 실로 문명국의 문화와 문명의 모습으로 생각되었다.

과연 그럴까? 이러한 경향 역시 한국인이 개화기 이후 받아들어 왔던 서양 문명과 서양 문화의 단편적인 모습이 아닐까? 이런 반성과 통찰은, 지극히 짧은 기간 동안 이른바 압축된 개발과 성장을 해 온 한국에서는 기회가 주어지지 않았다"(2013a).

이와 같은 취지에서 나음의 법과 종교의 상호교호관계와 서양법 전통에 비교한 한국 법학 교육의 반성이라는 두 항목의 연구가 버만의 통합적 법철학 방법에 의해서 행해졌다.

Ⅴ-1. 인류 문명사에 있어서의 "법과 종교의 상호교호관계"에 관한 연구

1) 『종교와 제도-문명과 역사적 법이론』(1992a)

2) 『종교와 사회제도—문화적 위기의 법사회학—』(1992b)

3) "중국 유교 영향의 동아시아 문화에서의 법과 종교(Religion & Law in East-Asian Culture of Chinese Confucian Influence until

early 1990's)"(2009d)

4) "현대 중국의 법 문화: 전통 법문화와의 관계와 분쟁해결 방법을 중심으로"(2005)
5) "형이상학적 이원론 아래에서의 당위와 존재의 문제와 현대 법학의 과제"(2008a)
6) "칼뱅주의와 법에 대한 사상사: 윌리암스의 정교분리원칙"(2009e)
7) (공저) 『칼뱅주의 논쟁-인문사회과학에서』(2010a)
8) "해롤드 버만의 통합 법학"(2012c)
9) 『법과 혁명 1-서양법 전통의 형성 1』(2013a)

Ⅴ-2. 한국 전통의 법교육과 르네상스 시대의 법교육 비교: 반성을 위해서

"아시아적 전제의 의자에 타고 앉아 서구 민주주의의 풍문만을 들려주던 시대(최인훈)가 있었다. 아시아적 전제의 의자 옆에서, 이른바 대륙법의 풍문만으로 법학을 공부하던 시대가 있었다. 그 이른바 대륙법이 언제 어떻게 형성되었으며, 변용에 변용을 거듭했는가는 알지 않아도 충분했다. 왜냐하면 어차피 법학은 지적인 훈련보다도 다른 데에 목적이 있었기 때문이다. 이런 점에서 가르치는 사람이나 배우는 사람이나 은연중에 공모의식이 있었다. 시간을 오래 들여 진화과정을 밝혀봐야 목적은 어차피 따로 있었으니, 시간 절약이 좋았다. 외국법에서 유래한, 그 많은 용어와 개념으로 가득찬, 방대하고 권위적인 교과서를 읽어가면서 그 많은 외국법 개념의 배경이 되는 역사와 철학을 언급할 시간이 없었다. 고학년이 될수록 점점 더 긴장이 심해지고, 모처럼 지니고 있었던 인문학적 교양도 출세를 위한 시험과목 앞에서는 초라하게 보이고 거의 쓸모없어져서, 의지할 만한 지적인 원천은 고갈되어가서 마침내 입법자의 의지 앞에서는 아무런 지적인 배경도 훈련도 필요 없다는 황폐한 마음을 가져갈 무렵이었다."(2013a)

"최초의 법 선생들은 무엇을 가르쳤을까?" 같은 질문은 현대 한국인의 귀에는 다소 이상하게 들릴 것이다. 특히 법학을 공부하는 목적이, 가장 빠른 입신출세의 길로 알고 달려드는 그런 문화의 법학과 법학 방식을 당연하게 여기는 경우에는, 더욱 기이하게 들릴 것이다. 동아시아 개화기 이후에, 이른바 계수된 서양법의 학습은 동아시아 유교 문화권의 국가들에 있어서는 의심할 나위 없이 사법 또는 행정관료로 입신하는 가장 유효한 지름길이었다. 그래서 현재 지금 여기서 유효하게 쓰여지고 있는 법이 아니라면 아무런 가치가 없으며, 그것은 곧 출세의 도구가 되지 않는다면 그런 공부를 할 아무런 동기를 발견하지 못했다. 이와 비교해서, 놀랍게도 서양의 역사에서 르네상스의 대학에서 최초로 가르쳐지고 체계적으로 공부하고 연구한 것은 그 당시 바깥에서 즉각적으로 통용되고 있는 주도적인 법질서를 연구하는 것이 아니었다."(2013a)

"그 시작에서부터 볼로냐는 그것이 대학의 학교라는 의미에서 유니버시티였다; 이 말은 대부분의 학생들이 이미 이전에 인문학의 교육을 보통 수도원 학교나 성당 학교에서 받은 적이 있었다. … 이와 같이 자유 교양(liberal arts) 과목의 연구는 12세기 이후에 법학, 신학, 그리고 의학이라는 새로운 "과학들(sciences)"을 공부하는 선수 과목이 되었다. … 한편, 파리에서는 1100년 초에 아벨라르(Pierre Abélard)가 그의 관할권을 관장하는 주교에게 거역하고 주교의 뜻을 거슬러서 "정규 과목이 아닌 반대 과목(countercourse)"을 가르치려고 시도했다. 파리 대학이 12세기에 출현한 것은 이와

같은 아벨라르의 대결에서부터 나온 것이다."(2013a)

"17세기 과학이나 19세기 과학은, 12세기의 법학자들에 의해서 처음 개발된 과학적 방법이 없었으면 불가능했을 것이다. … 조셉 니담(Joseph Needham)은 왜 근대 과학이 전통 중국 문명 또는 인도에서 발달하지 못하고 단지 유럽에서 발달했는가의 질문에 대한 답을 찾으려고 했다."(2009a)(2009c)(2013a) 요약하면 르네상스의 법학은 새롭게 전개되는 과학적 사상의 개화로서 발달한 것이지 일차적으로 관직의 확보가 목적이 아니었다.

1) [사간본] 『해체기의 비교제도론/가치와 제도』(1992c)
2) [사간본] *History, Thought & Law-A Voice from an East Asian* (1993a)
3) [사간본] 『법제도의 보편성과 특수성』(1993b)
4) [사간본] 『현대의 법이론—시민과 정부의 법』(1994)
5) [사간본] 『한국 법학의 반성』(1998a)
6) [사간본 편집] *Law in Economic Crisis* (1998b)
7) [사간본] 『법제도의 보편성과 특수성—한국 공법학의 지향점을 위한 비교법적 시도』(2007c)
8) 『한국 법학의 반성—사법개혁시대의 법학을 위하여』(2009c)
9) 『법과 혁명 1—서양법 전통의 형성1』(2013a)

V-3. 해롤드 버만의 통합된 법철학(Integrative Jurisprudence)(2012c)의 한국에 있어서의 의미

1) 동아시아인에게 법계보다 더 큰 것은 기저가 되는 문화와 문명의 문제이다. 다시 말하자면 대륙법계와 영미법계의 구별보다

더 크고 근본적인 것은 "서양 법 전통(Western Tradition of Law)이라는 일관성이 존재하느냐"의 문제이다(2013a). 한국에서는 건널 수 없는 단절로 알려진 '대륙법 전통'과 '영미법 전통'의 절벽을 버만은 '서양 법 전통'이라는 가교로 잇고 있다.

2) 한국 법학에서는 또 하나의 해결하지 못한 스테레오 타입으로서 법실증주의와 자연법론의 이분법이 있다. 버만(Harold Berman)은 긴 학문적 역정 이후 그가 70세가 되던 1988년 7월에 인류의 문명사에 나타난 세 가지 법학의 사고방식 내지 고전이 된 세 가지 학파, 즉 법실증주의, 자연법론, 역사학파(historical school)를 함께 묶어서 고찰하여 종합(synthesis)에 이르고 있다(2012c)(2013a).

3) 한국에서 가장 이해하기 힘든 부분은, 법학 방법론에 있어서 요지부동의 권위로 자리하고 있는 방법이원론에 대한 논의이다. 버만은, 신칸트학파의 당위와 존재를 구별하는 이원론은 근세 서양에서의 민족국가 형성기의 철학이라고 증명한다(2012c)(2013a).

4) 한국에서 생소한 또 하나의 부분은 고차 법(Higher Law)의 문제이다. 서양 법 전통에 있어서의 고차 법(Higher Law)은 어디에서 기원을 두고 있나? 한국의 법학자가 서양전통의 고차법의 연원을 이해하는 데 버만이 결정적인 도움을 주고 있다(2012c)(2013a).

5) 한국에서 최근 문제되었으나 해결되지 못한 것은, 자유주의와 공동체주의의 문제이다. 관심을 끈 롤스와 샌델의 논쟁 특히 샌델의 정의론에서의 공동체주의의 도전에 대해서 버만이 유효한 해석을 하고 있다(2012c)(2013a).

Ⅵ. 사회과학과 법학

한국 법학은 그 장점에도 불구하고 인접 사회과학에서 발견한 소재를 원용하지 못한다. 김철은 1989년 이래 현재까지 사회과학자(사회학, 정치학, 경영학, 교육학, 심리학, 사회철학, 인류학, 신학 등)들과의 학제적 학회인 「사회이론」의 주된 멤버로 법학과 사회과학과의 대화와 소통 및 한국 사회의 제 문제에 대한 학제적 연구를 실행하였다. 가장 최근의 예는 "폭력과 사회경제적 배경과 판례: 자유지상주의, 신자유주의에서의 아노미에 대한 판례의 태도"(2012b)와 "법과 정치"(2012d)가 있다. 「사회이론」은 사회과학 분야 중 한국에서 거의 유일무이한 학제적 종합 학술지로서 2013년 5월 현재 약 700여 개에 달하는 사회과학(법학 포함) 관계 등재학술지 중에서, 피인용지수 60위의 최상위 학술지이다.

Ⅶ. 심리학적 법학(psychological jurisprudence)

법학의 대상으로서 인간을 어떻게 파악하는가? "철학적 인간학"에서 심리학적 인간학으로의 전환은 Oliver Wendel Holmes (1841-1935)를 효시로 한다(2007a: 58-59). 한국에서는 형법학자 유기천이 60년대에 시도하였다(2003: 265-286)(2007a: 314). 김철은 『한국 법학의 반성』에서 개화기 이후의 한국 법문화와 시대정신을 설명하면서, 2차대전 이후에 아도르노 등에 의해서 시도되었던 "권위의존적 인간형"을 원용한다(2009c: 48-49). 김철은 『한국 법학의 철학적 기초』에서 한국 사회의 병리 현상으로 지적되는 집단주의에 의한 차별의 심리학적 기원을 분석하고 있다(2007a: 314- 359)(2001).

김철은 또한『법과 혁명 I —서양법 전통의 형성1』에서, 입법가들의 권력과 편견과 탐욕을 Harold Lasswell(1962)에 의거하여 설명하고(2013a: 418),『법과 경제질서—21세기의 시대정신』에서 세계금융위기 이후의 경제, 규범, 도덕 간의 관계에 카스 선스타인(Cass Sunstein)의 실험심리학을 원용한다(2010d)(2010i: 429-430). 또한 심리학적 연구와 재판의 관계를 비디오 게임 폭력의 문제에서 다룬다(2012b).

Ⅷ. 인문학적 법학(humanistic approach to law)

김철은 한국의 인문학자들과, 인문학적 사회과학사들이 주도하는「현상과 인식」에 참여하여 신학, 철학, 문학, 사학, 교육학 및 법학의 종합적 학제적 연구 운동에 참여하여 논문과 공저를 발간하였다(2007e).「현상과 인식」은 1977년에 창간된 한국 최초의 인문학과 사회과학을 주조로 한 학제적 학술지로서 36주년을 기록한다(2000)(2008a)(2009e)(2010a).

이미 제시한 법학방법론 이외에 김철은 2007년 이후부터 서구의 고전 인문학의 대표적인 작품을 통해서 종전에 철학과 윤리학이 개념으로 설명하려 한 진선미의 가치와 그것과의 법학과의 관계를 설명하려 하였다(2007d). 가장 최근의 예는 "법과 혁명-프랑스 혁명이 법 제도에 미친 영향, 법과 종교의 관계를 겸하여"에서 빅토르 위고의『레미제라블』원작에서의 중요한 역사적 인용을 시도하였다(2013a). 미술사에서 인상주의 운동의 함의가 김철의『법제도의 보편성과 특수성』(2007c)의 서평에서 언급된다(김평우, 2008.6.30).

인용된 저술목록

(1989) 『러시아 소비에트법—비교법문화적 연구』, 민음사.

(1992a) 『종교와 제도—문명과 역사적 법이론』(해롤드 버만과 공저), 민영사.

(1992b) 『종교와 사회제도—문화적 위기의 법사회학—』(해롤드 버만과 공저), 민영사(위 책과 동일한 내용을 한국사회학연구소의 요청에 의해서 사회학도를 위해서 따로 책을 만든 것이다).

(2000) "현대 한국 문화에 대한 법철학적 접근—바람직한 시민 사회 윤리의 정립을 위하여," 한국인문사회과학회, 「현상과 인식」 제24권 통권 80호.

(2001) "사회적 차별의 심층심리학적 접근—법 앞의 평등의 내실을 위하여," 한국사회이론학회, 「사회이론」 2001년 가을/겨울호.

(2002a) "포즈너의 공법학 방법론(I)," 한국공법학회, 「공법연구」 제30집 제4호(2002.6.30).

(2002b) "포즈너의 헌법학 방법론 소개(I)," 한국헌법학회, 「헌법학연구」 제8집 제1호.

(2003) "유기천 선생님과 나의 친구들," 유기천기념사업회, 「영원한 스승 유기천」, (주)지학사.

(2005) "현대 중국의 법 문화: 전통 법문화와의 관계와 분쟁해결 방법을 중심으로," 한국사회이론학회, 「사회이론」 통권 제26호.

(2006) "한국에 있어서의 자유주의와 자유지상주의에 대한 반성," 한국사회이론학회, 「사회이론」 2006년 가을/겨울호 통권 제30호.

(2007a) 『한국 법학의 철학적 기초—역사적, 경제적, 사회・문화적 접근』, 한국학술정보(주).

(2007b) "한국 공법학의 반성," 「사회이론」 2007년 가을/겨울호 통권 제32호.

(2008a) "형이상학적 이원론 아래에서의 당위와 존재의 문제와 현대 법학의 과제," 한국인문사회과학회, 「현상과 인식」 2008 가을호, 제32권 3호 통권 105호.

(2008b) "뒤르케임의 아노미 이론과 평등권에서의 기회균등," 「사회이론」 2008년 가을/겨울호 통권 제34호.

(2008c) "위기 때의 법학: 뉴딜 법학의 회귀가능성—현대법학에 있어서의 공공성의 문제와 세계대공황 전기의 법 사상," 「세계헌법연구」 제14권 제3호(2008.12.31).

(2009a) 『경제 위기 때의 법학—뉴딜법학의 회귀가능성』, 한국학술정보(주).

(2009b) "최현대의 경제공법 사상," 「세계헌법연구」 제15권 제2호.

(2009c) 『한국 법학의 반성—사법개혁시대의 법학을 위하여』, 한국학술정보(주).

(2009d) "중국 유교 영향의 동아시아 문화에서의 법과 종교(Religion & Law in East-Asian Culture of Chinese Confucian Influence until early 1990's)," 서정호 교수 정년 기념 논문집 및 『한국 법학의 반성』, 한국학술정보(주).

(2009e) "칼뱅주의와 법에 대한 사상사: 윌리암스의 정교분리원칙," 한국인문사회과학회, 「현상과 인식」 2009 가을호, 제33권 3호 통권 108호.

(2009f) "최현대의 경제공법 사상(2)," 「세계헌법연구」 제15권 제3호.

(2010a) (공저) 『칼뱅주의 논쟁—인문사회과학에서』(한국인문사회과학회 엮음), 북코리아.

(2010b) "최현대의 경제 공법: 금융 규제와 탈규제—글라스 스티걸 법부

터 뉴딜시대의 금융 시스템의 붕괴까지,"「세계헌법연구」 제16권 제1호.
(2010c) 김철, "법과 평화,"「본질과 현상」 제19권, 2010년 봄호.
(2010d) "세계금융위기 이후의 경제, 규범, 도덕의 관계: 금융위기 이후의 경제, 규범, 도덕의 관계: 금융위기와 관련된 제도의 도덕성 논의를 위한 시론," 한국인문사회과학회,「현상과 인식」 2010 봄/여름호.
(2010e) "공법에 있어서의 경제적 보수주의와 경제적 자유주의의 순환: 경제공법에 있어서의 패러다임의 재성찰," 한국사회이론학회,「사회이론」 통권 제37호, 2010년 봄/여름호.
(2010f) "근대 이후의 자유주의의 변용(1) —경제공법질서의 전개과정—,"「세계헌법연구」 제16권 제2호.
(2010g) "근대 이후의 자유주의의 변용과 경제공법질서의 전개과정(2),"「세계헌법연구」 제16권 제3호.
(2010h) "법과 경제의 상호교호관계: 장기대침체시대(the Long Depression, 1873-1897)의 경제와 법," 한국사회이론학회,「사회이론」 2010년 가을/겨울호, 통권 제38호.
(2010i)『법과 경제 질서—21세기의 시대정신』, 한국학술정보(주).
(2011a) "정의란 무엇인가: 자유주의와 공동체주의의 가치, 자유와 평등, 형평," 한국사회이론학회,「사회이론」 통권 제39호.
(2011b) "법과 경제 질서,"「세계헌법연구」 제17권 제3호.
(2012a) "신자유주의 시대 경쟁과 과시," 한국사회이론학회,「사회이론」 통권 41호.
(2012b) "폭력의 사회경제적 배경과 판례: 자유 지상주의, 신자유주의에서의 아노미에 대한 판례의 태도," 한국사회이론학회,「사회이론」 통권 42호.

(2012c) "해롤드 버만의 통합 법학,"「금랑 김철수 교수 팔순 논문집」.
(2013a) 해롤드 버만 지음 · 김철 옮기고 정리함,「법과 혁명 1—서양법 전통의 형성 1」, 한국학술정보(주).

[사간본]

(1992c) 사간본『해체기의 비교제도론/가치와 제도』, Institute of Comparative System.
(1993a) 사간본 *History, Thought & Law—A Voice from East Asian*, Myco International Ltd., 영문.
(1993b) 사간본『법제도의 보편성과 특수성』, 마이코 인터내셔날 출판사업부.
(1994) 사간본『현대의 법이론—시민과 정부의 법』, Myco International Ltd.
(1998a) 사간본『한국 법학의 반성』, Myko International Ltd.
(1998b) 사간본 편집, *Law in Economic Crisis*, 숙명여대 법학부, 영문.
(2007c) 사간본『법제도의 보편성과 특수성—한국 공법학의 지향점을 위한 비교법적 시도』, 훈민사.
(서평: 김평우 변호사, "한국 법학의 미래," 대한변협신문[제227호], 2008.6.30일자).
(2007d) 법철학 강의록, 숙명여자대학교 법과대학, 미출간 교재.

[학회 발표문]

(2007e) "지식의 한계: 법학자의 회고," 한국인문사회과학회 창립 30주년 기념학술대회, 숙명여자대학교 백주년 기념관.
(2011c) "법과 경제질서: 역사적 접근," 한국법사학회 제97회 정례학술발표회, 서울대학교 법과대학 6층 서암홀.

(2011d) "경제법사상의 최근 동향: 통합적 방법론," 한국법철학회 6월 정기독회, 대우재단 빌딩.

(2011e) "인종문제와 세계화, 자유화, 시장화," 2011.6.25. 2011년 한국사회이론학회 전기 학술대회, 숙명여자대학교 진리관.

(2012d) "법과 정치," 2012년 한국사회이론학회 후기 학술대회, 숙명여자대학교 백주년 기념관.

(2013a) "법과 혁명—프랑스 혁명이 법제도에 미친 영향, 법과 종교의 관계를 겸하여," 공법이론과 판례연구회, 다정.

박은정

박은정(朴恩正)은 경북 안동에서 태어나, 이화여자대학교 법학과를 졸업하고 독일 프라이부르크(Freiburg)대학교 법학부에서 박사학위(Dr.iur.)를 받았다. 그 후 이화여자대학교 법과대학 교수를 거쳐 2004년부터는 서울대학교 법과대학/법학전문대학원 교수로 재직하고 있다. 한국법철학회 회장, 서울대학교 기초교육원 원장, 국가생명윤리심의위원회 부위원장, 한국인권재단 이사장으로 활동한 바 있으며, 2001년 대한민국학술원상을 받았다.

I.

개별 실정법학 분야들과는 달리 법철학을 공부하는 데는 일반적으로 인정된 체계나 방법, 합의된 기본 주제들이 없다. 다양한 문제 영역과 주제들, 상이한 방법들이 학자의 관심방향에 따라 선택될 뿐이다. 사실 오늘날 합의된 학문 개념도 없는 터에, 그 대상 영역이 제한되어 있지도 않고, 내용 범위도 간단히 경계 짓지 못하고, 방법에 있어서도 구속이 없는 가히 '무정부 상태'에서 탐구자는 결국 그의 인식관심 즉 입장에서 철학할 수 있을 뿐이다. 학문으로서의 철학은 전체와 포괄적인 것을 향해 있으면서도, 철학하기는 개별적으로 그리고 부분을 통해서 실현될 수 있을 뿐인 것이다. '나의 법철학'이라는 표현이 가능하다면, 거기에 담긴 의미에는 학문 연구의 주제가 입장에 의해 정해짐을 상기시키는 바도 있다고 생각한다. 그렇다면 필자는 법을 무엇으로, 그리고 어떻게 보는가?

법철학자로서 필자는 법에 있어서 근본적인 것에 대한 지적 관심이라면 우선 인간으로부터 출발하는 것이리라는 소박한 인식 관점을 지니고 있다. 인간 그리고 인간에게 중요한 것으로부터 출발하여 법현상과 본질을 탐구하고 법학의 기초와 더 나은 법에 대한 물음을 규명하고자 하는 학문이 법철학이라고 생각한다. '법에 있어서 인간적인 것' 그리고 '인간에 있어서 법적인 것'. 이것에 대한 관심이 필자로 하여금 끊임없이 법의 근본에 관한 물음을 던지게 하고 법철학의 과제를 찾게 한다. 법이 '실현되어야 할' 이념이나 가치에 연관되어 있다면 이 이념이 실현되기 위해서는 인간이라는 관문을 통과해야 한다. 또 법이 실정법으로서 '이미 실현된'현실이라면 그것은 인간의 현실적 요청과 만난다.

법은 우리 인간이 따라야 하는 규칙이기도 하지만 우리가 살아가는 삶의 일부이기도 하다. 법의 속성인 규율성은 논리나 객관적 규칙성의 기능이기 이전에 삶과 문화 속에서의 역동성의 기능인 것이다. 법의 본질에 대한 물음이 학문적 인식 속에서 결코 만족스러운 답을 얻을 수 없는 이유도 여기에 있다고 생각한다. 오해를 무릅쓰고 필자는 이렇게도 표현해 보고도 싶다. 법의 본질을 추구하는 사람은 종국에는 학문세계를 넘어, '학문'과 '실존'의 경계에 서서 탐구하는 사람이라고….

법을 합리적 객관적 규칙으로 이해하고 과학적으로 탐구하는 것은 좋으나, 규칙합리주의가 과도해지면 법을 뭔가 인간 '밖에' 혹은 인간 '위에' 놓인 어떤 것으로 상정하게 될 수 있다. 법에 있어서 이론적 급진화는 대개 이런 위험을 안고 있다고 생각한다. 그러므로 필자의 관심은 이런저런 형태의 법이론적 급진화의 대척점에 놓인다고 말하고 싶다. 예컨대 법학의 '과학화'를 기치로 내걸고 법을 순수형식으로만 다룸으로써 규범주의의 극단으로 가는 켈젠의 순수법이론이나, 인간 주체의 자율성을 '시스템의 자율성'으로 해체시키는 루만식의 법기능주의는 필자가 대척점으로 삼는 것들이다. 이들의 법사고에는 주체에 대한 표상이 지워져 있는 것이다.

Ⅱ.

'법에 있어서 인간적인 것'에 대한 탐구는 일찍이 필자로 하여금 자연법사상, 법존재론, 철학적 인간학 등에 관심을 가지게 했다. 이러한 분야들은 인간이 법과 법학의 기초임을 깨닫게 해준다. 그리고 법에 있어서 인간은 비인간적이지 않은 규범질서에만 구속된다는 인간학적 '최소한'을 법의 구성원리이자 규제원리로 삼는다. 필자가 존재론적 기반에서 탐구해온 자연법론은 이런 '최소한의 인간학'의 의미의 '소극적 자연법론'이라고 부를 수도 있겠다.

돌이켜 보면 필자가 다룬 법철학적 글쓰기의 많은 부분이 이런 최소한의 인간학을 바탕으로 나온 것들이다. 법구조에 내재하는 딜레마, 정의론의 인간학적 기초, 법관을 위한 법철학, 책임과 자유의지, 법윤리와 생명윤리, 과학기술과 인권, 법치국가와 시민불복종, 5·18 문제와 법철학, 형벌정의, 여성주의 법철학, 사법개혁 과제, 세계화와 법이론 등등. 이런 주제들을 다루면서 필자는 인간성의 전진처럼 보이는 과정이 실은 인간에 대한 지배라는 역설을 낳을 수 있는 이론적 정황을 그려보이고자 애썼다. 필자가 특히 오늘날 생명공학, 뇌신경과학 등 인간의 몸과 인지과정을 연구하는 과학에 대한 비판적 관심을 지속시키는 것도, 이러한 '인간과학'이 과학기술기반사회에서 규범에 복종하는 빈곤한 법인간상을 만들 수 있다는 우려 때문이다.

필자는 법철학이야말로 강단철학을 넘어서는 의미를 지닌다고 생각한다. 법철학은 사회적 정치적 담론에 비판적으로 참여하면서 그 일부를 형성한다. 법철학은 법과 관계된 중요한 사회적 결정을 비판하고 정당화하는데 동반되는 사유기재인 동시에, 새로운 세계 인식과 그 구상에도 성찰적으로 참여한다고 생각한다. 학자와 강단은 폐쇄된 장소에 놓여 있지 않으며, 대학의 품에서 미래의 법률가와 관료들이 길러진다. 철학을 통해 사유를 정비하고 편견 없이 세계를 바라보는 방법을 익히는 것은 더없이 중요하다. 그러나 그렇게 익힌 이론체계의 결론과 사람들의 경험 사이에 틈이 너무 벌어지면 법이론은 어차피 무의미해진다.

법학은 실천과 밀접한 연관을 지닌다. 이는 법학이 실무에서 중요한 것으로 취급되는 것들을 다룬다는 의미를 넘어선다. 법체계에서 일반적인 원리나 이념들은 큰 위력을 발휘한다. 이러한 일반원리나 이념들은 저절로 생기는 게 아니라, 인식을 바탕으로 개발된 개념과 지식이 어딘가에 의해 고무되고 구성된 결과일 것이다. 설상가상으로 이런 법원리들이 고려되어야 하는 무수한 사례들을 앞에 둔 법률가들은 급변하는 시대 흐름 속에서, 실정화된 프로그램과 전통적 해석방법으로는 점점 더 감당하기 어려운 불확실성과 씨름해야 한다. 이래저래 법철학은 실천철학의 관심사를 공유하고 그 논의 잠재력에 의존하지 않을 수 없는 것이다.

Ⅲ.

법철학계에서 신칸트학파 이래로 형식이 아닌 내용에 대해서는 확실한 인식에 이르기 어렵다는 철학적 견해가 대세를 이루고 있다. 가치상대주의 내지 다문화주의의 흐름 탓인지, 이즈음은 내용적 판단에 깊이 개입하는 사람은 어딘가 지적이지 못하다는 인상을 풍기기도 한다고 한다. 법질서의 강점이 내용보다는 형식에 놓이는 것은 사실이다. 형식은 탐구 대상을 추상화시킴으로써 얻게 된다. 법이라는 대상을 이루는 여러 요소들을 추상화를 통해 질서지우고 이것에 하나의 통일상을 부여하는 것이 형식이다. 형식으로서 법은 법이 아닌 규범들과 구분된다. 내용상으로는 법규범과 도덕규범은 구분되지 않는다. 법의 독사성이 우선적으로 형식을 통해서 획득될 수 있다는 점에서, 학문으로서의 법학의 독자성을 강조하는 이론진영이 특히 형식주의와 결탁하는 것은 자연스럽다.

형식과 내용은 사고에서는 분리되는 개념 범주로서 분석적으로 다룰 수 있겠지만, 탐구하는 대상의 본질을 파악하고자 할 때는 다르다. 법의 본질을 추구하는 법철학의 과제는 내용이 형식에 상응할 때 즉 실질내용이 개념 안에 채워질 때 완성된다. 법철학은 형식에 몰두하거나 혹은 반대로 실질내용에 몰두하는 게 아니라, 형식과 내용의 법철학이다. 법은 형식을 통해 다른 질서들과 구별되지만 이로써 다른 질서들과 단절되는 것이 아니라, 내용이 새로운 형식을 취하게 하는 방식으로 법외적 사실과 규범들을 법적 형식으로 '전환'시킨다. 법의 이런 전환적 역할에 대한 설명은 필자가 독창적으로 발전시킨 것은 아니다. 아무튼 법철학자들이 벌이는 '형식이냐 내용이냐' 식의 이론전쟁은 허구적이다.

위에서 말한 법의 전환적 역할이 원활할 때, 법은 사회에서 소통과 인간화에 기여하면서 발전한다. 반대로 법이 이 역할에 실패할 때 '법의 지배'는 위기에 처하게 된다. 이런 위기는 어떤 학자에 의해서는 '생활세계의 식민화'로 일컬어지도 하고, 법시스템의 '과부하'로 설명되기도 한다. 오늘날 제반 사회경제적 내용들이 법화(法化)되는 추세 속에서, 사회경제적 내용들이 법적 형식과 기준에 따라 재구성되어 규범력을 획득하는데 실패하는 조짐들이 여러 분야에서 나타나고 있다. 필자는 '형식화'와 '실질화' 사이에 벌어지는 틈이 낳는 긴장 문제를 '왜 법의 지배인가'의 물음을 통해, 법치주의와 민주주의의 관계, 법의 실질화에 따른 문제 등으로 다루어 나간다.

Ⅳ.

불확실성과 불안정은 이 시대의 화두에 속한다. 근본적인 문제에 있어서의 불확실성으로 우리 삶은 부초처럼 떠있는 형국이다. 학문분야도 예외는 아니어서, 겉으로 보면 엄청난 이론들이 쏟아지지만 진리에 대한 확신은커녕 어떤 토대도 없이 그때그때 필요 혹은 유행에 따라 사고하는 식이다. 이 시대정신에 감염된 바도 없지는 않겠으나, 필자는 진작부터 법의 불확실성 문제를 고민해 왔다. 사실 법의 본질 문제를 인간으로부터 출발한다는 필자의 입장에서 불확실성의 문제는 이미 함께 던져진 것이다. 인간사에서 확실한 것이 어디 있겠는가.

미리 정해진 객관적 규칙체계와 법률가에 의한 합리적 논증 등을 떠올리면, 법은 불확실성과는 거리가 멀어야 한다. 그러나 사실 법관들은 불확실성과 씨름하는 사람들이다. 법철학이 과연 이런 정황에 대해 어떤 도움을 줄 수 있을까? 필자는 법적 판단 과정에는 어느 정도는 결정적이고 확실한 요소와, 어느 정도는 비결정적이고 그래서 불확실한 요소가 병행한다고 생각한다. 요컨대 법의 확실성은 상대적 확실성이요, 법의 불확실성도 상대적 불확실성인 셈이다. 법인식을 둘러싸고 극단적으로 대립하는 이론들이 생기는 이유는, 법에 있어서의 불확실성 혹은 확실성이 이론적 급진화로 인해 실제보다 과장되기 때문이다. 한쪽에서는 모든 법판단은 미리 정해진 규칙으로부터 합리적으로 도출되며 그래서 객관적이고 확실하다고 주장하고, 그런가 하면 다른 한쪽에서는 모든 것은 주관적이고 임의적인 해석일 뿐으로 법인식과 결정은 불확실하고 비합리적이며 그래서 권력추구의 산물과 다르지 않다고 주장한다.

그러나 이 양 극단은 모두 우리 경험과 자연스런 실천에 부합하지 않는다. 법규칙은 결코 완결적이지 못하고, 법판단자는 다른 사람에 의해 고안된 기계를 돌리는 기사와 같은 존재가 될 수 없다는 것을 우리는 안다. 그렇다고 법적 판단과 결정이 상대주의와 주관주의의 나락을 헤매는 일도 아니라는 것을 우리는 모르지 않는다. 법적 판단을 위한 지적활동 과정에는 일정한 합규칙적 내지 준규칙적 요소가 있다. 그렇다고 이 지식활동이 전적으로 규칙적이고 원리적 일관성에 따른 활동일까에 대해서는 의문을 가지게 된다. 요컨대 확실성의 주장도 과장된 것이고 반면 불확실성의 주장도 과장된 것이다.

이런 문제의식에서 출발하여 필자는 법추론 문제를 새롭게 조망하기 위해서는 전통적인 규칙합리주의 내지 규칙객관주의의 개념구성에 대한 이해를 재검토해야 할 필요가 있다고 본다. 구체적으로는 법에 있어서 합리성 개념을 확대하고 법적 추론과정을 좀 더 역동적으로 이해하는 법사고가 필요하다고 본다. 그리고 이런 새로운 이해방향도 법개념 구성과 그에 따른 범주설정 과정을 좀 더 인간화된 관점에서 접근하는 방향이라고 생각한다.

전통적인 설명대로 연역적이고 공리적인, 이른바 '포섭'에 입각한 방법으로는 사례를 해결하기 위한 성공적인 법발견에 이르지 못한다. 그렇다고 경험적 귀납적 절차만으로 규범과 사례의 '상응'에 이를 수 없다. 법합리성의 확대를 위해서 법철학은 경험적 기반의 이론들에 더 관심을 가져야 한다고 생각한다. 이와 관련하여 필자는, 최근 인지신경과학적 연구성과에 비추어 법인식의 객관성과 합리성에 대해 새로이 비판적으로 검토하는 이론들을 눈 여겨 보고 있다. 법추론의 역동성, 법인식에서 유추의 역할, 메타포와 법사고, 법에 있어서 내러티브 요소 등을 새로이 주목시키는 법인지이론 경향에 대한 필자의 관심은 물론 '규범적 자연주의' 혹은 '자연주의법철학'에 대한 지지일 수는 없다.

법합리주의에 대한 비판은 합리성의 '자연주의적 해체'가 아니라 어디까지나 합리성의 보완 및 확장에 있다. 필자는 이 방향에서 판단과 결정에 관한 학문 즉 '재판학'을 위한 법철학에 계속 관심을 기울인다. 필자의 법철학은 법합리성의 '포스트모던적 해체'에 대해서도 거리를 둔다. 포스트모더니즘법철학의 의의는 합리성의 이름으로 간과되거나 주변화된 것들, 알려지지 않은 것들을 드러내도록 해줌으로써 궁극적으로 인간화의 방향으로 법이론을 수정하거나 확장하는 데 도움을 주는데 있다고 본다.

V.

필자는 이질적이고 대립적인 것이 내적으로 공생하는 구조가 본질적인 법구조라고 이해한다. 법의 철학성은 법구조를 위계적으로 설명하는 대신, 법구조에 내재하는 이 딜레마와 씨름하는 것이라고 생각한다. 물론 이런 인식관심도 앞에서 언급한 필자의 인간학적 거점으로부터 나온다. 법구조에 내재하는 모순은 우리 인간이 안고 있는 그것으로부터 나온다고 설명할 수밖에 없다. 그러므로 이 모순은 완화할 수는 있어도 근본적으로 '극복'될 수는 없는 성격의 것이다. 카프카가 『소송』에서 상징화시킨 것처럼, 법은 인간에게 낯설고 밖으로부터 강제된 것이지만 동시에 인간 사고와 행위의 내부 원리이기도 하다. 법은 자유를 억압하기도 하지만 자유를 증진시키기도 한다. 법은 사실로서의 제도이지만 동시에 제도를 재는 척도이기도 하다. 법은 현실이기도 하면서 현실을 당위에 비춘 성찰결과이기도 하다. 법은 일반적이면서도 사례라는 개별성에 복무한다. 법은 규칙으로서 확실하고 고정된 것이지만 뭔가 다른 것들을 쉽게 받아들이는 유동적인 것이기도 하다. 푸코식으로 표현하면 '화학반응을 일으키기 쉬운' … 법의 내부에는 이처럼 서로 이질적이고 대립하는 것들이 그럼에도 불구하고 공생하고 있다.

필자는 법구조의 이 내재적 딜레마를 법철학의 '매력'인 동시에 법철학의 '낭패'로 여긴다. 그러기에 필자는 법의 이름으로 체제를 전복하는 힘을 발휘하다가 종래는 쓰러지고 마는 비극의 주인공 안티고네에서 법사고의 이 철학적 깊이를 느낀다. 이 비극에서 안티고네와 크레온 왕은 법적 정치적 이슈와 관련하여 논점, 원리, 행동에 있어서 철저히 대립되는 인물로 나타난다. 그리고 각자 자기 쪽의 가치가 우위에 놓인다고 주장하지만 양쪽 다 비극적인 파멸에 이를 수밖에 없었던 까닭은, 이 두 인물이 피할 수 없이 서로 상대에게 매인 한 쌍의 전망을 구현하고 있기 때문이다. 이들의 비극은 자신의 입장의 가치적 우위를 주장할수록 이것들의 동근원성으로부터 점점 멀어져간데 있다.

추상적으로 관찰하면, 현실에서 실제 수행되는 것이 법이라고 보는 입장과 법을 정의이념의 실현 속에서 찾는 입장은 대립한다. 그러나 우리 경험 속에서 이 대립은 이론에서처럼 그렇게 심각하지 않다. 법이라는 대상에 대해 소위 '관찰자의 관점'을 취한다는 것과 '참여자의 관점'에 선다는 것도 마찬가지이다. 실제 법경험에서는 양 관점은 병행하며 강조점의 차이 정도로 나타난다. 법을 현실에서 실현된 것으로 받아들일 때도 어떤 지도이념에 대한 표상 속에서 그렇게 받아들이며, 법을 실현되어야 할 이상을 지향하는 것으로 파악할 때도 현실의 필요와 요청에 비추어 그렇게 이해하는 것이다. 예컨대 법실증주의와 자연법론은 경직된 분석가의 눈에는 화해할 수 없이 대립하는 이론으로 비치지만, 숙고된 성찰과 실천적 고려를 거치면서 나오는 '약한 법실증주의'와 '약한 자연법론'의 경계는 어느덧 무너지고 만다. 그러고 보면 필자의 법철학은 이론과 개념의 철옹성에 도전하는 법철학이랄까…

Ⅵ.

확실히 필자의 법철학적 중점은 달리 보이는 것들을 구분하기 위한 세밀한 분석과 개념적 명확성을 추구하는 쪽보다는, 분리되어 보이는 특성들이 실은 어떻게 서로 연관되며 상호제약하는 관계에 놓이는지를 알고자 함에 있다. 필자는 분석의 대가들이 분석적 고찰로 일관한 대목에서 역사적 혹은 사회적 고찰 필요성을 느낄 때가 적지 않다. 예컨대 하트의 『법의 개념』이 그런 느낌을 들게 하는 대표적 저술이다. 필자는 법의 철학은 분석적·서술적 기획과 규범적·평가적 기획을 결합시키는 통합법학을 실현하는 것이라고 생각한다.

법의 본질을 둘러싸고 대립되고 상반되는 이론 갈래들이 생기는 이유는, 법을 법답게 만드는 본질로서 각각 중요하고 객관적인 요소들 중의 어느 한 가지를 택하여 그것만이 우월한 것이라고 내세우기 때문이다. 그래서 예컨대 누구는 법은 무엇보다도 정치공동체가 제정한 규칙이라고 주장하고(법실증주의), 누구는 이성적으로 도출된 가치만이 법을 법답게 한다고 주장한다(자연법론). 그런가 하면 또 누구는 법을 일차적으로 사회적 역사적 산물로 규정한다(법현실주의). 이들의 주장들은 각각 법의 본질을 설명해주는 한 객관적 측면으로서 중요한 의미를 지닌다. 각각 그 자체의 중요성을 가지는 이런 요소들이 융합됨으로써 법은 비로소 법으로 작동하는 힘을 얻는다. 즉 정치공동체가 공식적으로 정한 규칙을 분석하는 작업, 이 규칙을 가치적 관심이나 기준에 비추어 점검하는 작업, 이 지배적 가치들이 사회의 경험과 실천에 부합하는지 검토하는 작업. 이런 작업들 중에 어느 한 가지가 다른 한 가지보다 더 중요하고 그래서 우월한 일이 될 수는 없으며, 이것들은 서로 의존관계에 놓여 맞물려 돌아가는 작업인 것이다.

분석적 기획과 평가적 기획은 이론의 수준에서는 첨예하게 갈라서지만 사회의 제반 조건들이 동일하다면, 이들의 주장은 실천적으로 같은 결론에 이른다. 필자는 위에서 말한 법의 제 측면의 융합 내지 통합을 법철학의 과제로 삼고 있다. 법철학에 있어서 다양한 이론적 갈래들은 따지고 보면 이 융합의 시도의 좌절, 그 시도의 결과에 대한 반발, 경고음들인 셈이다.

사법실무와 법철학의 관계에 대한 필자의 각별한 관심도 이런 법철학적 과제의 일면이다. 통합은 '활동' 속에서 이루어진다. 그리고 사법은 바로 이런 의미의 통합적 '활동'이다. 위에서 언급한 법실증주의와 자연법론 그리고 법현실주의의 작업들의 통합은 법관의 사법활동을 통해 이루어진다. 이런 의미에서 법관은 그들이 의식하건 의식하지 못하던 간에, 헤롤드 버만(Herold Berman)도 잘 지적한 대로, 본래부터 '통합법학'을 적용해 온 사람들이다. 결국 최선을 다한 사법실무는 법철학과 동일시되는 것이다. 필자는 역량이 닿는 데까지 통합법학에 부응하는 방향으로 법주제를 넓히고 법이론의 확장을 꾀하고자 한다.

Ⅶ.

법철학은 개별적인 법률문제를 해결하거나 법정책 수립에 일차적 목표를 두는 게 아니라, 법의 바탕을 이루는 인식론적 존재론적 차원을 추구하고 법규범의 정당성을 근거짓는 기본적인 법가치를 파악하는데 목표를 둔다. 필자는 이런 목표에 부응하는 법철학 문제 영역들과 ―법개념 분석을 통한 법의 본질 규명, 법이념의 추구 및 법의 정책적 방향 제시, 법적 판단에 이르는 사고절차의 해명, 법에 대한 역사적 고찰, 응용법철학의 개척 등― 관련하여 끊임없는 주제 확대의 필요를 느낀다.

지금은 새로운 지도이념과 질서모형이 필요한 대 전환의 시대이다. 이런 때에 법의 문제를 사회적 정치적 요청에 연관지어 성찰하지 않고, 법이론을 실무에서 중요한 것에 한정시키거나, 집적된 판례분석으로 일관하는 글만 쓴다면 법학은 중대한 시련에 처할 것이다. 이미 주류법학의 협소한 학문관, 규칙합리주의에 대한 비판은 법학서 이외에 철학, 사회학, 심리학, 인지과학 등의 저술에 등장하기 시작했다.

'법'과 '법 아닌 것'의 구분에 몰두하는 '블랙박스 이론'이나 이에 기초한 법도그마틱만으로는 감당할 수 없는 문제들이 점점 늘고 있다. 오늘날 많은 하드케이스들은 학제적 연구 없이는 해결불가능하다. 법학에서 학제적 연구의 빈약은 법이론이 형식주의로 흐른 결과일 것이다. 학제성을 통해 공동의 용어기반을 넓힘으로써 공동의 실천적 목표를 성취할 수 있다. 이를 통해 개별학문의 수준도 향상될 수 있다. 필자는 오늘날 법철학의 과제중의 하나는 법사고에 학제적 마인드를 실어 나르는 것이라고 생각한다. 특히 오늘날 첨단과학기술의 영향, 세계화, 시장경쟁, 기후 변화 등 급변하는 법환경에서 새롭게 제기되는 인과성 문제, 자유의지와 책임, 생명연장, 배아보호, 법과 경제효용, 종교와 정치, 지식재산 개념, 세계법 등등의 논의 차원은 법도그마틱만으로는 접근할 수 없다. 필자 생각에는 이 모든 문제들은, 법철학이 주도적으로 논의에 참가하면서 의학, 생명과학, 인지과학, 철학, 윤리학, 사회학, 경제학 등과 대화하고 협조하는 가운데, 법적 합리성에 접근하는 보다 더 확대된 논의방식을 찾음으로써 해결을 모색할 수 있는 것이다.

인용된 저술목록

(1980) "법인간학에 대하여,"「사회과학논집」, 이화여자대학교.

(1982) "비난 없는 형벌? 형법상의 '책임주의' 재고,"「한독법학」 제3호, 한독법률학회.

(1983) "정의론의 인간학적 기초,"「세계의 문학」, 민음사.

(1987)『자연법사상』, 대우학술총서, 민음사.

(1989)『라드브루흐의 법철학』(편역서), 문학과 지성사.

(1990) "법치국가와 시민불복종,"「법과 사회」 제3호, 법과사회이론연구회, 창작과비평사.

(1992) "뇌사와 장기이식의 법윤리,"「철학과 현실」, 철학문화연구소.

(1993)『현대의 사회문제와 법철학』, 교육과학사.

(1994) "한국 법철학의 반성과 과제,"「법과 사회」, 창작과 비평사.

(1995a)『5.18, 법적 책임과 역사적 책임』(2인 공편), 이화여대출판부.

(1995b) "법의 이념으로서의 정의,"「현대사회와 정의」, 그리스도철학연구소 편, 철학과 현실사.

(1996a)『국민을 위한 사법개혁』(6인 공편), 박영률출판사.

(1996b) "법개념에 대한 새로운 논의,"「법학논집 창간호」, 이화여자대학교 법학연구소.

(1996c) "여성주의와 비판적 법이론,"「현대법철학의 흐름」, 한국법철학회, 법문사.

(2000)『생명공학시대의 법과 윤리』, 이화여대 출판부.

(2001a) "Human Rights: New Challenges in the Age of Biotechnology," *Comparative Law*, vol.18, Nihon University.

(2001b) "Der Rechtsbegriff und der Richter," *Verfassung-Philosophie-*

Kirche Festschrift für Alexander Hollerbach zum 70. Geburtstag, Duncker & Humblot.

(2004a) "Medical Ethics and Communicative Ethics," *Bioethics: Asian Perspectives. A Quest for Moral Diversity*, Ren-Zong Qiu(ed.), Kluwer Academic Publishers.

(2004b) "Legal Practitioners' Need of Reflective Application of Legal Philosophy in Korea, Law, Morality, and Legal Positivism," *ARSP Beiheft* Nr.98, Franz Steiner Verlag.

(2005) *Bioethics, Research Ethics and Regulation*, Seoul National University Press.

(2006) 『NGO와 법의 지배』(편서), 박영사.

(2007a) 『법철학의 문제들』, 박영사.

(2007b) 『자연법의 문제들』, 세창출판사.

(2007c) "지구화와 법이론," 「서울대학교 法學」 서울대학교.

(2007d) 『줄기세포 연구자를 위한 생명윤리』(2인 공저), 세창출판사.

(2009a) "Kelsen's Pure Theory of Law from the Perspective of Globalization," *JOURNAL OF KOREAN LAW*, SEOUL NATIONAL UNIVERSITY LAW RESEARCH INSTITUTE & BK 21 LAW.

(2009b) "The Global Commons: Human Rights," 「세계헌법연구」, 국제헌법학회 한국학회.

(2010) 『왜 법의 지배인가』, 돌베개.

(2011) "신경과학과 법을 둘러싼 논쟁"(2인 공동), 「법과 사회」 제41호.

(2012) "법관과 법철학," 「서울대학교 法學」 제53권 1호.

심재우

심재우는 1933년 강릉에서 태어나 고려대학교 법과대학 및 동 대학원을 졸업하였으며, 1973년 독일 Bielefeld 대학교에서 Werner Maihofer의 지도로 법학박사(Dr. iur.) 학위를 취득하였다. 귀국 후 1998년 2월 정년 때까지 고려대학교 법과대학 교수로 재직했다. 법철학회 회장과 형사법학회 회장을 역임했다.

I.

나는 한국전쟁에 학도병으로 참전했다. 전쟁의 와중에 겪은 인간의 한계상황과 극단적 대립상황은 나로 하여금 과연 인간집단의 구성원리가 무엇인지에 대한 의문을 갖게 만들었고, 인간의 평화로운 공존을 가능하게 만드는 질서의 이상이 어떻게 현실로 정착할 수 있을 것인지에 대해 깊이 성찰하는 계기로 작용했다. 종전 후 고등학생으로 돌아온 나는 법과대학 진학을 선택하게 되었고, 대학 입학 당시부터 전쟁의 포화 속에서 내게 다가온 의문과 성찰을 '법철학'이라는 테두리 속에서 대답을 찾고, 이론적 발전의 길을 걸을 수 있으리라는 막연한 기대를 갖고 있었다. 이미 학부 때 당시 고려대학교 법과대학에서 법철학을 강의했던 이항녕 선생의 문하생이 되었고, 내게 '법철학'은 삶의 동반자이자 삶의 목표점으로 확정되었다. 나에게 화두가 되었던 물음은 무엇보다 과연 국가란 무엇이고 또한 국가가 자신의 모습을 현실로 표출하는 법이 무엇인가 하는 것이었다. 다시 말해 단순히 경험적인 차원에서 국가와 법을 서술하는 것이 아니라, 그 존재근거와 정당성근거에 대한 물음을 통해 당위(Sollen)로서의 국가와 법을 묻고자 했다. 그것은 곧 지배의 정당성에 대한 물음이자, 어떠한 법이 그러한 정당성을 확보할 수 있을 것인가에 대한 물음이었다. 그 사이 대학원에 진학한 나는 석사학위 논문의 주제를 '법의 효력근거'로 정했다. 법철학자에게는 익숙한 것이지만, 법의 '효력'이라는 개념은 법이 사실적으로 관철되고 준수된다는 측면 이외에 그 타당성에 대한 근거를 밝히려는 의도를 내포하고 있다. 나로서는 법이 단순히 사실적 측면에만 집중하면 권력이나 폭력과 구별할 수 없고, 따라서 법이 법으로서 효력을 갖기 위해서는 반드시 정의와 같은 철학적 근거에 기초할 때에만 비로소 효력을 가질 수 있다고 확신했다. 그리하여 정당한 원리에 반하는 법은 설령 사실상의 효력을 갖더라도 법이라 할 수 없으며, 그러한 법에 대해서는 오히려 적극적으로 저항해야 한다는 결론에 도달했다. 바로 이 '저항권'에 대한 연구를 미래의 과제로 삼으면서, 나는 1966년 독일 유학길에 올랐다. 그 당시 우리나라의 상황은 아직 법철학이라는 분과가 정착되어 있지 않았을 뿐만 아니라, 법철학과 관련된 변변한 자료를 입수하는 것조차 힘들 정도로 열악했다. 전쟁의 상흔이 여전히 가시지 않았던 후미진 국가의 젊은 법철학도에게 오랜 학문적 전통을 축적한 선진국가 독일로 유학을 가는 일은 당시로서는 미지의 세계에 대한 막연한 동경과 불안이 교묘하게 뒤섞인 도전이었다. 나는 '저항권'이라는 주제를 손에 쥐고 이 도전에 응하게 되었다.

Ⅱ.

독일 유학의 첫 번째 지도교수는 Marburg 대학교의 하인리히 헤르파트(Heinrich Herrfahrt) 교수였다. 헤르파트 교수는 바이마르 공화국 때부터 명성이 높던 헌법학자였고, 자연히 '저항권'이라는 주제에 대한 나의 접근방식도 일단은 헌법적 논의를 중심으로 이루어졌다. 나의 연구는 무엇보다 저항권이 결코 헌법내재적 권리에 국한되는 것이 아니라, 헌법질서를 떠받치고 있는 근본원리와 동일한 정당성을 갖는 초헌법적 권리이기도 하다는 점으로 집약되었다. 즉, 자유와 평등을 보장하는 헌법질서 내에서 행사되는 반대권이나, 찬탈과 같이 헌법질서를 파괴하려는 기도로부터 이를 보호하기 위해 행사되는 헌법수호권과는 별개로, 헌법질서 내부의 모든 수단이 더 이상 실효성을 갖지 못하는 한계상황에서 인간다운 질서를 회복하기 위해 행사되는, 근원적 인권으로서의 저항권이 존재하고 또한 존재해야 한다는 결론에 도달했다. 물론 그러한 저항권의 근거가 되는 인권 및 인간다운 법질서에 대한 법철학적 정당화는 내게 아직 구체적인 모습으로 드러나지 않았다.

유학 후 3년 정도가 지난 시점에서 헤르파트 교수는 신장결석을 제거하는 간단한 수술을 받다가 심장쇼크로 세상을 뜨고 말았다. 독일에서는 지도교수를 '박사아버지(Doktorvater)'라는 단어로 표현하는데, 나는 말 그대로 갑자기 아버지를 잃은 고아가 된 셈이었다. 새 '아버지'를 찾기 위해 나는 당시 Saarbrücken 대학교에 있던 베르너 마이호퍼(Werner Maihofer) 교수와 접촉을 했고, 다행히도 마이호퍼 교수는 나를 흔쾌히 제자로 받아 주었다. 하지만 그와의 만남은 내게 단순히 박사학위논문을 지도해 줄 교수를 찾은 것에 그치는 것이 아니라, 나의 법철학이 시작되는 본격적 출발점이었고, 인간과 세계에 대한 사유의 단초를 마련해준 거대한 뿌리이기도 했다. 즉, 나는 마이호퍼의 법철학과 법철학적 사유를 통해 비로소 모든 혼란과 부정에도 불구하고 법질서를 포함한 인간의 질서가 추구해야 할 척도이자 동시에 지향점으로 작동해야 할 근원적 질서원리를 깨닫기 시작했다. 그 때문에 여기서 짧게나마 마이호퍼의 법철학에 대한 설명이 필요할 것 같다. 말한 대로 마이호퍼의 법철학이 나의 그것에 미친 영향은 거의 절대적이라고 할 수 있기 때문이다.

마이호퍼는 1954년 그의 교수자격논문 "법과 존재"에서 1927년에 출간된 하이데거의 유명한 저작 "존재와 시간"의 인식들을 차용하고 동시에 이를 극복하면서 1950년대 독일 법철학계의 거대한 주제였던 '자연법' 또는 '사물의 본성'에 대한 심오한 법철학적 정당화를 시도했다. 특히 마이호퍼는 다양한 사회적 역할들을 통해 인간들이 서로 결합하는 복잡한 사회현상을 존재론적으로 분석하면서, 인간의 그러한 실존적 범주를 '로서의 존재(Als-Sein)'라고 명명했다. 이 '로서의 존재'는 인간의 '자기존재(Selbstsein)'와 함께 인간의 존재 자체를 구성하는 질서의 근원이며, 자기존재로서의 인간들이 서로 만나는 세계 속에서 그 만남의 질서를 규정하고 기획하는 불변의 궁극적 원리로 작용한다. 이로부터 마이호퍼는 '세계-내-존재'인 인간의 '법-내-존재'가 사회적 존재로서의 '로서의 존재'에 의해 필연적으로 규정되고 있고, 그 속에 이미 규범적 당위구조가 내재하고 있다는 결론에 도달한다. 이것이 곧 '사물의 본성'으로 표현되는, 법의 존재론적 구조이다. 즉, 사회적 사실로서의 사물 속에 이미 인간질서의 원형이 내재해 있으며, 법질서는 바로 그러한 원형의 발현이며, 이를 그르친 법은 불법이거나 아니면 비법이다. 당연히 이러한 근원적 질서는 결코 초월적이거나 형이상학적 질서가 아니라, 시대와 장소에 따라 변화할 수 있는 가능성을 담고 있는 구체적 인간질서의 원리이며, 그래서 마이호퍼는 이를 '구체적 자연법' 또는 '사물논리적 구조'라고 부른다. 이러한 실존적 원리와 함께 마이호퍼는 법치국가라는 인간질서가 지향하는 궁극적 목표를 '인간의 존엄'으로 표현하고, 그 철학적 정당화를 칸트의 실천철학에서 찾는다. 즉, 자율적 존재로서의 존엄성을 갖고 있는 인간이 자신의 자율을 최대한 실현하여 자기 자신을 도덕적 인격으로 완성할 수 있는 조건의 총체로서의 법치국가를 수립하는 것이야말로 인간존재(Menschsein)의 실존적 과제라고 한다. 이를 통해 인간질서에 내재하는 실존적 구조는 궁극적으로 더욱 인간다운 질서를 창출하는 것을 목표로 하며, 그러한 질서를 수립하는 미래기획 역시 인간의 실존 자체의 과제라는 것이다. 그리하여 인간의 본성과 사물의 본성에 내재하는 원리, 즉 이미 주어져 있는 것(Vorgegebenheit)으로부터 미래지향적으로 우리에게 부과되어 있는 것(Aufgegebenheit)으로 향해 가는 것이 곧 우리 인간 실존의 법이다. 따라서 자연법은 이러한 실존법이며, 실존법이 곧 자연법이다. 그리고 이를 이론적으로 포착하여 서술하는 것이 '법존재론(Rechtsontologie)'의 과제이다. 이러한 실존론적 법존재론이야말로 초월적 질서로 회귀할 수 없고, 그렇다고 단순히 경험적 사실만을 중시하는 실증주의를 긍정하여 허무주의로 빠질 수도 없었던 2차대전 이후의 법철학이 존재와 당위 사이에 가교를 놓는 데 결정적인 의미를 지녔던 것이다.

나는 2008년 10월 독일 Bad-Homburg에서 열린 마이호퍼 교수의 90세 기념 콜로키움에서 "'로서의 존재'의 법철학과 공자의 정명론"이라는 제목으로 발표를 하면서 서두에 다음과 같은 헌사를 썼다.

> "베르너 마이호퍼는 나의 학문적 스승이다. 그의 법철학과 형법사상은 나의 학자로서의 전 생애에 걸쳐 늘 나와 함께했고 나의 사유를 규정해 왔다. 그 길에서 나는 늘 거인의 어깨 위에 올라앉은 난장이처럼 세계와 인간을 조금 더 멀리 그리고 더 깊이 바라볼 수 있기를 희망했지만, 그 희망은 정신적으로 도저히 근접할 수 없는 거인의 위대함 때문에 좌절되지 않을 수 없음을 늘 확인해야만 했다."

이 거인의 법철학은 나의 박사학위논문의 구성에도 지대한 영향을 미쳤다. 즉, 저항권을 궁극적으로 정당화하는 질서원리를 나는 마이호퍼의 법철학에 기대어 '인간의 존엄'에서 찾고자 했으며, 이로써 나의 박사학위논문은 '저항권과 인간의 존엄'이라는 제목을 달게 되었다. 나는 특히 마이호퍼를 통해 본격적으로 접하게 된 칸트의 인간존엄 사상을 천착했으며, 이를 통해 인간질서로서의 국가는 마땅히 인간의 존엄을 보장하는 질서로서의 법치국가이어야 한다는 인식의 철학적 기초를 섭렵하는 기회를 얻게 되었다. 그리하여 법질서는 인간의 존엄을 보호하고 보장하는 과제를 안고 있으며, 인간이 국가를 위해 존재하는 것이 아니라, 국가가 인간을 위해 존재해야 한다는 법치국가와 헌법국가의 원칙을 나의 법철학의 출발점으로 확립하게 되었다. 이로써 저항권은 법치국가를 구성하는 원리와 똑같이 인간의 존엄에 근거한다는 결론을 얻게 되었다. 이와 함께 나는 법치국가의 형성에 결정적인 계기가 되었던 계몽철학의 사회계약론, 즉 홉스, 로크, 루소의 철학을 통해 법질서는 신이나 그 어떤 다른 존재가 아니라, 인간 스스로 그리고 인간을 위해 만들어 낸 질서이며, 그러면서도 인간의 본성 자체가 아니라, 인간 사이의 상호성에 기초하는 확고부동한 존재론적 원리에 의해 인간질서가 지배되어야 한다는 확신을 얻게 되었다. 1973년 박사학위를 마치고 나는 자연법, 사물의 본성 그리고 인간의 존엄이라는 표제어로 나의 정신세계를 무장하고 귀국길에 올랐다.

Ⅲ.

귀국 후 나의 첫 번째 법철학 논문은 1974년에 발표한 "인간의 존엄과 법질서"였다. 이 글에서 나는 무엇보다 칸트가 어떠한 실질적 가치인식으로부터 법개념에 대한 정의에 도달했고, 그러한 법개념이 인간의 실존에 어떠한 의미를 갖고 있는지를 밝히고자 했다. 칸트 질서사상의 핵심은 인간의 존엄이라는 개념으로부터 도출된다. 그는 인간존엄의 근거를 "이성적 본성은 목적 그 자체로서 존재한다"는 명제로 표현한다. 이 근거로부터 칸트는 "너는 인간을, 그것이 너 자신이건 타인이건 항상 동시에 목적으로 존중할 것이며 결코 단순한 수단으로 사용하지 말라!"는 정언명령을 도출한다. 모든 인간은 인류 전체를 그 자체 목적으로 삼아야 한다고 명령하는 이 원칙은 칸트에 따르면 신성한 원칙이다. 왜냐하면 도덕법칙의 주체로서의 인간은 그의 도덕적 자유에 따른 자율을 행사하는 도덕적 존재(homo noumenon)로서 그 자체 신성한 것이기 때문이다. 그렇기 때문에 인간은 서로 상대방을 존중해야 할 쌍방적 의무를 부담하며, 바로 이 쌍방적 존중의무를 통해 수립되는 인격에 대한 존중이 인간다운 질서의 토대를 형성한다. 이러한 질서를 칸트는 '목적의 왕국'이라고 부른다. 이 질서의 왕국은 자유의 한계를 정확하게 규정하고 보장하여, 한 사람의 자유가 다른 사람의 자유와 서로 양립할 수 있는 조건이 충족될 때에만 실현될 수 있다. 칸트에게는 바로 그러한 조건의 총체가 곧 법이고, 그래서 법은 모든 사람의 최대한의 자유를 보장하는 질서이어야 한다. 칸트의 이러한 질서철학은 나의 법철학에 커다란 자양분이 되었다. 내가 칸트에게서 얻은 가장 결정적인 통찰은 '인간의 질서가 어떻게 가능한가?'라는 물음에 대한 사회학적 대답이 아니라, '인간질서는 어떠한 질서이어야 하는가?'라는 물음에 대한 규범적, 당위적, 철학적 대답이다. 다시 말해 인간의 존엄의 핵심인 인격의 자유가 최대한 발현될 수 있도록 보장하는 법치국가가 곧 인간질서의 궁극적 의미이며, 현실의 모든 질서는 바로 이러한 이념적 질서를 추구한다는 점에서만 그 정당성을 갖게 되며, 거꾸로 이 이념적 질서는 현실의 법질서를 판단하는 기준이 된다. 실존철학적으로 표현하다면, 현실의 모든 한계상황(Grenzsituation)을 비판하고 이를 극복하는 인간존재의 근본상황(Grundsituation)을 제시하여, 법질서의 존재근거를 밝히고, 그 정당성의 척도를 확립하며 기존의 질서에 대한 비판을 가능하게 만드는 불변의 질서사상을 천명한 것이다. 그리고 이러한 원칙은 결코 자의적으로 처분할 수 있는 대상이 아니라, 인간질서 자체에 내재하는 궁극적 원칙이다. 그렇기 때문에 나는 이 원칙을 ―오늘날에는 여러 가지로 오해의 대상이 되는― '자연법'이라고 부른다. 물론 나의 '자연법'은 어떤 초월적인 존재자를 전제하는 자연법이 아니라, 인간질서의 의미 자체에 근거하고, 인간의 존재 자체를 규정한다는 의미에서의 자연법이다. 따라서 이를 '이성법'이라고 부르든 아니면 ―요즈음의 표현방식에 따라― '법도덕주의'라고 부르든, 그것은 나로서는 중요한 것이 아니다. 내게 중요한 것은 오로지 칸트의 원칙, 즉 인간의 존엄과 법치국가로 집약되는 인간질서의 근원적 원리가 갖는 '처분불가능성'이다.

칸트의 법철학에 관한 논문 이후 나는 사회계약론으로 총괄되는 근대 계몽철학의 법사상과 국가사상을 다루는 논문들을 발표했다. 이 주제는 나의 박사학위에서도 중요한 부분이었는데, 특히 홉스와 루소의 국가사상 역시 칸트와 마찬가지로 계약론적 이론구성을 통해 인간 중심의 법질서와 국가질서를 정당화하는 원칙을 제시하고 있다는 점을 밝히고자 했다. 물론 홉스는 칸트와는 달리 자유의 질서가 아니라, 안전의 질서를 통해 인간의 자기보존에 초점을 맞춘 질서원칙을 구성했다는 점에서 자유로운 자기발현의 질서에 초점을 맞춘 칸트와는 차이가 있다. 하지만 홉스의 안전국가는 —통상의 해석과는 반대로— 결코 절대국가나 권력국가가 아니라, 인간의 객관적 실존조건을 보장하는 국가라는 사실을 홉스의 텍스트를 기초로 밝혔다. 또한 자유를 포기함으로써 자유를 획득한다는 역설적 이론구성을 통해 자유의 법치국가를 정당화한 루소의 법철학도, '일반의지(volonté générale)'라는 핵심개념에서 드러나듯이, 법질서의 목적이 인간의 평등한 자유의 실현에 있다는 점을 논증하려는 것이었다는 점을 밝혔다. 이 맥락에서 루소의 일반의지는 정의에 지향되어 있는 법의지의 대명사로서, 그것이 곧 법적 이성으로서의 자연법이며, 그렇기 때문에 일반의지는 인간의 의지가 아니라, 이 의지를 구속하는 이성의 규범, 즉 이성적 자연법인 것이다.

1998년 정년을 앞두고 나는 이러한 계약론적 정당화이론들을 "법치주의와 계몽적 자연법"이라는 제목으로 한 편의 논문에 담아보았다. 이 논문에서 나는 단순한 법률국가나 권력국가를 넘어, 국가권력 자체를 법에 구속시키는 실질적 법치국가의 궁극적 과제는 인간의 존엄과 인간의 권리를 존중하고 보호하는 데 있음을 밝히면서, 그 정당화근거를 루소와 칸트의 법철학에서 찾고 있으며, 이들의 자연법사상을 '계몽적 자연법'이라는 이름으로 표현했다. 루소와 칸트는 모두 ―앞에서도 언급했듯이― 인간의 자유를 인간 실존의 가능성조건으로 파악하고, 모든 사람이 자유롭기 위해 평등을 전제한다. 그 때문에 루소와 칸트는 '일반법칙' 또는 '일반의지'에 따른 자유와 평등의 질서를 요구하고, 이러한 질서의 틀 속에서 비로소 인간은 자기 스스로를 완성하고 계몽할 수 있는 가능성을 획득한다고 본다. 그러한 가능성의 조건이 없다면 인간과 인간의 관계는 예속과 착취의 관계로 타락하고, 인간을 단순한 수단으로 전락시키는 불법적 질서가 되고 말 것이다. 바로 이 가능성의 조건이 칸트의 이론철학의 용어를 빌리자면 인간질서의 '선험적(apriorisch)' 구조를 지칭하며, 이 선험적 성격을 나는 '자연법'이라는 개념으로 포착하려고 한 것이다. 또한 '계몽적'이라는 수식어를 통해 한편으로는 국가질서 자체의 법치국가적 계몽뿐만 아니라, 그러한 전제 아래 인간존재가 각자의 자유로운 기획을 통해 미성숙상태에서 벗어나 자신을 완성해 나아간다는, 칸트적 의미의 계몽까지도 함축하고자 했다.

Ⅳ.

법질서와 국가질서의 보편적 정당화원리와 판단기준을 밝히려는 나의 법철학적 관심은 점차 동양의 질서사상에까지 사유의 폭을 확대하는 방향으로 나아갔다. 이와 관련하여 나는 무엇보다 인간이 사회적 생존을 영위한다면 그러한 생활관계 속에 이미 일정한 질서의 원리가 내재하고, 그러한 내재적 원리는 동서고금을 막론하고 타당성을 갖는다는 확신에 도달했다. 이는 물론 인간의 존엄을 보장하는 당위적 질서로서의 보편적 자연법을 향한 길이 아니라, 구체적 생활관계와 함께 그리고 그 속에서 이미 특정한 형태로 올바른 질서가 존재한다는 것을 밝히는 길이다. 이는 스승 마이호퍼를 통해 내가 체득한 '사물의 본성'과 '구체적 자연법'에 관한 이론들이 이미 2000년 이전에 펼쳐진 동양사상 속에 완결된 모습으로 드러나 있다는 놀라운 발견의 과정을 뜻하기도 했다. 즉, '사물'이란 사람들이 각자의 사회적 위치에 상응하는 특정한 '어느 누구(로서의 존재)'로서 서로 만나는 사회적 관련성으로서의 생활관계를 뜻하고, 이 생활관계에 내재하는 질서가 곧 그 본성에 해당한다는 마이호퍼와 마찬가지로, 이미 공자는 사회적 관계 속에서 예컨대 군주나 신하와 같이 사회적 관계 속에서 각자가 가지고 있는 자신의 이름(名)에 걸맞게 그 역할을 다 할 때에 비로소 올바른 사회질서가 형성된다고 말하고 있다. '君君臣臣父父子子'라는 명쾌한 언어로 표현되는 이 '정명론(正名論)'은 직분의 윤리로서 사회적 생활관계에서 각자가 갖는 사회적 지위에 따라 각각 다른 직분이 배분되어 질서를 형성한다는 의미이다. 이러한 질서를 형성하는 구성요소로서의 사회적 지위의 이름을 동양사상에서는 '名'이라 하며, 그 이름에 따른 직분을 '分'이라고 한다. 전자가 마이호퍼의 '로서의 존재'에 해당한다면, 후자는 '로서의 존재'의 역할에 해당한다. 따라서 정명론에서 말하는 '名分'은 "'로서의 존재'의 역할"이라고 할 수 있다. 이것이 행위준칙으로서 객관화된 것을 동양사상에서는 '예(禮)'라 하고, 서양에서는 '법(法)'이라고 한다. 그렇다면 예 또는 법으로서 규범화된 실정법은 이를 정당화하는 자연법을 배후에 두고 있음을 알 수 있다. 이러한 자연법을 동양 유가에서는 정명론에 기초한 '도리(道理)' 또는 '사리(事理)'라 하며, 이는 마이호퍼의 법존재론에서 말하는 '구체적 자연법' 또는 '제도적 자연법'과 완벽하게 일치한다. 따라서 정명론에서 말하는 '도리'와 '사리', 법존재론에서 말하는 '구체적 자연법' 또는 '제도적 자연법'은 모두 실정법의 내용을 구속하는 '정법(正法)', 즉 '사물의 본성'인 것이다.

이 맥락에서 나는 유가의 법사상 전반을 고찰하고, 또한 공자와 순자에게서 발견되는 질서사상이 현대의 법치국가를 정당화하거나 법현실을 비판하는 척도를 제시하는 탁월한 사상이라는 통찰에 도달했다. 이밖에도 맹자의 '역성혁명론(易姓革命論)'이 나의 오랜 주제 가운데 하나인 저항권과 관련하여 그 개념사에 비추어 볼 때 가장 시원적 형태의 저항권론이라는 점을 확인한 것 또한 나의 동양철학 순례에서 얻은 커다란 소득 가운데 하나였다.

동양 법사상에 대한 연구를 서양의 법철학적 전통에 접목시키려는 나의 시도는 1999년에 발표한 "사물의 본성과 구체적 자연법"에서 조금 더 완결된 형태로 모습을 드러냈다. 이 글에서 나는 앞에서 설명했던 유가의 질서사상과 구체적 자연법론의 상관관계를 더욱 분명하게 확인하면서, 처분불가능하고 선재하는 원리로서의 사물의 본성론을 비교문화론 또는 동서비교법철학의 관점에서 심화시키고자 했다. 다만 사물의 본성론이 사물, 즉 존재에 내재하는 구체적 원리에 관한 이론이라는 점에서 이 구체성을 다시 제한하는 어떤 보편적 원리의 보충을 필요로 한다는 인식을 펼치고자 했다. 즉, 사물의 본성은 사물적으로 정당한 법을 제시해줄 수는 있지만, 그 자체가 인간적으로 정당한 법을 의미하는 것은 아니기 때문에, 사물에 내재하는 질서는 반드시 인간에 내재하는 질서를 전제해야 한다는 사실이다. 바로 이 지점에서 나는 나의 법철학의 가장 중요한 화두인 '인간의 존엄'을 다시 끌어들인다. 그리하여 사물의 본성이라는 구체적이고 역사적인 자연법은 자율주체로서의 인간의 존엄과 인격성에 기초한 보편적 자연법과 변증법적 관계에 있을 때에만 비로소 온전한 의미의 법질서가 된다고 본다. 즉, 양자 가운데 어느 하나를 무시한다면 그 질서는 결코 정당성을 획득할 수 없다. 이러한 변증법을 통해 나는 인간존재가 '던져진 존재이자 동시에 미래를 향해 스스로를 기획하는 존재'라는 실존철학의 인간관, 사물에 내재하는 질서원칙을 설파한 유가의 법사상과 구체적 자연법론, 인간의 존엄을 존중하고 보장하는 법치국가이념을 하나의 흐름 속에 합일시킬 수 있게 되었다. 그리하여 보편과 특수의 긴장은 해소되고, 보편적이면서 동시에 구체적인 질서원칙을 역사 속에서 그리고 역사와 함께 실현해 나아가는 법질서의 이념을 기획할 수 있게 되었다. 하지만 이러한 변증법을 헤겔식으로 이해하여 지양과 극복의 과정으로 이해해서는 안 된다. 나는 오히려 변증법적 관계 내부에 확고한 질서가 존재한다고 확신한다. 예를 들어 특정한 실정법이 사물의 본성과 충돌할 때에는 사물의 본성이 우선하며, 사물의 본성이 인간의 존엄과 충돌할 때에는 인간의 존엄이 우선해야 한다. 다시 말해 실정법은 사물의 본성에 구속되어야 하고, 사물의 본성은 인간의 존엄에 구속되어야 한다. 우리가 질서(Ordnung)를 각각의 질서요소들을 적절한 곳에 위치지우는 것(Ortung)이라 이해할 수 있다면, 질서사상 또한 이를 구성하는 이념과 실재의 적절한 위치를 규정하고 그 서열관계를 명백히 하는 것을 가장 중요한 과제로 삼아야 할 것이다. 이 점에서 나는 나의 법철학적 여정의 시발점이었던 인간존재에 대한 존중과 경외심을 하나의 이론 속에 용해시켜 법철학적 집에 안주(安住)시키는 사유를 펼친 셈이다. 즉, 나의 사유의 출발점과 종착점은 곧 인간이고, 자연법이든 사물의 본성이든 아니면 저항권이든 나의 모든 법철학적 화두는 결국 인간의 인간성이 최대한 발현될 수 있는 질서에 대한 염원과 그에 대한 이론적 해명을 담고 있다고 말할 수 있다.

V.

제한된 지면 속에 50년을 훌쩍 넘는 나의 법철학적 사유의 과정을 서술하는 것은 무리가 따르는 일이지만, 나는 여기서 다시 한 번 나의 법철학을 세 가지 관점에서 요약해보고자 한다.

(1) 법과 법률은 엄격히 구별되어야 한다. 제정, 즉 정치적 결단과 사실상의 권력에 기초하여 효력을 갖는 법률은 그 자체만으로 정당성을 갖는 것이 아니라, 오로지 정의를 지향하는 '법'이라는 초실정적 정당성에 비추어 심사하고 판단되어야 할 대상이다. 따라서 법은 결코 법률의 총합으로서의 전체 실정법질서를 뜻하지 않는다. 법률이라는 '존재자'는 법이라는 '존재'에 근거한다. 이것이 곧 '법존재론'의 요추이다.

(2) 정당성근거로서의 법이란 생활관계에 내재하는 질서, 즉 사물의 본성을 뜻한다. 이와 함께 법질서의 존재근거는 인간다운 질서, 인간의 존엄에 상응하는 질서를 기획하고 실현한다는 당위를 통해 확인된다. 이것이 곧 구체적 자연법과 보편적 자연법의 변증법적 관계이다.

(3) 만일 법률 또는 법질서가 법의 존재와 정당성근거에 —라드브루흐식으로 표현하자면— 참을 수 없을 정도로 반하고, 인간의 존엄을 보장하고 보호하는 것이 아니라, 오히려 인간의 존엄을 말살하고 파괴한다면 그러한 법률과 법질서에 적극적으로 저항하

는 것은 자연법적 권리이자 동시에 의무이다. 이것이 곧 자연법적 저항권론이다.

물론 철학은 시대의 아들이기에 요즘의 법철학적 경향은 나의 법철학과는 사뭇 다른 방향으로 흘러가고 있다. 법질서에 대한 분석과 관찰 또는 이른바 '해체'가 법철학 무대의 주역이 되어 있는 것 같다. 하지만 법이 왜 존재하는 것인지에 대한 깊은 성찰을 전제하지 않는다면, 법철학은 '법 없는 법철학'으로 전락하고 말 것이다. 법은 인간을 위해 존재한다. 더 정확하게는 인간이 인간다운 삶을 영위할 수 있도록 하기 위하여 존재한다. 그렇다면 법철학 또한 인간다운 삶을 위한 성찰이어야 할 것이고, 인간다운 삶을 위한 확고부동한 질서원칙을 밝히고, 그러한 질서원칙에 비추어 현실의 법질서를 가늠하는 비판의 무기이어야 할 것이다. 이 점에서 나는, 오늘날의 시류에는 부합하지 않을지도 모르지만, 나 자신을 '자연법론자'라고 부르기를 조금도 주저하지 않는다. 결국 나에게 법철학은 '인간이 세계에 친숙해질 수 있도록 만드는 하나의 기획'에 다름 아니다. 이 터전 위에서 법과 관련된 세세한 영역들에 빛을 비추는 작업은 후학들의 몫일 터이다.

오병선

오병선은 1948년 경기도 안성에서 출생하였고, 서울대학교 법과대학 (법학사) 및 미국 컬럼비아 대학교 법과대학원 (LL.M.)을 졸업하였으며 1991년 영국 에든버러 대학교 법학부에서 Neil MacCormick 교수의 지도로 법학박사(Ph.D)를 취득하였다. 서강대학교 법학전문대학원 교수로 재직하며 한국법철학회 회장을 역임하였다.

Ⅰ.

오병선의 법철학연구는 분석법철학, 규범법철학, 응용법철학의 제 분야에 두루 펼쳐져 있다. 제도적 자연법론, 공동선지향의 자유주의, 공화주의에 기초한 자유 개념, 기회균등과 경쟁존중의 평등 개념, 자원의 평등을 평가척도로 하는 분배적 정의 개념, 기본적 필요와 능력, 공과응분을 평가기준으로 하는 정의 개념, 목적적 응분주의(또는 응보주의)로서의 처벌 개념, 약한 자연법론으로서의 가치지향적 국제법 개념 등을 핵심 주제어로 하고 있다. 특히 제도적 자연법론, 공동선지향의 자유주의, 공과응분을 기초로 하는 정의론, 목적적 법해석이론을 법학박사학위논문 이래 꾸준히 탐구의 대상으로 발전시키고 있다(1994a, Chapter 8; 2002, 83-114;

2009b, 83-84; 2010, 27-33).

먼저 법의 본질을 규명하려고 시도한 오병선의 제도적 자연법론은 자연법론과 법실증주의를 절충한 접근법에 기초하고 있다. 휴고 그로티우스의 근대초기 합리적 자연법론, 모리스 오리유의 제도적 자연법론, 닐 맥코믹의 제도주의 법이론 등에 영향을 받아 추구한 제도적 자연법론을 정립하려고 노력하고 있다. 그는 사회생활 속의 인간의 행동을 규율하고 인도하는 법규범의 본질은 이성과 의지의 작용의 산물이며, 도덕과 관행 및 실천에 연원을 두고, 자연법과 실정법의 결합된 형태로 존립하고 있다고 파악하고 있다(1998, 50-51; 2002, 86-91; 2007a, 18-20).

오병선은 먼저 그로티우스의 법철학사상에서 오늘날의 자연법이론과 국제법 이론연구에 필요한 방법론을 도출하고 있다(2003a, 27-28; 2005, 19-24). 자연법이론은 전통적으로 그리스의 고르기아스와 같은 소피스트들이 지적하는 바와 같이 논증상의 난관을 안고 있다. 즉 객관적인 가치개념은 존재하지 않는다. 객관적인 가치개념이 존재한다하더라도 그것을 알 수 없다. 객관적인 가치개념이 존재한다는 것을 알 수 있다 하더라도 그것을 전달할 수 없다. 이와 같은 자연법이론의 핵심명제의 입증상의 난제에 대응하여 근대초기의 자연법이론은 중세의 형이상학적, 신학적 논증방법을 벗어나서 인간주의적, 합리적인 논증방법을 추구하였다. 그로티우스의 자연법이론은 근대 초기의 시대적 상황에 부합하는 인간주의적이고 세속적이며 합리적인 접근방법을 추구했다. 인간의 이성과 사교성이라는 인간 본연의 특성에 바탕을 둔 그의 자연법이론은 이성과 의지의 결합에 의한 절충적인 방법(eclecticism)으로 인하여 자연법론과 법실증주의의 어느 한쪽의 극단론을 피하려는 이론가들에게 큰 지침을 주게 되었다(2005, 24). 이 이론은 오늘날 자연법이론과 법실증주의의 이론이 각자의 근본적 영역을 벗어나서 상호접근, 수렴하는 현상을 볼 때 현대에도 그 영향력을 끼치고 있다고 할 수 있다.

오병선은 분석법철학과 규범법철학의 결합적 연구방법을 강조하고 있다. 규범의 체계로서의 법과 인간 행동의 일정한 유형에 근거를 둔 사회통제의 형식으로서의 법이 똑같이 정당한 연구 영역이라고 하더라도, 법철학을 엄격하게 어느 하나의 접근법에만 한정시키는 것은 부당한 태도라고 이해하고 있다. 각각의 접근법은 똑같이 법적 과정의 핵심적인 측면들을 나타내며, 다른 것을 위하여 어느 하나를 배제하는 시도는 불가피하게 법철학의 주제를 온전하게 그리지 못하게 된다. 한 가지 예를 들면, 사법 절차를 적절하게 설명하는 것은 규범체계의 논리적 흐름에 대한 고찰뿐만 아니라, 법관들이 법적 논술을 적용하고 발전하는 경우의 실제 요소들에 대한 고찰도 필요로 한다. 켈젠처럼 이들 두 접근법을 전혀 별개의 연구 영역으로 취급하면서 규범적 측면만 고집하거나 법현실주의자처럼 사실적 측면에만 편향되어 다른 쪽은 배세하고 한쪽 한 가지만 고려하는 것은 불완전하고 왜곡된 견해이다. '통합적 법철학(Integrative Jurisprudence)' 방법론의 효용을 강조하고 있다(2004, 24-25).

자연법론과 법실증주의의 논쟁에 관한 현대 법철학의 흐름을 살펴볼 때 건전한 법이론의 정립을 위해서는 일면적인 법이해의 태도보다 다면적인, 통합적인 접근법이 보다 설득력이 있다고 주장한다(1985, 29-31). 이는 현대와 같이 복잡다단하게 전개되는 사회적 환경에서 법이 공정하고 효과적으로 인간의 문제를 규율하기 위하여 필요한 태도라고 보는 것이다. 분석적, 사회학적 및 역사적 접근, 그리고 그에 더하여 이념적, 형이상학적 접근법을 조화시켜 통합적 법철학 방법론을 정립하는 것을 과제라고 생각하고 있다(1998, 50). 제도적 자연법론의 추구에서 법과 도덕의 분리보다 연결이론이 도출되고 약한 자연법론을 옹호할 수 있다고 주장한다(2002, 106). 그 입장을 정당화하는 논거로 객관적 가치와 인간선의 입증을 논증하는 존 피니스의 현대자연법이론을 긍정적으로 평가하고(2007c, 237) 또한 법의 해석에서 정답논제의 가능성을 주장하는 로널드 드워킨의 비실증주의 법이론에 동의하고 있다(2002, 99). 공정한 법의 해석과 판결을 도출하는 법관의 법적 추론에서 도덕심과 정의심의 중요성을 강조하는 존 롤스의 논증방식을 원용하고 있다(2012b, 196-197).

법과 정치이론의 관계에 지대한 관심을 기울이는 규범법철학의 성장으로 자유, 정의, 권리 등과 같은 개념이 법철학의 핵심적인 요소로 새로이 강조되고 있는 상황에서 오병선은 규범법철학을 정당화하는 법철학의 이데올로기적 배경은 이제 피할 수 없는 새로운 논점으로 대도되고 있다고 주장한다. 포스트모던 법철학의 확산과 함께 법철학의 연구와 논쟁분야에 '이데올로기의 종언(the end of ideology)'이 아니라 '이데올로기의 재현(the reemergence of ideology)'을 지적하고 그 정확한 위상정립이 필요하다고 말한다(2004, 26).

Ⅱ.

법의 해석을 통한 정의의 추구 방법을 오병선은 헌법해석에서의 '정답논제(right answer thesis)'의 가능성을 중심으로 고찰한다. 그는 해결하기 어려운 사례에서 어떤 정답을 도출할 수 있는 가능성에 대하여 '제도적 자연법 방법론'을 제시한다. 제도적 자연법론에 대한 문제 제기는 제도와 이성, 사회관행과 정치도덕 사이의 상호관계와 작용에 대한 연구로부터 출발한다.

법은 특정한 사회환경 속에서 인간의 이념과 행위의 산물이다. 사회구성원들로부터 모아진 지도적 이념과 지배적인 가치의 힘으로 인간관계는 사람과 사물에 대해 규제적 기능을 가진 계속적 제도의 형태를 취한다. 재산과 혼인에 관한 제도의 예를 들어보자. 사람들은 토지나 주택의 보유를 집단적 또는 개인적 형식으로 확보하고 제도의 틀 안에서 그것을 안정화시키고 있다. 인간은 이성간의 결합을 혼인이라는 방식으로 확보하고 그러한 생활방식을 제도의 틀 안에서 안정화시킨다. 제도를 형성하는 사람들의 행위는 시초에는 그러한 행위가 생활에 규제적 또는 규범적 효력을 갖게 되리라는 것을 알지 못한 채 오랜 동안 실천하고 있다. 특정한 형태의 사회적 행위와 관계가 사회구성원들 사이에서 규범력을 가진다는 것이 인식되면서 그러한 특정한 사회생활의 형식은 제도를 형성한다. 따라서 각 제도는 본질적으로 이념, 규범, 사실적 실천 행위로 구성된다고 이해할 수 있다. 오병선은 법의 제도적 성격을 두 가지 차원으로 이루어지는 것으로 이해한다. 하나는 실제적 형태로 확인될 수 있는 실증적 규범의 명시적인 표현으로서의 제도이고, 다른 하나는 사회구성원의 지도적 이념과 가치의 묵시적인 구현으로서의 제도이다.

국가건립과 인권, 정의, 공동선을 증진하는 지배적 이념을 구현하는 국내 헌법의 전문은 헌법도덕의 역할을 한다. 따라서 제도적 규범질서로서의 현대의 헌법은 실증적 규범의 사실적 실재와 제도적 도덕을 포괄하는 복층 구조의 특성을 갖는 것이며, 이는 다른 표현으로 '존재'와 '당위'의 가교라고 볼 수 있는 것이다.

특정한 정치제도의 체제에 상대화된 이념적 도덕인 제도적 도덕 또는 헌법도덕이라는 관념을 통해 오병선은 법에서의 올바른 판결 또는 정답 논제를 정립하고자 한다. 이 정답 논제는 진리에 관한 형이상학(객관적 진리가 존재하는가의 문제)과 지식에 관한 인식론(객관적 진리가 존재한다면 어떻게 그것을 알 수 있는가의 문제)이라는 도덕이론의 조력만으로 정립될 수 있기 때문에 이 문제는 본질적으로 법이 도덕과 필연적으로 연결되고 있는가 여부의 문제에 이른다.

오병선은 실천적으로 이루어지는 합리적 법 담론에서 실재적 진리보다는 덜 완전한 상태이지만 최소한 구성적 진리는 발견될 수 있다는 입장을 취하고자 한다. 그리고 이것이 법에서의 객관적 가치로 불릴 수 있다고 생각한다. 그렇다면 법에서의 객관적 가치는 어떻게 찾을 수 있는가? 정답이 도출될 수 있는 법에서의 객관적 가치는 해결하기 어려운 사례에서 입증될 수 있는가? 이 문제는 법이 도덕과 필연적으로 연결되고 있는가 여부의 문제로 이른다. 헌법해석에 제도적 자연법 방법을 채택할 경우 정답이 항상 도출될 수 있는가? 제도적 자연법의 방법을 통해서 도출되는 해석은 도덕이론의 견지에서 가장 합당한 답변이라고 인정하기 어려울지 모르지만 오병선은 법이론의 견지에서는 그것이 가능할 것으로 본다. 이 점은 로스코 파운드가 주장했던 자연적 자연법과 실증적 자연법 사이의 구분을 통해 설명할 수 있다고 생각한다. 파운드에 의하면 자연적 자연법과 실증적 자연법이 구분될 수 있으며 그 차이는 다음과 같이 설명될 수 있다고 한다. 즉 자연적 자연법은 인간 사이의 이상적 관계로서의 정의와, 그러한 관계를 추진하고 유지하는 합리적인 수단으로서의 법질서, 그리고 그러한 이상적 목표를 효과적으로 실현하는 법질서의 이상적 도구로서의 법 규칙들이 합리적으로 설정되는 상태라고 기술한다. 반면에 실증적 자연법은 역사적 경험에 바탕을 둔 것이되 보편적 문제 해결에 적용될 수 있고 그리하여 보편적 효력을 가진 법 규칙들로서 논리적으로 체계를 이룬 질서라고 한다. 따라서 자연적 자연법은 법질서의 운영과 사법제도의 기능이 이성에 따라 실현되어야 할 이상을 제시하는데 대하여 실증적 자연법은 현실의 사회적 경제적 질서의 문제를 정의의 이념에 따라 해결할 수 있도록 실정법을 운영하는 지침을 제시한다는 것이다.

오병선은 제도적 자연법의 방법이 이상적인 상황에서 자연적 자연법의 이념이 실현하고자 하는 실재하는 도덕적 진리에 부합할 수 있는 가능성을 부인하지 않는다. 그러나 현실의 사법재판의 운영모델로 쓰일 제도적 자연법의 방법은 구성적인 도덕적 진리에 입각하여 어떤 정답을 도출하는데 만족할 수밖에 없다. 그리고 이 사법재판의 모델에서 법적 추론은 반드시 합리주의적 방법을 채택하여야 한다. 이러한 제도적 자연법의 방법에 대비해 볼 때 자연적 자연법의 이념은 실재하는 도덕적 진리를 보다 더 잘 추구할 수 있는 입법의 권한이 부여된 입법적 영역에서 보다 적절히 추구될 수 있을 것이다. 즉 자연적 자연법의 이념은 이상적인 입법이 인도되는 이상향이라 할 것이다. 이와 관련하여 도덕실재론에 기초한 도덕적 추론을 할 경우 도덕적 명제의 인식의 근거는 정초주의(foundationalism)에 기초하며 또한 그 지식을 어떻게 얻는가에 관한 형이상학적 문제는 도덕이론상의 직관주의(intuitionism)에 기초해 설명할 수 있다고 생각한다.

오병선은 제도적 자연법 방법론은 다음과 같은 개념과 요소로 이루어져 있다고 말한다. 첫째, 법은 본질적으로 제도적 성격을 보유하고 이 제도적 성격은 규범의 사회적 실재와 지도이념이라는 정신적 요소의 두 차원으로 이루어져 있다. 이 정신적 측면이 특정 정체의 제도적 도덕 또는 헌법 도덕으로 표현된다. 따라서 제도적 규범질서로서의 법은 '존재'와 '당위'의 복층(duplex) 구조의 특징을 띤다. 여기에서 법과 도덕은 필연적으로 연결된다. 둘째, 제도적 자연법 방법론은 법의 해석에 관하여 통합적 방법과 특히 헌법해석에서 해석주의를 채택한다. 통합적 해석은 이성과 명령을 법의 두 가지 본질적 요소로 인정하고 분석적, 역사적 및 목적론적 방법을 동시에 고려하는 종합적 방법을 취한다(2000, 314-316; 2002, 110; 2009b, 83-84). 해석주의의 방법은 헌법재판에서 2단계의 정당화형식을 취하는데 실정 규칙에의 적합성과 제도적 도덕에서의 합당성 요건을 충족시켜야 한다. 셋째, 제도적 자연법 이론은 최선의 해석을 통하여 제도를 합리화하고 이 절차는 필연적으로 실천적으로 합리적인 담론절차를 취할 것을 요한다.

제도로서의 헌법과 제도의 지도적 이념으로서의 헌법도덕이 국가내의 정의와 국민사이의 공동선을 증진할 것을 목적으로 하기 때문에 그 헌법해석은 건전한 이성에 기초한 최선의 해석을 통하여 인도되어야 한다. 이 요구는 최선으로 발휘되는 이성의 제도화를 통하여서만 제대로 실현되고 이것은 또한 실천적인 합리적 담론의 방법으로 가장 잘 표현될 수 있을 것이다(2002, 109-111).

Ⅲ.

오병선이 추구하는 규범법철학은 자유, 평등, 정의라는 법가치의 이해에 기초하고 있다. 이 논제에 대한 이해를 위해 한국법체계에서 자유와 자유주의의 문제를 제기한다. 우리 사회의 법질서

준수실태나 국민의 법의식의 수준, 헌법규범에 대한 신뢰도의 실상은 아직 선진국 정도의 수준에 비하여 한참 저조한 상태에 머물러 있다. 이러한 헌법규범에 대한 존중, 법치주의에 대한 신뢰의 저하는 국민들의 잦은 분쟁야기와 사건발생의 높은 빈도로 나타나고, 그로 인해 사회갈등 해소와 사회질서 유지비용을 높여만 간다. 한편 우리 사회는 급속도로 개방화와 다원화사회로 이행하면서 인구구성의 다양성, 가치관의 다양성을 겪고 있고 그에 따라 분쟁의 내용과 수준이 복잡하고 어려운 양상을 띠고 있다.

모든 국민들의 개개인의 자유를 존중하면서 사회구성원들의 평등을 실현하는 길은 잘 정비된 법질서와 숙련된 법제운영 기술을 요한다. 우리 헌법이 채택하여 실천하고 있는 자유주의 규범은 새롭게 편성되는 사회질서에 부응하여 새로운 시각에서 접근하고 재해석할 필요가 있다. 오병선은 자유주의를 '공동체주의적 자유주의', '공화주의적 자유주의', 또는 그가 강조하는 '공동선 지향 자유주의'의 의미로 재음미할 필요가 있다고 주장한다. 새롭게 강조하는 공동선지향 자유주의는 개인과 공동체의 조화로운 발전을 모색하며 이는 열린 자유민주주의, 시민적 덕성의 함양, 그리고 비지배적 자유와 상호연대정신의 실천을 요구한다(2010, 30-33). 이러한 입장을 채택한 구체적인 입법정책으로 위난에 빠져 생명이 위태로운 상태에 빠진 사람에게 긴급히 간이구조를 할 법적 의무를 긍정적으로 검토해야 한다고 주장하고 있다(1994b, 251-253).

법이 추구하는 정의는 이제까지 "같은 것은 같게, 다른 것은 다르게 취급하라" 또는 "각자에게 그의 몫을 주려는 항구적이고 부단한 의지의 실현"으로 표현되어 왔다. 현대 사회에서 법이 추구하는 정의는 공정성의 기준에 따라 평가해야 하는 것으로 인식되고 있다. 이 공정성은 법의 정립과 적용에서 모든 사람을 동등한 존엄과 가치를 갖는 인격자로서 대우해야 한다는 의미에서 공평성의 실현을 핵심 요소로 한다.

법 제도의 공정성을 이루는 요체는 무엇일까? 개인의 창의가 자유롭게 발휘되고 이것을 모든 사람이 차별 없이 동등하게 누리며 각자 노력의 결과에 스스로 승복하며 책임을 지는 시스템을 공정하다고 한다(2011c, 196-198). 또한 불운이나 사회 구조적 모순이 낳은 실패자와 낙오자, 여성, 장애인 등 사회적 약자에게는 보상적 불평등을 제도적으로 시행하여 공평성을 제고한다(2001b, 201-202). 이는 모든 사회 구성원들이 공동체 안에서 공존하고 상생해야 한다는 연대 원리의 실천이다. 자유, 평등, 연대가 법 제도에서 조화롭게 어우러져 사람들이 평화롭게 행복을 추구할 수 있을 때 그 법질서는 공정한 사회를 구현하게 된다(1989, 163-164).

공정한 사회를 추구할 때 분배적 평등의 실현형태와 그 평등화의 척도의 이해가 중요하다. 평등주의적 정의의 실현을 위한 세 가지 경쟁적인 이론, 즉 복지의 평등론, 자원의 평등론, 능력의 평등론을 고찰하며 오병선은 자원의 평등론과 능력의 평등론이 분배정책으로 채택되어야 한다고 주장한다. 여기에서 복지의 평등론은 각 사람이 자신의 생애를 통하여 스스로 취득하는 인간선의 양이나 정도가 똑같아야 된다는 것을 말한다. 이와 같은 결과추구적 평등론의 관점에서 볼 때 복지가 삶의 조건에 직접적인 연관을 지니고 있기 때문에 정의에 관한 재화의 분배로서 우선적인 후보자가 될 수 있는 것으로 보인다. 그러나 모든 개인들에게 일률적으로 동등한 분배를 하는 것은 개인들 사이의 차이와 그들의 상황을 충분히 고려하지 않는 것이기 때문에 반론이 제기된다. 단순한 평등에 의한 분배적 정의에 반대하는 현대 자본주의 사회에서의 평등주의의 기본적 전제는 인간은 자신의 자유로운 결정의 결과 초래된 불평등에 대해 책임을 져야 한다는 것이다. 위급시의 최소한의 부조를 제외하고는 그러한 불평등에 대해 보상을 받을 자격이 없다. 반면에 그들이 스스로 선택한 것에 의한 결과가 아닌 불평등에 대해서는 보상이 기대된다. 이러한 평등주의자의 입장에서는 생활조건의 평등이 실현될 때 세상은 도덕적으로 더 좋은 것으로 생각된다. 평등의 추구를 위한 조건의 평등으로 자원의 평등이 대안으로 제시되었다. 자원의 평등론자들은 '결과의 평등(equality of outcome)'을 옹호하지 않고 여러 가지 종류의 기회의 평등이나 '수단의 평등(equality of means)'을 주장한다.

센과 누스바움이 1980년대부터 제기한 평등론에서 조건의 평등(equality of condition)은 동등한 참된 자유이고 이는 구체적으로 기본적인 기능적 능력의 평등(basic functioning capability equality)이다. 사람들이 수없이 다양한 방식으로 기능하지만 인간의 번영이나 가치 있는 주체로서 본질적인 기본적 기능을 생각해야 한다는 것이다. 롤스가 지적하였듯이 사회의 구성원이 합리적인 사람들일 경우 그들의 선의 관념을 그들의 상황에 맞추어 소성할 수 있게 된다. 조건의 평등은 자원의 평등을 통해 이루어진다.

자원의 평등은 사회가 그 구성원들에게 제공해야 할 의무는 제한되어 있다는 것을 전제로 한다. 정의롭고 평등주의적인 사회는 그 구성원의 삶의 질의 수준을 얻기 위해 필요한 모든 것을 해야 할 의무를 지는 것은 아니다. 어느 개인이 자신의 생애를 통해 도달하는 삶의 질로서 가치 있는 주체에 도달하는 정도와 복지의 목표는 그 개인이 택하는 많은 선택과 행위에 달려 있고 사회의 업무는 아니라고 보는 것이 온당하다. 개인의 생활의 실제의 경로와 그것이 도달하는 완성의 정도는 누구에게도 책임이 따르지 않는 수많은 기회에 달려 있기 때문이다. 조건의 평등이 사회정의의 부분이라면 적절하게 제한된 사회책임의 관념을 반영해야 한다. 이러한 의미에서 자원의 평등이 이 목적에 부합된다. 그러나 자원의 평등의 추구에서는 참된 인간의 자유의 향유로서 기본적 기능능력의 확보가 있어야 하는 점을 소홀히 하는 점이 있다. 특히 사회적 소외계층, 빈곤계층에게는 자원의 평등과 함께 인간다운 삶의 최소한의 보장을 위한 기본적 기능과 능력이 평등하게 보유되는 것이 더 절실하게 다가올 것이다. 이런 측면에서 오병선은 자원의 평등론은 인간다운 삶의 최소한의 보장책인 기본적 필요의 충족에서 기본적 기능적 능력의 평등론에 의하여 보충되는 것이 바람직하다고 생각한다(2008, 476-478).

Ⅳ.

오병선이 추구하는 공과응분을 핵심적 평가요소로 하는 정의론의 핵심적 특징은 아리스토텔레스와 토마스 아퀴나스의 전통에 선 정의론, 동양의 유가철학의 전통에 선 정의론과 그 맥락을 같이 하고 있다. 이는 현대의 다양한 정의론 중 계약주의적 관념에서 출발하며 절차적 공정성을 강조하며 공과응분의 개념을 인정치 않으려는 존 롤스의 정의론과는 그 궤적을 달리하고 있다(1991, 150-152).

우리는 우리가 처해 있는 사회가 그것이 가족이거나, 회사이거나, 국가이거나 간에 사회내의 재부와 자원을 사회구성원들에게 정의롭게 분배해야 할 도덕적, 또는 법적 의무를 지고 있음을 전제해야 한다. 그렇다면 어떤 방식으로 분배할 것인가를 선택해야 되고 그 선택에 대해 정당화 근거를 제시해야 한다. 이 문제에 대하며 오병선은 다음의 두 가지 방식으로 답변할 수 있다고 생각한다. (1) 평등의 일반원리는 일차적으로 사회구성원에게 혜택과 부담을 평등하게 분배할 것을 요구하는 것이라고 추정한다. (2) 만일 앞의 일반적 평등분배의 원리가 부적절하다고 판명되는 경우에는, 1) 공과응분에 관한 문제는, 각자가 자율적으로 선택한 행위에 대하여 그 공과 또는 공적여부에 따라 분배하고(form each according to his autonomous choice, to each according to his desert), 2) 기본적 필요에 관한 문제는, 각자의 수단 또는 능력대로 부담하고 각자의 필요에 따라 분배하도록(form each according to his means, to each according to his needs)한다.

자원의 정당하고 공평한 분배를 위하여 공과응분과 기본적 필요의 두 원리를 실천할 경우 이는 형식적인 평등분배와는 다르다. 그러나 공과응분과 기본적 필요는 어떤 사회에서도 동시에 이 두 원리를 적용하여 재화의 분배를 실시할 수 없는 서로 경쟁적인 청구내용이기 때문에 필연적으로 상호충돌을 벌인다. 그리하여 조정방안으로 재화의 일부는 기본적 필요의 원리에 따라 분배하고 나머지 재화의 부분은 공과응분의 원리에 따라 분배할 수 있음을 제시하여야 한다. 이 경우 기본적 필요의 원리가 공과응분의 원리보다 먼저 적용돼야 한다(1994a, 233-234). 즉 기본적 필요가 평등하게 충족된 다음에 잉여제화의 분배에 대하여 공과응분의 원리가 적용되어야 된다는 것이다. 최저한의 정상생활 수준이 충족된 다음에는 기본적 필요의 원리는 개인들에게 자발적 선택과 행위로 보다 큰 보상을 위하여 자유롭게 경쟁하도록 내버려두어야 한다. 이와 같은 정의론의 구조는 자유주의와 복지평등주의의 두 가지 입장을 혼합한 일종의 통합적 정의론(또는 일종의 '자유공동체주의의 정의론')이 된다. 여기에서 강조할 점은 정의와 평등의 상호관계는 서로 밀접하고 유사하지만 완전히 동일한 개념은 아니라는 점이다. 양자는 한 상황의 서로 다른 측면을 지적하고 있다. 평등의 개념은 주로 공정한 출발점(즉 균등한 기회의 향유)과 종국적 결과 상태(기본적 필요의 균등한 충족)를 의미하는데 반하여, 정의는 각자가 대우받아야 할 방식(기본적 필요에 따라서, 공적에 따라서)을 의미한다. 따라서 각 개인에 적합한 특정한 대우방식이 "각자에게 그의 응분의 몫을 준다"라는 정의의 공리에 부합하는 것이다(1993, 50-60).

시간적으로 멀리 떨어진 세대 사이의 관계도 중요한 정의의 문제를 안고 있다. 먼저 환경정의 문제가 제기된다. 현세대 사람들이 어느 정도까지 자원을 고갈시키지 않고 활용할 권리가 있는가, 미래세대에게 방사능폐기물과 같은 시한폭탄이 될 수도 있는 물질을 남겨둘 권리가 있는가, 자신들의 물질적 후생을 증진시키기 위해 환경을 대규모로 변화시킬 권리가 있는가와 같은 문제들이다. 재생 불가능한 자연자원의 고갈, 토양과 수자원의 회복할 수 없는 오염, 화학폐기물 및 방사능폐기물의 생산, 희귀생물종의 멸종 등은 환경과 현세대에 대한 우리들의 의무의 소홀함은 물론 미래세대의 사람들에 대한 의무의 소홀함으로 연결되는 문제이다. 이와 같은 의무들의 불이행은 많은 경제적인 비용과 미래 사람들의 건강과 삶의 질에 심대한 어려움을 끼칠 것이다. 세대간 정의의 문제는 저축과 여러 세대에 걸치는 차입부채의 축적과 관련하여 제기될 수 있다. 현세대 사람들 중에 있는 최빈곤층의 복지를 증진하는데 쓰지 않고 대신 미래 사람들을 위해 저축을 해야 하는가? 미래 사람들은 금융의 혜택을 누리지 못할지도 모르는데도 현 세대의 정부가 미래 사람들이 원리금을 상환할 것을 전제로 장기 차입금융을 일으켜도 되는가?

이와 같이 환경윤리 및 환경법의 영역에서 오늘날 서로 다른 세대간에 자연자원의 공평한 이용의 문제가 중요하게 대두되고 있다. 이것을 미래세대에 대한 현세대의 도덕적 의무 또는 법적 의무를 가리키는 '세대간 정의(intergenerational justice)' 또는 '세대간 형평(intergenerational equity)'의 문제라고 한다. 이러한 세대간 정의의 문제를 부정적으로 비판하는 자유지상주의 이론(libertarian approach) 및 계약주의 이론(contractarian approach)이 있다. 이에 대항하여 긍정적으로 정당화하는 이론들로서 한편으로 계약주의의 권리중심이론(contractarian rights-based approach), 공리주의의 비용편익분석이론(utilitarian coat-benefit approach), 또는 평등주의 이론(egalitarian approach)이 있고 다른 한편으로 자유주의(liberal-ism), 또는 공동체주의(communitarianism)의 이론 등이 있다. 미래세대에 대한 이무를 긍정적으로 논하는 다양한 관짐들이 미래세대를 보호하기 위한 우리들의 직관적 욕구를 반영하는 점에서 공통성을 띤다고 할 수 있지만 그러나 각 이론적 근거는 모두 항상 타당성을 가진 것은 아닌 것으로 보인다. 또한 각 이론들을 성책에 옮겨 실천할 경우 그 파급효과는 다양하게 나타남과 동시에 어떤 것은 부정적인 결과도 초래할 수 있는 것으로 보인다.

세대간 정의는 미래세대에 대한 현세대 사회의 도덕적, 법적 의무에 관련된 문제이다. 그런데 이 문제는 주로 자유개인주의적 권리이론이나 공리주의적 비용편익분석의 방법으로 논의되어 왔다. 오병선은 권리중심담론을 기초로 세대간 권리의 문제로 접근하는 방법은 그 권리이론이 빠질 수 있는 개인주의적인 관념의 지나침으로 인해 세대간 정의의 문제를 적절히 다룰 수 없음을 제시하였다(1999, 22-23). 또한 비용편익분석방법도 개인주의와 경쟁적인 이기심의 충족이라는 전제로 인해 세대간 정의의 문제를 올바로 다를 수 없음을 제시하였다(2003b, 295-297).

오병선은 미래세대에 대한 현세대의 의무를 가장 잘 설명할 수 있는 논거로서 자유주의와 공동체주의의 절충적인 이론으로 자유공동체주의 이론(a liberal-communitarian approach), 또는 공화주의적 이론(a republican approach)을 옹호하고 있다. 이 공화주의 이론은 현세대의 개인적 자아를 과거세대는 물론 미래세대에까지 확장할 것을 요하는 새로운 공화주의적 자아관에 기초하고 있다. 이 공화주의적 접근법은 자율(autonomy)과 비지배(non-domination)의 자유주의적 요소와 연계된 자아(embedded self) 및 공동선(the common good)이라는 공동체주의적 요소를 포괄하고 있다.

오병선은 자유개인주의와 공리주의가 갖는 맹점에 대한 대안을 '공화주의적 자아'에서 찾고 있다. 개인의 문제로부터 집단의 문제로, 즉 공동체적 연대의 문제로 전환하여 '자율적인 공동체적 자아(autonomous communitarian self)'라는 개념을 통해 위의 두 가지 방법이 지니고 있는 모순과 함정을 피할 수 있음을 제시한다. 즉, 자아개념의 확장에 의거하여 현재세대와 미래세대 사이에 도덕공동체가 형성될 수 있음을 논의하였다. 이 논의에서 제시하는 '공화주의적 자아'는 한 세대 내에 국한된 삶의 경험에 그치는 단세대적 자아가 아니라 다음 세대에 대한 의무와 책임을 부담하는 '확장된 자아(extended self)'의 개념이다. 이 '확장된 자아'는 자유주의와 공동체주의의 장점을 포괄적으로 흡수하는 '자유공동체(liberal community)' 속에서 충분히 실현될 수 있다. '확장된 자아'는 공동체 속에서 가치의 원천을 발견한다. 자신이 소속된 공동체 속에서 의사소통의 기회를 활용하여 삶의 가치와 이상들을 터득하게 되고 상호의존과 책임의식을 강화시킬 수 있다. 이러한 관계 속에서 안전과 발전이 보장된다. 그런데 이러한 공동체는 자율적인 개인을 전제로 해야 한다. 왜냐하면 공동체의 가치를 변화하는 환경에 대응하여 창의적으로 재해석하고 이를 통해 가치의 탁월성을 향상시킬 수 있는 것은 자유롭고 자율적인 자아에서 유래되기 때문이다. 창의적 자율성과 공동체적 동료애 속에서 자아는 좁은 현재, 지역을 넘어 넓은 자아로 확장될 수 있다. 즉 자율적인 자아만이 공동체적 가치의 재창조와 실천의 동적 추진체가 될 수 있다. 자율적인 자아의 공화주의적 덕성이 함양되는 곳을 자유공동체라고 부를 수 있다. 이와 같은 자유공동체 내에서 세대간 정의의 문제가 바람직한 해결책을 찾을 수 있음을 논증하고 있다(2003b, 320-321).

V.

오병선은 그가 분석법철학과 규범법철학에서 추구하는 목적론적 자연법 개념, 공과응분을 핵심적 평가요소로 하는 정의론, 이성과 의지의 작용을 법질서의 기본 연원으로 이해하는 접근법을 국제법의 본질, 인권의 국제적 보호, 전쟁과 평화에 관한 연구에도 응용하고 있다(1988, 728-750; 2009a, 245-271; 2011a, 435-455; 2011b, 123-149). 오늘날 국제법에 의거한 국제분쟁 해결방법에 대한 회의주의와 이로 인한 국제법에 대한 신뢰성의 위기가 팽배하고 있다. 특히 국제적 무력사용에 관한 각국들의 의견대립이 첨예하게 드러나는 자위권의 행사, 인도적 간섭, 테러리즘에 대한 무력대응의 영역에서 그러한 현상이 현저하다. 이러한 국제법에 대한 회의주의는 국제사회의 평화와 안전을 논의하는 공통적 가치규범과 절차에 대한 신뢰를 저해하여 파국을 초래할 수 있다. 국제법문제에 대한 중심시각을 적극적이고 긍정적 측면에서 선택하여 국제법질서에 대한 신뢰를 회복할 필요성이 절실하다.

국제법 위기의 주요 요인은 국제법에 대한 과도한 정치적 접근법의 채택이다. 외교와 영사관계의 영역을 제외하고 국제공법의 거의 모든 규칙들은 항상 위반되고 있다. 특히 국제관계에서 힘의 사용에 관한 규칙이 늘 위반의 대상이었는데 이 현상은 국제관계가 국제법이 아니라 힘의 균형에 의해서 지배되고 있는 사실을 반영한다. 오늘날 국제법의 위기는 특히 강대국들이 국제법 규칙이 자국에는 구속력이 없다고 생각하는데서 기인한다. 그들은 국제법을 권고나 국제예양이나 도덕처럼 구속력이 없는 규칙으로 다루기 때문이다. 국제법에 대한 이러한 국가들의 태도는 여러 가지 이유가 있지만 특히 개별 국가들의 정치적 이해관계에 우선성이 주어지기 때문이다.

국제법체계가 당면하고 있는 규범성의 위기를 해소하는 방안은 무엇인가? 국제법의 국가중심체계, 그 운영원리인 국가주권, 그리고 영토주의에 대한 과도한 의존을 벗어나야 한다는 지적이 있다. 이는 국가중심체제의 체계적 결함이 그대로 UN체제에 반영되어 기본적 안보, 세계의 사회적, 경제적 필요에 부응할 수 없는 실정이라는 지적이다. 오병선은 현 국제체제가 안고 있는 결함, 국제법질서에서의 정당성의 결핍, 정의의 결핍문제를 보완할 수 있는 방안을 모색하고자 국제법질서의 형성 및 운영과정과 그 과정을 규율하는 가치의 중요성을 강조하는 방법론을 고찰하고 있다. 이와 관련하여 최근 국제법질서를 둘러싼 국제적 헌법화의 논의에 주목하고 있다. 최근 국제법의 파편화로 인한 국제법질서의 분열적 현상에 대한 대안으로 국제법질서의 헌법화가 필요하다는 논의가 제기되고 있다. 이는 중앙집권화된 입법 및 사법기관의 결여로 인한 분열화를 보완하는 방법으로 현 국제법질서의 헌법화를 모색하여 중앙집권화된 기구를 제공하거나 규칙 또는 사법기관 사이에 위계를 구체화함으로써 대응할 수 있다는 주장이다. 국가중심체계와 UN체제의 개혁을 위하여 전지구적 권력을 가진 새로운 제도가 수립되어야 하는데 이것은 전세계의 주요한 행위자인 인간의 인권을 국가와 비국가행위자들로부터의 끊임없는 공격으로부터 보호하기 위하여 필요하다는 주장이다.

이러한 논의는 현존하는 UN 및 국제기구체제에 대한 전반적인 개혁과 동시에 국제법질서에서 규범의 위계성 및 가치체계에 대한 재조명을 불가피하게 만들 것으로 이해된다. 이러한 미래지향적 국제법질서 수립에 가치지향적 국제법방법론이 방향제시와 목표설정을 위해 필수불가결한 역할을 할 것으로 전망된다. 권력정치에 의하여 휘둘리는 국제법 현실주의나 국제법회의주의 또는 국제법 해체주의와 같은 접근법으로는 대처하기 어려울 것이다.

라우터팩트의 자연법론적 접근론, 맥두갈의 정책중심적 접근론, 프랭크의 법가치중심적 접근론, 해롤드 고의 초국가적 법과정론 등과 같이 20세기의 중반부터 현재에 이르기까지 영향력을 행사해왔던 다양한 가치지향적 접근론이 공통적으로 모색하는 국제법 규범의 신뢰회복 방안을 신중하게 검토해야 한다고 주장한다. 오병선은 이러한 가치지향적 국제법연구방법이 공통적으로 보유하는 이론적 장점은 국제법의 권위와 규범력의 확보를 위하여 정의, 정당성, 권력, 통제 및 법적 논의과정에 대한 이해를 새롭게 구성하는 이론적 틀을 수립하려는 것이라고 이해하고 있다. 가치지향적 방법이나 국제법의 헌법화 논의를 통하여 국제법에 권위와 통제를 회복하고 국제법의 신뢰와 준수를 제고할 수 있는 방안이 모색되어야 함을 강조하고 있다(2011b, 124-125, 146-147).

Ⅵ.

오병선이 추구하는 법철학적 사고와 방식은 현실의 한국 법질서에 대한 이해와 분석에서도 그 특징을 나타내고 있다. 쿠데타에 의한 새로운 정권 및 헌법질서 창출이후 쿠데타 과정상의 제반 행위에 대한 내란죄의 귀책 등 사법적 심사가부를 논하면서 법규범의 위계와 법의 효력의 근거를 탐구하고 있다. 그는 "5·18 불기소조치의 법리에 대한 법철학적 검토"에서 자유민주적 기본질서가 한국의 헌정질서의 근간임을 강조하고 있다.

군주시대나 전제주의 시대의 헌법과 달리 현대 민주주의국가 원리를 채택하는 우리나라 헌법은 핵심 원리로 자유민주적 기본질서의 보장을 표방하고 있다. 이는 인간의 존엄과 가치가 보장되고 행복추구권이 인정되는 등 국민의 기본권이 확보되는 것을 전제로 국가질서가 형성되고 통치권이 국가기관에 부여되는 것으로 보아야 한다. 어느 기존의 국가기관의 행위나 또는 새로운 정치세력이 기존의 국가기관을 변경, 폐지, 또는 새로이 창설하는 행위도 이와 같은 기본적 국가구성원리를 위배할 경우에는 국가의 최고법인 헌법은 그 행위에 정당성을 인정할 수 없고 위헌성을 부여해야 한다. 이것은 헌법자체를 변경한다 하더라도 구헌법과 신헌법이 동일한 자유민주적 기본질서를 핵심원리로 한다면 헌법질서의 내재적 가치 및 연속성의 보호를 위하여도 필요하게 된다.

국가원수시해후의 정치적 혼란기에 정치권력의 쟁탈을 둘러싼 정치세력 상호간의 대립, 마찰, 충돌 과정에서 군병력을 이용한 불법행위, 헌법질서의 파괴, 정지가 있었어도 정권획득에 성공한 세력은 그들의 집권과정의 불법성을 치유하기 위하여 새로운 헌법을 만들고 그에 따라 새로운 헌법질서를 창출했다. 물론 이 경우 변경되고 새로 창출된 법은 주로 최고통치권자의 교체 등 일련의 새로운 정치권력형성과 조직에 관련된 법이다. 나머지 일상적인 국가와 국민생활에 관련된 법들은 종전의 법들을 묵시적으로 승계, 수용한 것으로 해석된다. 이 경우 새로운 집권세력은 자신의 헌법질서와 통치구조에 보다 공고한 정당성을 부여받기 위하여 국민투표, 대통령선거 등 국민의 정치적 심판과정을 거쳤다. 이와 같이 추후에 국민의 심판과정을 통하여 형식적으로나마 다수의 지지를 받은 결과 그것이 당초의 정권창출과 유지의 정당성문제를 어느 정도 치유했을지 몰라도 이는 오로지 정치권력의 획득과 정치질서의 형성에 관련된 부분에 한해서의 승인이지, 무고한 국민의 생명, 신체, 재산을 유린 파괴하면서 까지 사용된 물리력의 남용행위까지 승인한 것으로 보아서는 아니될 것이다. 만일 그렇게 해석하지 않을 경우 이는 국민을 주권자로 하는 민주주의국가원리의 본질에 배치되고 주권자와 주권자의 수임인인 통치기관사이에 주종관계가 전도되기 때문이다.

쿠데타에 의하여 정권을 획득 후 추후에 국민투표 또는 대통령선거 등 국민적 심판과정을 거쳤다면 그 이후에 다시 쿠데타를 통한 정권 창출과정에서 취한 일련의 조치나 행위를 사법심사에서 단죄하려 함은 국민의 의사에 반하는 것이 되고 따라서 부당한 것이 된다는 주장에는 무리가 있다. 국민심판과정을 통하여 정치적 재평가를 받아 정당성이 부여되는 계기를 만든 것은 사실이지만 국민적 심판과정 이전까지 밝혀지지 않았고 그 이후에 새로이 들어난 위법행위에 대하여, 특히 그것이 국민의 기본권을 침해하는 현저한 범죄행위였다고 공식적으로 밝혀진다면 그 부분에 대하여는 국민이 법적 책임을 면제해 준 사실이 없다고 해석해야 할 것이다. 우리나라는 5・18정변 이후 정권의 교체와 헌법의 개정이 있었음에도 불구하고 자유민주주의의 헌법의 기본질서와 그에 기초한 형사법질서의 동일성이 유지되는 체제이다. 이러한 법질서의 근본원리인 국민의 기본권수호 등 헌법질서의 수호를 위한 사법운영은 그 무엇에 못지않은 국가의 큰일이다. 이러한 임무의 수행을 일부에서 우려하듯이 어떤 일시적인 정치적, 경제적, 사회적 혼란이 야기될 수 있다는 기우로 인하여 지연하거나 포기하는 것은 법치주의의 확립과 그를 통한 통일민주국가의 수립이라는 우리나라의 밝은 장래를 위하여 바람직한 것이 아니다(1995, 80-82). 오병선은 한국법질서에서의 자유민주적 기본질서의 발전을 위해서는 공화주의적 자유주의와 시민적 덕성의 회복을 중시하는 공공철학적 접근방법의 필요성을 제시하고 있다(2007b, 26-29).

인용된 저술목록

(1985) "하트와 풀러의 법이론 고찰: 법과 도덕의 분리론을 중심으로," 「미국학」(서울대 미국학연구소) 제8권.

(1988) "국제법에 있어서의 형평," 『법률학의 제 문제』(유기천박사고희기념논문집, 박영사).

(1989) "형평, 연대 및 통합적 정의의 법이론적 고찰," 『법철학과 형법의 제 문제』(황산덕 박사추모논문집, 방문사).

(1991) "응당급과 분배적 정의," 「법철학과 사회철학」 창간호.

(1993) "자유공동체주의의 정의론," 「사법행정」(한국사법행정학회), 통권 제385호.

(1994a) *Teleological Desert and Justice—An Integrative Approach to Jurisprudence*, Sogang University Press.

(1994b) "긴급한 위험에 처한 사람의 간이구조의무," 「사회과학연구」(서상대학교 사회과학연구소) 제3집.

(1994c) "최저생활보장을 위한 헌법소원청구에 관하여," 「한국사회정책연구」 제1권.

(1995) 『5.18 법적 책임과 역사적 책임』(공저), 이화여대 출판부, 1995.7.

(1998) "현대의 자연법론과 법실증주의의 수렴경향," 「법철학연구」 제1권.

(1999) "권리담론의 자유공동체주의적 접근," 「서강법학연구」 제1권.

(2000) "Reconciling the Rule of Law and Equity in a Legal Interpretation," 「법철학연구」 제3권 제1호.

(2001a) "자유제한의 원리와 도덕의 법적강제," 「서강법학연구」 제3권.

(2001b) "남녀평등과 적극적 평등화조치," 「법철학연구」 제4권 제1호.

(2002) "제도적 자연법과 법의 해석," 「법철학연구」 제5권 제1호.

(2003a) "휴고 그로티우스의 법의 개념," 「서강법학연구」 제5권.
(2003b) "세대간 정의의 자유공동체주의적 접근," 「법철학연구」 제6권 2호.
(2004) "법철학의 연구방법과 이데올로기," 「서강법학연구」 제6권.
(2005) "근대초기의 자연법론의 전개와 논점," 「서강법학연구」 제7권.
(2007a) "최고재판소 판결에서의 법철학적 정당화와 법이념의 갈등조정," 「법철학연구」 제10권 제1호.
(2007b) "한국의 자유민주적 기본질서의 평가와 과제," 「법과사회」 제32호.
(2007c) "신토마스주의 자연법론의 방법과 논변—존 피니스의 법철학을 중심으로," 「법철학연구」 제10권 제2호.
(2008) "분배적 평등의 실현형태와 그 평등화의 척도," 「법철학연구」 제11권 제2호.
(2009a) "인도적 간섭의 적법성과 정당성," 「국제법학회논총」 제54권 3호.
(2009b) "Taking Purposive Interpretation Seriously in Hard Cases," *The Reason, Reception and Interpretation of Law*, Angle Publishing Co., Ltd., Taiwan.
(2010) "한국법체계와 자유주의," 「법철학연구」 제13권 제3호.
(2011a) "전쟁과 평화의 법이론적 고찰," 『법철학의 모색과 탐구』(심헌섭교수 75세 생신기념논문집, 법문사).
(2011b) "국제법의 가치지향적 연구방법에 대한 일고찰," 「서울국제법연구」 제18권 제2호.
(2011) "유전무죄, 무전유죄?," 『페어 소사이어티』(오병선 외 10인 공저, 한국경제신문).
(2012a) "국제법상 시제법문제에 대한 이론적 고찰," 「국제법학회논총」 제57권 제1호.
(2012b) "Relevance of Moral Sense to Legal Reasoning," 「법철학연구」 제15권 제3호.

최종고

최종고는 1947년 경북 상주에서 출생하였다. 1970년 서울대 법대를 졸업하고, 1972년 동대학원을 졸업하였다. 1979년 독일 프라이부르크대학에서 법학박사학위를 취득하였다. 1981년부터 2013년까지 서울대학교 법과대학 교수를 역임하였고, 한국법사학회 회장 등을 역임하였다. 현재 서울대학교 법과대학 명예교수이며, 한국인물전기학회 회장을 맡고 있다.

Ⅰ.

'나의 법철학'을 써달라는 한국법철학회의 주문을 받고 한편으로 망설이면서도 한편으로 다행이다 싶었다. 망설임의 이유는 나의 법철학이라고 내어놓을 것이 있는가 하는 두려움이고, 다행이다 함은 이런 기회가 아니면 언제 이런 글을 적어보겠는가 하는 생각에서이다. 우선 나는 지난 30여 년간 서울법대에서 법사상사 강의를 주로 해왔고, 법철학은 교과서를 내긴 하였지만 가끔 시간강사로 강의하거나 석박사논문심사에 참여하는 것이 전부였다. 그렇지만 세계법철학 및 사회철학회(IVR)에 참여함으로써 법철학과의 인연은 늘 계속되어 왔음을 부인하기도 어렵다. 이렇게 본다면 나 자신의 모습은 책상에 앉아 골똘히 이론을 추구하는 체계적 법철학자는 분명 아니고, 카우프만(Arthur Kaufmann) 교수의 표현을 빌리면, '여행하는 법철학(Rechtsphilosophie auf der Reise)'에 가까운 모습이라고 할 수 있을 것 같다.

솔직히 나는 철학에 대하여 일종의 반감 같은 불친근성을 늘 지녀왔다. 이것도 따지면 철학이 뭔지를 알아야 좋든지 싫든지 하는 것 아니겠느냐 하겠지만, 나는 기독교 집안에서 태어나 어릴 적부터 "예수는 철학(philosophy)을 전기(biography)로 바꾼 인물이다"는 말을 듣고 법과 철학을 경계한 예수를 늘 생각하였다. 이것이 좋은 것인지 나쁜 것인지 모르지만 적어도 나의 법철학을 말할 때 맨 먼저 고백하지 않을 수 없다. 나는 "문자는 죽이는 것이요 정신은 살리는 것이다"는 성서에서의 말을 막연히 신봉해 왔다. 결코 철학이란 이름으로 궤변론자가 되어서는 아니된다고 생각해왔다.

나는 천성적으로 논리적이기보다 감성적이다. 초등학교 시절부터 시를 쓰기 시작하여 평생을 놓지를 못하고 계속하였다. 괴테를 좋아하여 그의 그림을 따라 그리기 시작하였다. 내가 가장 거북하게 들은 말은, "법률가는 감정의 안경을 코에 걸쳐서는 아니된다"는 법격언이었다. 아무튼 나는 이처럼 이성과 감정, 논리와 정서의 문제를 안고 갈등하였으며, 나의 '동아시아법철학'에서 나름대로 일종의 법미학(legal aesthetics)과 법여성학(legal feminism)과 관련지어 소화하고 위치지으려고 시도도 해보았다.

이런 번지수에 서 있는 나의 내면 풍경을 허심탄회하게 적어보려고 한다. 철학이란 말과 사상이라는 말을 나는 이렇게 구분하여 사용한다. 인간은 '생각하는 갈대'인 이상 누구나 생각(think)에서 사상(thought)을 갖는다. 그러나 그것이 좀 더 결론적으로 체계화 내지 반성적으로 될 때 철학이 된다. 따라서 사상은 철학보다 좀 더 현실밀착적이고 원초적이고 그런 면에서 가변적인 것이라 생각한다. 물론 나와 달리 생각하는 학자도 있겠지만 나는 이런 기준으로 법철학자라기보다는 법사상사학자로서 살아오려고 했다.

Ⅱ.

내가 법철학에 관심을 갖게 된 현실적 이유는 1960년대 후반 서울법대에서 공부할 때 법학이 재미가 없이 느껴져 교양과 연결된 법철학은 어떤가 하는 호기심에서였다고 하겠다. 법철학 강의는 전원배(1924-1974) 교수로부터 들었는데, 카우프만(Arthur Kaufmann)의 법존재론(Rechtsontologie)에 대해 심취하셔서 나도 많이 기울어졌던 것 같다. 그 때 처음 켈젠과 라드브루흐를 읽었는데, 켈젠은 논리적이리 분명한 것 같으나 뭔가 철학적 매력을 못느꼈고, 라드브루흐는 부드럽게 문화취향적인 것 같아 친근하게 느껴졌다. 대학원을 다니며 독일어 공부 겸으로 라드브루흐의 『법철학』(Rechtsphilosophie)을 번역하여 어렵게 출판을 하였다. 실존주의의 영향이 꽤 남았던 그 때 나는 '신학열병'을 앓고있어 틸리히(Paul Tillich)의 문화신학과 라드브루흐의 문화법철학의 사이를 왕래하며 일종의 카타르시스를 느끼고 있었다. 독일로 유학 가서 프라이부르크대학에서 홀러바흐(Alexander Hollerbach) 교수의 지도를 받았는데, 나의 스승은 스스로를 '역사적 관심을 가진 법철학자(Rechtsphilosoph mit historischen Interesse)'라고 부르고 라드브루흐에 가장 충실한 검토자로서의 면모를 보여 주었다. 20권에 걸쳐 『라드브루흐전집』(Gustav Radbruch-Gesamtausgabe)이 매년 한 권씩 나올 때마다 가장 충실한 서평을 쓰는 학자로 유명하였다. 그래서 나는 그의 70세 기념논문집(Festschrift)에 〈라드브루흐와 동아시아〉(Gustav Radbruch und Ostasien)라는 논문을 기고하였다. 나는 라드브루흐의 '이념의 소재규정성(Stoffbestimmtheit der Idee)'이란 말에 주목하여 동아시아적 문화에 맞는 법철학을 계발해보아야 한다고 생각하고 있었다. 그렇지만 나는 솔직히 독일에서 법철학으로는 라드브루흐의 족적을 추적하는 데에 만족하였지 더 이상 새로운 데로 나아가려고 생각도 하지 않았다. 하이델베르크대학 도서관에 있는 『라드브루흐문서』(Radbruch-Nachlass)를 핸들링하는 것이 무척 즐거웠다. 이런 결과가 나의 『G. 라드브루흐연구』(1995)로 나왔다.

1960년대에 독일에서 한국인 3인이 모두 라드브루흐로 박사학위를 했다고 화제가 된 일이 있다. 즉 김지수, 정종욱, 권영백 박사의 라드브루흐연구 학위논문에 카우프만 교수가 종합서평을 쓰면서, "아시아인들은 라드브루흐에게서 자신들의 언어를 재확인하고 있다"는 말을 하였다. 나는 이 말이 무슨 뜻인가, 그것이 어떻게 가능한가 오랫동안 생각하였다. 뒤늦게 깨달았다. 그것은 괴테를 통해서라고. 민족과 정치를 넘어 세계문학(Weltliteratur)을 지향했던 괴테를 그렇게 흠모한 라드브루흐를 동아시아인도 친근하게 느낄 수 있는 것은 당연하다. 헷세(Hermann Hesse)는 괴테를 중국의 도인(Taoist)처럼 살려고 한 인물로 이해하지 않았던가. 나는 라드브루흐를 통하여 괴테를 재발견하고, 2000년대에 들어서 『괴테와 다산, 통하다』(2007), 『괴테와 다산과 법』(2012)이란 두 권의 책을 내었다. 아무튼 나는 '동양과 서양'의 문제를 오랫동안 씨름하면서, 한동안 그 접점인 하와이의 East-West Center에 가서 머물며 '동서철학(Philosophy East & West)'에서 해결점을 찾으려 노력하였다. 시간이 지날수록 괴테와 라드브루흐를 통하여 동서문화 속에서 '보편적 사고'를 찾는 것이 중요하다고 느끼게 되었다. 물론 그것이 무엇인가는 지금도 꾸준히 모색하고 있다.

Ⅲ.

나는 1981년에 공식적으로 법사상사를 전공하는 국내 유일의 법학자가 되었는데, 이 분야를 어떻게 정립하느냐 하는 창조적 고민을 하였다. 법사상사는 크게 법철학과 법사학의 중간이라 한다면, 나는 젊은 시절에는 법사학 쪽으로 더 연구를 집중해야 한다고 생각했다. 그것은 법을 규범적 측면과 사실적 측면의 양면을 보아야 건전한 견해가 될 수 있다고 생각했고, 그런 면에서 무언가 '통합법철학(integral jurisprudence)' 같은 것을 꿈꾸고 있었다. 미국에서 제롬 홀(Jerome Hall) 교수와 만나 논의도 해보았는데, 법철학적 방법과 법사회학적 방법을 통합시킨다는 것은 어려운 일이라는 것을 느꼈다. 나는 우선 서양법과 서양법학이 한국에 어떻게 수용되었는가를 연구하기 시작하였다. 그 결과가 『한국의 서양법수용사』(박영사, 1982)로 나왔는데, 이때 지금은 교수가 된 대학원생들이 수용(혹은 繼受, reception)이냐 아니면 (강제)이식(imposition)이냐 하는 주제로 열띤 토론을 하기도 하여 연구의 보람을 느꼈다.

한국에서 법사학은 법철학보다 더 열악한 연구환경이지만, 나는 일차적으로 필요한 『법사상사』 교과서를 집필하였다. 수년이 지나면서 서양법사상사만으로는 부족하다 싶어 『한국법사상사』(서울대출판부, 1989)를 출간하였다. 처음으로 한국인의 법사상을 역사적으로 총체적으로 정리한다는 자부심으로 즐거운 작업이었다. 물론 거기에서 정치한 법철학적 방법이나 체계를 추출하는 것은 처음부터 불가능했고 원하지도 않았다. 학문에도 단계가 있는 것이므로 그것은 추후의 과제가 될 수밖에 없다고 생각했다. 막연하게나마 한국인은 서양처럼 법철학적 방법이나 논리가 구축되어 있지는 않지만, 법과 정의에 대하여 나름대로 관심을 갖고 표명한 것은 사실이라는 것을 확인한 것이다.

Ⅳ.

이러한 문제의식이랄까 관심이 현실적으로 표현될 수 있었던 곳은 세계법철학 및 사회철학회(IVR)에서였다. 나는 1987년 동양에서는 최초로 열린 코베대회에서 한중일의 법철학이 서양학계에 뭔가를 보여주어야 한다는 생각을 갖게 되었다. 서돈각 교수, 김철수 교수의 뒤를 이어 이사의 책임을 지면서 이제는 싫든 좋든 어떤 토픽에 대하여 동아시아적 견해를 표명해야 할 책임을 지게 되었다. 1991년 에딘버러대회에서 "The Asian Conception of Rights and Duty"를 발표하고, 1995년 볼로냐대회에서 "Ancient and New Sources of Law: An East Asian Perspectives"로 주제강연을 하고, 1997년 괴팅겐대회에서 Law and Practical Reason from the East Asian Perspective, 2001년 암스테르담대회, 2005년 그라나다대회, 2007년 크라카우대회, 2009년 베이징대회, 2011년 프랑크푸르트대회에서 East Asian Jurisprudence에 대한 발표와 working group을 주재한 것들이 그 예이다. 한편 IVR 대회나 세미나에서 대가들과 만나 직접 대화하는 것도 좋았지만, 그들이 자기 입장에 따라 양보 없이 논쟁하는 모습을 보면서 새삼 법철학의 본질이 무엇인가, 법철학에는 어떤 정설(定說 혹은 正說)도 없구나 하는 생각을 되씹곤 하였다. 이들의 논쟁 속에 나 자신을 맡기면 끝도 없는 말싸움에 말려들어 헤어나지 못할 것 같다는 생각도 들었다. 영어의 횡포 같은 것을 절감하기도 했다.

나는 1990년대부터 동아시아법철학을 모색하기 시작하였다. 그러던 터에 2002년에 미국 산타클라라대학 로스쿨에서 강의를 요청해 와서 East Asian Jurisprudence를 강의하겠다고 했다. 아무 자료도 없는 전무상태에서 처음으로 한중일에는 어떤 "법사상가" 내지 "법철학자"가 있었는지를 백과사전이나 인명사전을 뒤져 역사적 배열을 시도해 보았다. 그런대로 100명에 가까운 '법사상가'로 구성할 수 있어, 동아시아의 전통도 만만치 않음을 보고 기뻐하면서 History of East Asian Jurisprudence라는 책으로 내려고 작정하였다. 수 년 걸려 탈고하여 영국의 한 출판사에 교섭하였더니 History만 갖고는 부족하고, 동아시아법철학의 Theory가 무엇인지를 써야만 출판이 가능하다는 것이었다. 나는 '서양의 이론의 덫'에 걸리지 않으려고 역사를 강조한 것인데 피할 수가 없었다. 나는 그 때부터 법철학의 중요 이슈, 법의 개념, 법의 목적, 권리와 의무, 법과 도덕, 법과 종교, 법과 이데올로기, 법과 미, 법과 여성주의 등 열 가지를 골라 동아시아적 관점에서 서술하기 시작하였다. 그러느라 유교에 대한 공부를 하게 되었다. 원고가 어느 정도 되었을 때는 IVR 북경대회가 개최되기 1년 전이었다. 무슨 수가 있더라도 북경대회에 동아시아법철학을 내어 놓아야 하는데, 서양의 출판사는 빨라야 2년은 걸리므로 서울대학교출판부에서 1년 만에 내었다(경위와 결과에 대하여는 최종고, IVR 북경대회참가기, 「법철학연구」 12권 4호, 2009). 나는 사실 이 책에 대하여 세계 법철학자들이 어떻게 받아들일까 무척 긴장하고 기대하였다. 다행히 IVR의 공식저널 ARSP지에 좋은 서평이 나왔고, 지금도 관심들을 표명해 오는 외국학자들이 있어 기쁘게 생각한다.

사실 '세계화'의 시대에 왜 '국지법철학(regional jurisprudence)'을 주장하느냐는 비판과 의문은 있다. 그러나 솔직히 어떤 보편적 법철학(universal jurisprudence)이 있으며, 독일법철학, 미국법철학만 논의하고 동아시아법철학자들은 들러리만 서 있을 수는 없다고 생각한다. 오히려 서양의 동료들이 동아시아의 철학에 기초한 법철학이 뭐냐고 진지하게 물어온다. 그들은 알고 싶어도 언어장벽 때문에 할 수 없다고 제발 한중일 학자들이 해주기를 바란다고 하소연한다. 일반 철학에서는 동아시아 철학이 꽤 많이 연구되고 있는데, 그것을 갖고 법철학을 정립하려는 학자는 보이지 않았다. 나는 우선 영어와 독어로 된 동아시아연구의 성과들을 열심히 섭렵하였다. 그리고는 일본과 중국에서 자료를 모으고 학자들과 대화하였다. 이렇게 하여 8년 만에 낸 것이 위에 말한 *East Asian Jurisprudence*(Seoul National University Press, 2009)이다. 여기서 내용적으로 하나하나 동아시아적 법철학이론이 뭔가를 설명할 여유는 없고, 그럴 필요도 없을 것이다. 아무튼 나는 내가 하고 싶은 것을 하나 이루었다고 생각한다. 적어도 동아시아법철학을 논할 때는 이 책이 안내서가 될 것임에는 틀림없을 것이다.

V.

그런데 나는 법을 철학적 이론적으로만 논하는 것은 온전하지 못하고 항상 사실적으로 접근해야 한다는 생각을 가져왔다. 그래서 동아시아법철학이 어떤 역사적 기초와 배경에서 전개되어 왔는가를 좀 더 실증적으로 추적하기 위해서는 나의 법사학적 관심을 발전시켜야 한다고 생각했다. 그래서 이리저리 궁리하다 문득 '동아시아보통법'이란 관념이 떠올랐다. 독일에서 법제사를 공부할 때 자주 들은 ius commune 혹은 common law를 동아시아의 역사 속에서는 어떻게 이해할 수 있을까 하는 생각이 떠올랐다. 그래서 나는 한중일의 민족적 법제사만이 아니라 일종의 국제적 동아시아 법사의 관점에서 '보통법'의 실체를 추적하기 시작했다. 그래서 1) 법전화(codification), 2) 법적 유교(legal Confucianism), 3) 율학(traditional jurisprudence), 4) 향약(community compact), 5) 해사국제법(international marine law) 등으로 구성된 이른바 '최-테제(Choi-These)'를 정립하였다. 처음에는 일본 학자들이 부정적 반응을 보이더니 차차 공감을 표시하기 시작했다.

2008년 9월에 독일 파싸우(Passau)에서 열린 제37회 독일법사학자대회(Deutscher Rechtshistorikertag)에서 기조발제로 〈동아시아법사에서의 보통법의 건설과 몰락〉(Aufbau und Verfall des ius commune in der ostasiatischen Rechtsgeschichte)이란 발표를 하였는데, 동아시아 법학계에서도 이런 연구가 나오는 것이 반갑고도 당연하다는 반응을 받았다(자세한 보고는 최종고, 독일 법사학자대회 참관기, 「법사학연구」 40호, 2009, 309-324쪽).

동아시아보통법에 기초하여 동아시아 공동체를 모색해 나가자는 나의 발상은 그 후 서울대 아시아연구소의 지원으로 「동아시아보통법: 동아시아공동체의 법적 기초」라는 연구서로 발전되었다. 그러나 근년에 들어 한중일의 관계가 악화되어 이러한 미래지향적 연구와 주장은 상당한 난관에 부딪혀 있다. 그렇지만 나는 그럴수록 학자란 항상 바르게 나아갈 방향을 가리키는 역할을 해야 한다고 믿는다.

Ⅵ.

이상의 나의 학문적 노력이 법철학적으로 어떤 성과를 거두었는지는 한 마디로 말하기 어렵다. 분명한 것은 학생시절에 접한 라드브루흐의 법철학을 만년에까지 포기하지 않고 붙들고 있었다는 사실이다. 그의 문화법철학을 한국과 동아시아의 컨텍스트에서 확인하고 발전시키려 했다고 표현할 수 있을 것 같다.

나의 『법철학』 교과서는 2002년에 나왔는데, 마음속으로는 이항녕 교수의 『법철학개론』을 한걸음 발전시킨 법철학을 꿈꾸었다. 이항녕은 풍토를 기초로 문화와 법의 상대주의를 기초로 한 법철학을 구성하였는데, 나는 처음에는 그 지역구분이 정밀하지 못하다고 비판하였으나 시간이 지날수록 큰 뜻을 이해하고 그것을 더 발전시켜야 한다고 생각하였다[자세히는 최종고, 『동아시아법철학의 기초』(이항녕기념강좌 1), 관악, 2011].

라드브루흐의 『법철학』(1932)은 알다시피 총론편과 각론편으로 나누어, 총론에는 1장) 현실과 가치, 2장) 법의 가치고찰로서의 법철학, 3장) 법철학의 경향들, 4장) 법의 개념, 5장) 법과 도덕, 6장) 법과 관습, 7장) 법의 목적, 8장) 법철학적 정당이론, 9장) 법이념의 상호모순, 10장) 법의 효력, 11장) 법의 역사철학, 12장) 법의 종교철학, 13장) 법률인의 심리학, 14장) 법의 미학, 15장) 법학의 논리로 구성되어있고, 각론은 16장) 사법과 공법, 17장) 인격, 18장) 소유권, 19장) 계약, 20장) 혼인, 21장) 상속법, 22장) 형법, 23장) 사형, 24장) 사면, 25장) 소송, 26장) 법치국가, 27장) 교회법, 28장) 국제법, 29장) 전쟁으로 총 29장으로 구성되어 있다. 총론적 시각으로 각론을 검토한 수미일관한 체계서로 거의 유일한 교과서가 아닐까 싶다.

나의 『법철학』도 총론과 각론으로 나누어, 총론에는 1장) 법철학이란 학문, 2장) 법의 개념, 3장) 법의 이념, 4장) 법철학의 역사, 5장) 법과 도덕, 6장) 법의 효력, 7장) 법의 미학, 8장) 자연법론과 법실증주의, 9장) 법의 종교철학, 10장) H. 켈젠의 법철학, 11장) G. 라드브루흐의 법철학, 12장) 포스트모던시대 법철학, 13장) 동아시아법철학, 14장) 한국사상과 법철학을 다루었다. 각론에는 1장) 사물의 본성, 2장) 법의 발전론, 3장) 법과 인간, 4장) 법과 자유, 5장) 법치국가, 6장) 법과 실천이성, 7장) 민주주의, 8장) 권리와 의무, 9장) 의무와 책임, 10장) 법과 이데올로기, 11장) 구조의무, 12장) 평화와 비폭력, 13장) 공과 사, 14장) 저항권과 시민불복종, 15장) 형법, 결장 법철학의 한계와 과제로 총29장으로 구성되었다. 법을 문화규범으로 이해하면서도 동양의 法이라는 말이 갖는 원래적 의미를 찾아 바른 것, 본이 되는 것, 존재와 당위의 일치라고 설명하였다. 법의 이념이라는 정의도 진선미의 합일태로서 설명하였다. 법과 도덕도 이원적 패러다임이 아니라 예(禮)라는 완충규범을 중시하고, 법치주의도 덕치주의와 인치주의의 관계에서 재조명하였다. 권리와 의무도 예링의 "권리를 위한 투쟁은 도덕적 의무이다"는 식의 서양적 사고가 아니라 권리는 의무와 책임으로 성숙된다는 설명하고, 라즈(Joseph Raz)처럼 의무는 권리의 이면(裏面)이 아니라 독립된 가치로서 권리보다 의무가 풍부한 사회가 더 성숙한 사회라고 설명하였다. 라드브루흐의 법철학만큼 총론과 결론의 일관된 내용은 못되지만, 법철학을 하나의 체계라고 본다면 나는 이러한 동아시아적 법철학을 나름대로 구성하였다고 말할 수 있다. 그리고 이것이 지금도 꾸준히 교과서로 애독되고 있음을 감사한다.

Ⅶ.

그렇지만 나는 정신적으로 시종일관 법철학의 경계선상에서 배회하고 있었다고 말하지 않을 수 없다. 틸리히는 인간은 경계선상에서(auf der Grenze) 가장 선명한 인식을 얻을 수 있다고 하는데, 나는 적어도 법에 관한 나의 인식을 '경계선상의 인식'이라 명명해도 틀리지 않다. 법철학은 무엇을 위하여 있는가? 법이 무엇인가? 이런 질문에 나는 적어도 법학과 법률가만을 위하여 있다고 말하는 것을 거부하는 이유가 여기에 있다. 어쩜 법률가에게는 법학적 논리와 이론으로 족할지도 모른다. 그러나 적어도 법철학이라면 그런 제한을 넘어 누구에게나 법이 무엇이며 왜 있는지를 설명하고 공감시킬 호소력을 가져야 한다고 생각한다. 전문적 법철학자에게는 이런 얘기가 다소 소박한 얘기로 들릴지 모르나 적어도 나는 법철학적 지평을 그렇게 잡아 왔다.

이것은 나의 세계관과 인생관에 직결되는 것이다. 나는 괴테가 그러했고 라드브루흐가 그러했듯이, 세상을 모순과 불합리를 포함한 영롱한 빛깔의 세계로 전제하고 있다. 인간이 합리와 이성이라는 이름으로 학문을 하고 법철학을 하는 것을 잘못이라고 결코 말할 수 없지만, 그런 법철학으로 만사를 다 해결할 수 있다고는 생각하지 않는다. 법철학의 한계를 명민하게 생각하는 법철학자라 할까? 정의의 문제도 그렇게 본다. 정의가 중요하기는 하지만 사랑과 배려도 중요하다고 생각한다. 권리도 중요하지만 의무와 책임, 본분도 이에 못지않게 중요하다고 생각한다. 그래서 나는 법철학을 동아시적 덕의 윤리(virtue ethics)와 연결하여 보다 심화시켜 가기로 생각하고 있다.

또한 근년에는 동아시아라는 한중일만 생각하지 말고 보다 나아가 아시아법철학(Asian Jurisprudence)으로서 인도를 넣어 생각하려 하고 있다. 작년(2011) 인도에서 동아시아법철학을 강의하면서 크리슈나 아이에르(Krishna Iyer)의 '자비의 법철학(jurisprudence of compassion)'에 감명을 받았다. 힌두이즘과 불교의 관점에서 보니 유교가 너무 인간 위주의 철학처럼 느껴졌다. 인간 위주만이 아닌 모든 생명체를 위한 법철학이 가슴을 때리는 것 같았다. 아무튼 이런 사상재들을 한 마디로 '아시아적 가치(Asian values)'라 부른다면 이런 가치들 위에 법철학을 정립하는 것이 불가능하지 않을 것이라 믿는다. 물론 서양적 가치와 중복되는 것들도 많을 것이고 그것은 아시아법철학이 세계적으로 공감대가 그만큼 클 수 있다는 것이지 흉이 아니다.

여기에 새삼 법철학이, 법의 개념 자체가 엄격한 법이론(Rechtstheorie)의 범위 안에 머물러야 하는가 아니면 도덕과 가치, 종교와 관련이 되는가 하는 문제가 대두된다. 전체적으로 보면, 나는 결국 일종의 '비교법철학(comparative jurisprudence)'의 길을 걸어오고 있는 것 같이 느껴지고 있는데, 동아시아법철학으로 얼마나 폭넓게 그것을 감당하고 있는지 모르겠다. 적어도 외제 수입법철학이 아닌 우리의 문화와 결에 맞는 법철학을 수립하려는 노력이 누군가에 의하여 이루어져야 하고, 그것은 유럽과 미국만이 아니라 아시아의 전통 위에서 이루어져야 하고 이루어질 수 있다고 믿는다. 한 학자가 다 할 수는 없다. 나의 인생에 주어진 법철학적 과제는 대체로 위에 적은 것이었다고 인식하고 그것으로 만족하려고 한다.

허일태

허일태는 전남 고흥군 나로도에서 1951년 출생하였다. 중학교 졸업 이후, 고교에 진학할 형편이 못되어 3년 6개월 동안 근로자로 일하였다. 학문을 하고 싶어 대입자격검정고시를 거쳐 1970년 국민대학교에 입학하여 법학과 경영학을 공부하였다. 군복무를 마치고 부산대학교 대학원과 독일 Würzburg대학교에서 형사법과 법철학을 연구하였다. 1984년부터 현재까지 동아대학교 법과대학과 법학전문대학원에서 형사법과 법철학을 강의하고 있으며, 법무부 정책위원, 대검찰청 정책위원, 한국형사법학회 회장, 한국형사정책학회 회장 및 한국법철학회 부회장을 역임한 바 있으며, 현재 한국사형폐지협의회 의장, 국제 엠네스티 법률가위원회 한국지부장 및 법무부 형법개정위원회 위원 등을 맡고 있다.

I.

[법철학자라기보다 형사법학자로 더 많이 알려져 있는] 허일태는 법철학을 정의롭고 올바름을 모색하는 길잡이이자 이러한 길을 찾아가는 과정에서 문제의식을 충전하는 수단으로 이해[하고 있]한다. 그래서 우리의 삶의 방식에 결정적 영향을 주고 있는 법에 대해 다음과 같이 정의한다. 법이란 "인간적 특성과 사회적 환경에 밀접한 기반을 두고서 인간의 생활관계를 더욱 정의롭고 인간답게 형성하도록 규율하는 강제질서다." 즉 허일태는 인간사회의 갈등관계

를 인간적이고 정의롭게 해결하기 위해서는 단순히 이론중심[으로 흐르기 쉬운]의 형식논리적인 방법론을 지양하고, 법에 밀접하게 관련된 인간과 사물의 본성에 관한 해명(解明)을 포함한 인간적 갈등관계에 내재하는 근본을 규명하여 법의 참모습을 모색하고자 한다. [그리고] 이때 법이 문제된 바로 그곳에 언제나 인간적인 사람이 존재하고 있으며, 그래서 사회적 평균이라면 누구나 인간의 생활관계 속에서 무엇이 진실이고 정의인지를 인식하거나 인식할 수 있고, 그에 따라 행동할 수 있다는 것을 주목한다. 그래서 [법조인을 비롯하여] 성숙한 인간이라면 정의의 편에 서서 행동하고 실천할 수 있음에도 불구하고, 이러한 행동을 결여하고 있는 적지 않은 법조인에 대해 지속적인 비판과 지행합일을 촉구해 왔다.

아울러 허일태에 따르면 법은 굳어버린 언어나 문언의 화석일 수 없고, 인간의 본성과 사회현실에 내재한 근본모습에서 본질적 영향을 받아야 하는 수단으로 이해한다. 따라서 법은 어떠한 상황과 사정 아래에서도 개개인의 인격을 꽃피울 수 있도록 기여해야 하는 지극히 인간적인 것을 위한 수단에 불과하기 때문에 늘 새롭게 다듬어야 할 대상으로 파악한다. 그리고 올바른 법이란 이를 준수하고 이에 의지할 경우, 우리들 모두가 지극히 인간적인 참모습을 꽃피우면서 살아 갈 수 있어야 한다고 본다. 다수의 연구문헌들(특히 1996a; 1997a; 2004; 2007a; 2009; 2012)에 녹아들어 있는 허일태의 이러한 법철학적 사고의 편린들을 살펴보기로 한다.

Ⅱ.

지금껏 정의론(正義論)은 개인에게 분배될 수 있는 대상에 한

정하여 그것을 어떻게 분배할 것인지를 문제 삼았다. 즉 "각자에게 그의 것을 갖게 하는 항구적인 상태"라는 주장이 정의와 관련된 최고의 정의(定義)로 자리매김되어 왔다. 그러나 이와 같은 내용의 정의는 오직 분배만을 고려하고 있기 때문에 분배되어야 할 것이 극히 제한적인 경우, 예컨대 공무담임권 등과 같은 분야에서는 그 기능이 발휘될 수 있다. 그렇지만 분배할 대상 내지 목적물의 필요・충분함이 요구[전제]되는 경제, 사회와 문화의 다수 영역에서는 단순히 각자에게 그의 몫 만큼이라는 형식적 평등은 그 기능을 발휘하기 어렵게 된다. 왜냐하면 ① 분배해야 할 대상물이 충분히 전제되어야 각자에게 그의 몫을 돌려줄 수 있고[으며], ② 항구적이고 지속적 배분을 위해서는 분배대상의 효율적인 확대재생산이 가능해야 하기 때문이다. 그 결과 지금까지의 정의론은 분배할 대상물이 충분하다는 전제 아래 "각자에게 그의 것을 줄 수 있다."고 믿었고, 분배물의 증식을 위한 효율적인 생산성에는 관심을 기울이지 않았다. 이와 같은 입장에서는 정의란 법 앞에 평등한 것이면 충분하였고, 같은 맥락에서 정의의 형식만을 따졌지, 정의의 내용을 전혀 문제 삼지 아니하였다.

그러나 분배해야 할 대상이 상대적으로 희소하거나 또는 전무하다면 평등이란 실질적 의미를 상실하게 된다. 만일 정의개념에서 분배할 대상물이 결여될 경우 "각자에게 그의 몫을 돌려주는 것"이란 공허한 메아리에 불과하게 된다. 때문에 정의의 개념에는 분배해야 할 것을, 어떻게 하면 최적의 확대 재생산을 할 수 있는지에 관한 효율성도 고려해야 한다. 다만 분배대상의 확대재생산의 방식과 내용이 효율적이라도 이 때문에 특정 집단이나 개인의 인권이 근본적으로 침해된다면 정의사회에서는 이를 결코 용납해서는 안 될 일이다. 이와 관련하여 일찍이 존 롤스도 분배의 내용을 문제 삼았다. 즉 그의 '정의론'에서 "덜 평등한 자유는 보다 적은 자유를 가진 사람들에게 받아들여질 수 있어야 하며, 효율성과 복지에 대해서도 정의가 우선되어야 한다."고 역설하였다.

그러나 롤스의 견해와 달리 정의란 단순히 평등을 확보하기 위한 분배에만 초점을 맞추는 데에 있지 않고, 이와 함께 효율적 생산성을 전제로 각자에게 그의 몫을 충실히 돌려주어, 각 개인의 인격을 최대한 실현시키[할 수 있으]면서 인간관계의 갈등해소 내지 긴장완화에의 지향을 위한 총체적 노력이라고 생각한다(1997b, 159).

Ⅲ.

우리 헌법은 인간의 존엄을 선언하고 있다. 헌법재판소도 헌법적 측면의 인간상(人間像)을 자기결정권을 지닌 창의적이고 성숙한 개체로서의 국민으로 파악하면서, 이와 같은 인간을 존엄의 대상으로 여긴다. 우리들 역시 인간이 존엄하다는 원칙을 당연한 것으로 받아들이고 있다. 이처럼 헌법이 인간을 존엄하다고 천명했기에 우리가 인간을 규범적으로 존엄한 것으로 간주할 수 있지만, 그렇다고 현실적으로 인간이 존엄의 대상으로 인정되고 있는지 여부에 대한 물음과 왜 인간은 존엄해야 하는지에 대한 필요·충분한 해명의 근거로 작동되기 어렵다. 인간이 왜 존엄해야 할 수밖에 없는지에 대한 합리적인 이유를 충분히 규명할 수 있을 때 비로소 인간의 존엄성은 현실적 의미를 가지게 되며, 인간존엄의 확보를 위한 정당한 사법정책 내지 형사정책의 지도원리가 제대로 규명될 수 있을 것이다.

허일태는 인간 존엄의 근거를 다음과 같은 사유에서 찾을 수 있다고 확신한다(2006, 5). 첫째로, 인간은 무엇보다 종족보존과 생존본능에 근거하여 자신을 존엄한 존재로 간주하기 때문이다. 이러한 생각은 극히 인간본위적(人間本位的)이긴 하지만, 인간은 그 자신의 능력을 최대한 꽃피워 행복한 삶을 영위하고자 그와 같은 생각을 불가피한 것으로 전제한다. 이러한 맥락에서 인간이 다른 개체들에 대한 가치적 우위를 확고히 하고, 그와 같은 생각이 객관적인 설득력을 갖도록 하기 위하여 우리는 "인간에게 다른 생명체와는 근본적으로 구별되는 우월적 능력을 인정하고, 이에 따라 인간이 존경받을 만한 가치가 있는 주체"로 인정할 수밖에 없게 구조화되어 있다.

둘째로, 인간은 사회평화와 발전을 위한 능력과 책무를 지녔기 때문이다. 이와 같은 가치는 "인간은 합목적적으로 행동할 수 있는 자기결정권을 갖고 있을 뿐만 아니라 이에 따라 행동하는 능력을 가졌다"는 데에서 그 근거를 찾을 수 있다. 즉 인간이 동물에 비해 근본적으로 다른 점은 소극적으로는 본능적 행동양식으로부터 광범위하게 자유롭다는 데에 있고, 적극적으로는 그의 행위의 올바른 지침을 자신의 통찰력을 통하여 발견하고, 또한 설정하여 현실화시키는 능력을 가지고 있다는 데에 있는 것이다. 따라서 인간은 자신에게 주어진 객관적 사정에 그대로 따르지 아니하고, 자신의 행위를 조종해 나가면서 목표를 적극적으로 형성할 수 있는 능력을 구비하고 있기 때문에 사회적 공존을 위해서 그 자신의 능력에 어울리는 행동을 해야 할 사회적 책무를 지니게 되며[된다], 이러한 인간의 사회적 책무에 기초하여 국가는 그 구성원에게 인간적 존엄성을 보장하게 된 것이다.

셋째로, 인간 모두는 그 자신의 본분에 걸맞은 활동을 통하여 오늘날과 같이 발달된 국가를 건설하고 문화를 발전시킨 업적을 이룩했으며, 국가는 이러한 업적을 남긴 국민에게 이에 상응한 보상을 해 주어야 할 책무를 부담한다. 즉 인간 자신의 사회적 책무의 이행을 통해서 인간사회로 구성된 오늘날의 문화국가가 이룩될 수 있었지, 인간이 아닌 다른 동물이나 생명체에 의해 이와 같은 사회가 건설된 것은 아니다. 따라서 국가구성원인 국민으로부터 혜택을 받는 국가는 그 혜택을 준 구성원 개개인의 기본권을 보장해 주어야 할 책무가 있는 것이다. 이는 중세시대의 귀족이 농노에 대한 귀족의 책무(noblésse oblíge)를 완수하려 했던 것처럼, 국가를 위해 헌신한 인간만이 국가로부터 그 본질적 기본권의 보장을 받는 것은 당연하기 때문이다. 그러므로 국가는 사회적 책무를 부담하는 인간을 위해 인간적 존엄을 보장해야 할 책무를 진다(2007b, 1133; 2007c, 9). 그리고 인간존엄에 대한 국가 책무의 내용으로 한국 헌법은 인간존엄을 천명하고, 이의 확보를 위해 국가에 의한 인간존엄 보장을 비롯한 각종의 기본권 보호와 그런 기본권의 본질적 침해를 금지하는 규정을 두고 있다.

Ⅳ.

형벌의 전제가 되는 책임은 법으로 금지된 범법행위의 감행에 대한 사회 일반인의 불용납(不容納)을 의미하는 사회적 질타 내지 비난을 뜻하기 때문에, 범법행위자를 비난하려면 그 자 스스로 자신의 행위가 범법행위임을 알거나 알 수 있어야 하며, 자신의 능력에 비추어 그런 범법행위를 회피하거나 회피할 수 있어야 한다. 그런데 범법행위에 대한 가해자의 회피가능성은 현실적으로 존재해야만 그 자에게 규범적 회피의무를 요구할 수 있다(2007b, 1142; 2007c, 34). 이 회피의무를 따지기 위해서 지금까지 많은 법학자나 법조인은 행위자의 의사자유 존재여부를 문제 삼았다. 즉 의사자유를 가진 사람이라면, 사회에서 요구된 금지행위를 회피할 수 있고, 따라서 달리 선택할 수 있었음에도 금지된 행위의 길로 나아갔기 때문에 그에 대해 책임이라는 질타를 가할 수 있게 된다는 것이다. 그런데 의사자유의 의미를 외부적 영향 없이 오직 정신적으로 자유롭게 형성하거나 선택할 수 있는 행위양식으로 판단하여, 인간은 자신의 자유의지에 근거하여 어떤 행위실행을 형성하거나 선택할 수 있다고 하게 되면, 다음과 같은 모순에 봉착하게 된다. 즉 인간이 자유의사를 가지려면 그것이 인간의 외적 환경이나 신체적 감각과는 무관함을 전제해야 되는데, 그것은 불가능하다.

최근의 과학에 의하면, 인간은 대략 1천억 개의 뉴런을 갖고 있으며, 이들 뉴런은 수많은 돌기를 갖고 있고, 그 중에서도 축색(軸索)이라는 긴 돌기를 통해 다른 신경세포와 연결되어 있는데, 하나의 축색이 다른 신경세포와 접속하는 부분이 시냅스다. 하나의 신경세포에는 수천 개의 시냅스가 있어 다른 신경세포와 연결되어 있다. 이 연결부위는 '시냅스 간극'이라는 틈새를 두고 있는데, 뇌에 들어온 정보, 즉 뉴런에서의 전기신호는 시냅스에서 화학신호로 바뀌어 다른 신경세포로 전달돼 다시 전기신호로 바뀌는 과정을 거치면서 일련의 정보처리를 하게 된다. 이렇게 하여 생성된 고급정보는 뇌궁 아래쪽에 있는 해마와 그 주변에서 기억을 형성하게 하고, 측두엽에 저장된다. 저장된 기억은 전두엽의 지휘소를 통해 필요와 상황에 따라 일정한 방식의 신체적 운동을 야기한다.

이것이 의미하는 바는 다음과 같다. 즉 우리의 의식 내지 생각은 인지와 지각에 기초하고 있다. 그런데 이러한 인지와 지각은 우리의 신경세포인 뉴런과 뉴런 사이를 연결하는 신경충동전달기제인 시냅스의 생성과 역할에 따라 달라질 수 있으며, 아울러 인간의 온갖 정보를 저장하고, 이를 총체적으로 처리하는 인간의 뇌는 인간의 지능에 결정적 영향을 주게 된다. 게다가 시냅스의 생성은 경험적 기대과정에 따른 것으로 파악되는데, 여기서 경험적 기대과정이란 유전인자의 명령체계에 따라 성숙되지만, 환경이나 경험의 영향도 다소간 받아서 형성되는 시냅스의 생성과정을 뜻한다. 따라서 "인간의 의사자유는 인간의 유전적·환경적 요인에 의해 어느 정도 의존되어 있는 것이지, 이것으로부터 완전하게 독립될 수 없다"는 결론을 내릴 수밖에 없게 된다.

그러므로 책임의 전제로서 인간의 의사자유가 인간의 육체, 특히 뇌의 구조와 역할과 무관하게 존재하느냐라는 식으로 질문하게 된다면, 이는 잘못된 질문이어서 올바른 대납을 할 수가 없다. 이러한 잘못된 질문을 우리는 거의 200년 동안 쉼 없이 무의미하게 되풀이하여 왔다. 최근에도 독일의 저명한 형법교수인 쉬네만(Prof. Dr. Schünemann)은 인간의 의사자유에 대한 문제를 제기하고 이의 존재성을 규명하려고 노력하였다. 그는 그 근거를 인간의 문화 창조능력과 언어사용의 방식을 통하여 사물을 지배하는 언어구조 속에서 찾으려고 하였다. 그러나 그가 의사자유를 인정하는 근거를 찾으려는 노력은 잘못된 방향에서 묻고 답한 것으로 보인다. 왜냐하면 인간의 문화 창조능력은 자유의사와 동일시되는 개념일 수 없으며, 오히려 인간이 사회적 동물로서 문화 창조와 사회평화 달성을 위한 인간적 능력, 즉 그럴 만한 지능을 갖고 있느냐의 문제이기 때문이다. 더구나 술에 취한 사람은 육체만 취한 것이 아니라 정신도 취한 것처럼, 환경과 유전인자에 의존되어 있는 인간의 자유의지는 환경과 유전인자로부터 완전히 자유로울 수 없지 않은가.

Ⅴ.

죄형법정주의가 근대형법의 대원칙으로 등장하게 된 것은 17~18세기에 이르러서이다. 이 시기에 진입하면서부터 비로소 시민계급이 주축이 되어 근대자유민주주의 국가가 성립될 수 있었다. 그 이전까지의 국가체제는 국민 위에 군림하고 있었던 절대왕정이었기 때문에 형벌권을 통제할 수 있는 죄형법정주의 원칙의 실현은 사실상 불가능했다. 이런 점에서 역사상 최초의 법전으로 인정받고 있는 함무라비법전을 포함하여 고대 중국의 법전(法典)들뿐만 아니라 로마시대의 법률에서도 근대적 죄형법정주의가 정착될 수 있는 충분한 토양이 원리적으로 형성될 수 없었다. 왜냐하면 근대적 의미의 죄형법정주의는 종래 국민의, 국왕에 대한 종속관계를 극복하여 시민계급에 의한 왕권감시 내지 억제가 가능한 상황에서 가능한 사상이기 때문이다. 그러므로 실질적 의미의 죄형법정주의의 실현은 시민이 국왕과의 종속관계에서 해방되어 공권력을 감시할 수 있는 대등관계로 발전하였다는 징표이며, 시민계급에 의한 국가형벌권의 통제와 감시가 형법에 반영된 것임을 의미한다(2011).

따라서 권위주의적 왕권에 의해 시민에 대한 국가의 지배관계가 견고하게 지속되고 있을 때에는 비록 뛰어난 사상가나 현명한 국왕의 개인적 사상과 판단에 의해 간헐적으로 죄형법정주의가 반짝거릴 수 있었을 뿐이다. 이러한 모습은 중국 진나라의 상앙과 전한시대의 한비자에서도 찾아볼 수 있고, 로마의 공화정 후기인 기원 전 67년에 제정된 Cornelia법에서도 역시 엿볼 수 있다. 그렇지만 이들에 의한 죄형법정주의 사상은 근대로 이어지지 못하고, 그때마다 일회성으로 그칠 수밖에 없었다. 이에 반해 1215년 대헌장에 나타난 죄형법정주의의 사상은 비록 현대적 의미의 죄형법정주의와 동일하지 않지만, 현대 죄형법정주의를 형성하게 하였던 사상적 배경임을 부인할 수 없다. 왜냐하면 국왕 John은 그의 신하들과의 관계에서 종래의 종속관계를 벗어나 대립 내지 갈등관계로 발전한 상태에 있었고, 그 결과 신하들은 국왕 통치권에 대한 일종의 정치 내지 사법감시자로서 역할이 가능했기 때문이다. 이런 점에서 현대적 의미의 죄형법정주의는 국가권력에 대한 적법절차의 준수를 강요하는 시민사회 운동의 결과이자, 국가공권력에 대한 시민의 핵심적 보호막이다. 따라서 국가 자체의 불법행위나 시민에 대한 부당한 인권침해행위에 대해 국가 스스로 죄형법정주의를 책임의 면제 근거로 활용할 수는 없다고 새겨야 한다.

Ⅵ.

국가가 형성되기 이전에 개인에게 복수는 스스로를 보호할 수 있는 유일한 수단이었고 피해를 당한 자의 가해자에 대한 앙갚음이다. 복수의 절차와 방식은 정해진 바가 없으므로, 언제 어떻게 어느 정도로 복수할 것인가에 대한 예견가능성도 없고, 앙갚음의 내용과 정도도 제각각이었다. 복수는 필연적으로 복수를 낳게 하여 사회적 혼란을 가중하였고, 이에 따라 사회방위를 위해 무엇이 불가피한 것인지에 관해 인간의 이성이 눈을 뜨자마자 복수로 인하여 야기되는 문제점을 해소하여 각 개개인의 인권을 충실히 누릴 수 있는 방안이 절실히 필요하게 되었다. 바로 이러한 요청으로부터 사인의 복수를 대신할 국가의 강력한 공권력인 형벌의 필요성이 정당화되었다(2012, 478).

그런데 형벌은 복수의 대안으로서 손색이 없을 정도로 국민에 대해 강력한 위하력을 발휘하는 수단이지만, 복수와는 내용의 정당성과 절차의 합법성의 유무로 차별성을 가져야 했다. 왜냐하면 형벌이 복수를 미연에 방지할 정도로 충분한 실효성을 갖지 못하고, 게다가 형벌 부과절차의 적법성이 준수되지 않음으로써 부당하게 처벌되는 자는 언제나 다시금 복수를 할 수밖에 없는 사정으로 내몰리기 때문이다. 그러므로 형벌은 민사상 손해배상이나 행정법상 과태료 정도의 제재로는 해소할 수 없으며, 그 누구도 참기 어렵고 무서워할 만한 치명적인 고통을 내용으로 해야 한다. 하지만 형벌의 형성과 형벌부과의 절차는 사적인 복수와는 질적으로 달라야 한다는 점에서 적법절차와 책임주의 등 법치국가원리가 작동하는 형사사법의 기본원칙과 절차를 충실히 준수할 수 있도록 해야 한다.

① 국가 형벌권은 엄정한 사전경고를 통하여 복수를 야기할 만한 범법행위의 실행을 미연에 방지하려는 데에 일차적 목적과 내용을 가져야 한다. ② 범법행위가 발생하면, 국가는 범법자에 대해 복수와 차원이 전혀 다르게 적법절차 등 형사사법의 근본원칙에 따라 수사와 재판을 적정하게 운용해야 하고, 또한 책임에 상응한 처벌이 부과되도록 해야 한다. ③ 아울러 국가는 범죄로 야기된 손실에 대해 복수에 버금갈 정도의 충분한 보상을 범죄피해자에게 제공해야만 한다. 다만 국가가 범죄피해자에게 지급하는 범죄피해보상금은 원인야기자 부담의 원칙에 따라 가해자에 대한 구상권의 행사와 벌금, 범죄로 인하여 발생한 수익의 몰수 등을 통

하여 조달되어야 한다. ④ 범죄로 인한 법익 침해라는 긴급상황에 처한 범죄피해자에게는 범죄를 야기하는 자에 대하여 즉시 정당방위나 긴급피난 또는 자력구제와 같은 사적 긴급형벌권의 행사를 폭넓게 허용해야 한다. 왜냐하면 국가만이 형벌권을 행사할 수 있는 유일한 주체이지만, 소정의 조직으로 구성된 국가라고 하더라도 즉시 범행 또는 위난의 현장에 달려갈 수 없는 상황이 발생할 수 있고, 그럼에도 국가만이 범죄에 대한 퇴치권(退治權)을 행사할 수 있다면, 피해자는 돌이킬 수 없는 피해의 위험에 직면할 수 있기 때문이다. 즉 이와 같은 한계상황이라면 국가는 범죄피해자에게 복수에 버금가는 개인적 자력구제인 정당방위나 긴급피난 또는 자구행위를 충분히 행사할 수 있도록 허용해 주어야 한다. 이처럼 각 개인이 위난이나 범죄에 직면한 긴급상황에서는 국가를 대신하여 이들 위험을 회피할 수 있도록 개인에게 적절한 자력구제 등을 행사할 수 있도록 하는 긴급피난이나 정당방위 또는 자력구제의 권한은 천부적인 자연권의 일종으로 보아야 한다. 따라서 국가는 개인에게 부여한 정당방위나 긴급피난과 같은 권한을 축소하거나 제한하는 것을 삼가야 한다.

Ⅶ.

한국에서 사형제를 폐지해야 하는 이유는 다음과 같다(2010, 37). ① 현대 국가는 반인륜적 살인조차도 그와 완전히 동일한 형식의 복수로서의 형벌제도로 처벌하지 않는다. 복수는 복수를 낳고 사회불안을 가중시킨다는 점에서 동해동복의 복수는 이미 극복된 구시대의 사상이다. ② 국가는 감정적 존재가 아닌, 윤리적이고 이성적인 존재이다. 그러므로 국가가 절도를 하지 말라고 금지하면서 국가 스스로에 의한 절도가 허용되지 않듯이, 국가가 타인을 살해하지 말라고 요구하면서 타인을 살해하는 사형제를 허용하는 것은 윤리적으로 모순된다. ③ 오늘날 모든 인권국가에서는 손발을 자르는 등의 신체절단의 형벌을 부과하지 않는다. 그 이유는 이런 형벌은 잔인하고 비인도적 형벌이기 때문이라고 설명한다. 수족을 절단하는 것이 잔인하여 용납할 수 없는 형벌이라면, 사람을 죽이는 것은 더욱 잔인한 형벌이어서 결코 허용될 수 없어야 하지 않을까. ④ 우리 헌법 제37조 제2항 단서는 (기본적 인권을) "제한하는 경우에도 자유와 권리의 본질적인 내용을 침해할 수 없다."고 명시하고 있다. 여기서 기본적 인권의 본질적 내용이 생명이라는 사실은 부인할 수 없다(2001a, 37). 예컨대 신체를 훼손하는 절단형이 신체자유에 대한 본질적 침해라고 하여 용납할 수 없는 형벌이라면, 신체의 자유의 본질적 내용은 인간의 육체와 그 육체에 대한 생명의 결합으로 생긴 자유이다. 즉 신체의 자유 중에서 인간의 생명인 정신을 제거하면 육체만 남게 되는데, 생명이 없는 육체는 시체에 불과하다. 인간의 시체가 신체의 자유를 이루는 본질적 부분일 수 없으며, 생명을 전제로 할 때라야 신체의 본질적 자유를 가질 수 있다. ⑤ 우리나라는 유럽평의회와 EU에서 인도된 범인에 대해 사형집행을 할 수 없도록 하는 것을 포함한 범죄인도조약을 2009년에 체결하였고, 2011년에는 국회가 이를 비준했다. 이 때문에 EU로 도주한 뒤 체포되어 우리나라로 인도된 범인이 설령 흉악범죄를 범했어도 사형을 집행할 수 없게 되었다. 그런데 이에 반해 다른 나라로 도주가 전혀 불가능한 우리나라에서 범한 반인륜적 흉악범에 대해서만 사형집행이 가능하다는 것은 '법 앞의 평등권'을 천명한 헌법상 평등권에 반한다. ⑥ 우리나라는 과거 권위주의정권 아래에서 정치적 목적으로 반인륜적인 사법살인을 적지 않게 자행하여 왔다(1996b, 1222). ⑦ 사형제를 둘러싼 위와 같은 문제점을 해소하고, 반인륜적 흉악범의 재범가능성을 영원히 차단하려면 '가석방 없는 절대적 종신형'이 사형제의 대안으로 이용될 수 있다(2000, 233).

Ⅷ.

생명권은 헌법상의 권리이며, 인간존엄의 중추적 핵심으로써 어떠한 경우에도 보호해야 한다. 그러므로 어떠한 무가치한 인간일지라도 그의 생명은 결코 타인이나 국가정책을 위한 수단이 될 수 없고, 국가가 엄격히 보호해야 할 책무의 대상일 뿐이다. 이러한 이유에서 형법은 살인행위를 금지하고 있을 뿐만 아니라 촉탁이나 승낙에 의한 살인, 심지어 자살방조까지도 형벌로 처벌하고 있다. 그렇다면 국가에 의한 어떤 종류의 살인행위도 예외일 수 없다. 이는 인간에 대한 생명보호는 국가의 책무이며, 그 때문에 생존가치가 없어 보이는 자의 생명도 형법상 보호해야 될 법익이라는 것을 극명하게 보여주는 것이다. 이와 같이 생명에 대한 엄격한 보호의 결과, 예컨대 빈사상태에 있는 자의 요구가 있다고 하더라도 그의 고통을 제거하기 위해 사기(死期)를 앞당기는 조치를 무조건적으로 허용할 수 있는 것이 아니다(2007c, 26).

그렇지만 생명의 무조건적 · 절대적 보호 때문에 어떤 희생을 무릅쓰고 무익한 치료를 무한정으로 강행해야 하는 것이 생명보호 원칙의 진정한 목적이라고 단언할 수는 없다. 그렇지 않은 경우도 있을 수 있다. 왜냐하면 견딜 수 없는 고통으로 차라리 죽음을 학수고대하는 불치의 환자가 있다면 그의 생명을 모든 수단을 동원해서 인위적으로 무조건 연장하는 것이 때로는 무익한 행위일 수 있기 때문이다. 이처럼 한편에서는 모든 형태의 살인행위 그 자체를 금지하고 있지만, 다른 한편에서는 임종의 고통을 완화해야 할 불가피한 사정으로 소극적 살인행위를 묵인해야만 하는 경우가 있을 수 있다. 특히 이 후자의 경우, 인간의 존엄과 가치에 조화될 수 있는 해결책을 다루는 문제가 다름 아닌 안락사의 문제이다.

안락사의 문제는 인위적 생명의 단축을 의미하므로 생명의 종기(終期)에 대한 기준을 명백히 해야 한다. 이런 점 때문에 생명의 종기를 법률상 판단할 때, 판단자의 자의성의 개입이 가능한 적고, 우리의 법감정이나 정서에 어울리면서 인간의 존엄을 비교적 덜 해치는 시점을 찾아야 한다. 즉 생명의 종기를 뇌사(腦死)로 보지 않고, 심폐기능의 정지로 인해 혈액과 호흡이 불가역적으로 중지된 때라고 이해할 필요가 있다. 그 이유는 생명의 종기는 사실문제가 아니라 법률문제이며, 이는 생명에 대한 우리의 윤리의식에 일치하고, 또한 생명의 존엄성문제와 결부해서 볼 때도 심폐사의 기준은 뇌사를 인정했을 때보다 뇌사를 가장(假裝)한 인간장기공급사업과 같은 범죄적 생명침해의 남용을 방지하게 할 수 있는 것이 될 수 있기 때문이다.

안락사의 문제는 생명권에 대한 문제이므로 생명권의 근거와 한계, 그리고 생명권에 대한 자기결정권을 불가피하게 전제한다. 생명권은 헌법 제10조에 전제되어 있으며, 헌법 제37조 2항 후단에 의해서 그 본질이 박탈될 수 없다. 그리고 생명권은 각자가 마음대로 처분할 수 있는 권리가 아니라, 사회적 내지 국가적 이해관계가 큰 법익이기 때문에 일정한 제약을 받는다. 왜냐하면 생명권을 순수한 개인의 자기결정권으로 처분할 수 있다고 보게 되면 극단적으로 타살의 경우 피해자가 살인을 용인했다고 강변할 수 있으며, 이때 죽은 자는 말이 없으므로 살인자를 처벌할 수 없는 맹점을 야기하고, 이로 인한 사회적 혼란과 비용의 문제가 야기될 수 있다. 또한 생명에 대한 자기결정권의 행사인 자살은 단순히 타인에게 그 권리의 행사가 양도될 수 있음을 말하는 것이 아니라, 오직 자기 자신의 행동에 의해서만이 표현되어야만 한다. 이에 따라 임종에 직면한 자를 포함한 모든 타인에 대한 적극적 살인은 그것이 어떠한 명목에 의하더라도 허용될 수 없다 할 것이다. 죽어 가는 자에 대한 의사의 치료 의무는 물론 최선을 다하여 이행해야 하겠지만, 그렇다고 무조건적이고 절대적일 수는 없다. 환자에 대한 의사의 생명유지의무의 존속여부는 일차적으로 환자 자신의 자결권에 기초해야 되겠지만, 특히 환자가 임종의 길로 불가피하게 접어들어 그와 같은 자결권의 행사를 명백히고도 진지하게 요청하고 있는 경우 그 때부터 환자보호자나 가족의 동의에 따라 담당 의사의 치료의무는 그 환자가 아름다운 죽음을 맞이할 수 있도록 배려해야 할 의무로 전환된다고 해석해야 할 것이다(2001b, 333).

Ⅸ.

일찍이 함무라비 법전에 천명된 법의 핵심적 기능 역시 사회적 약자 내지 소수자의 인권보호였다는 사실은 오늘날에도 사회적 약자와 소수자를 위한 권익보호노력이 여전히 유효하고, 주목해야 할 과제임을 보여준다. 헌법 제1조 제2항은 "대한민국의 주권은 국민에게 있고, 모든 권력은 국민으로부터 나온다."고 천명하고 있다. 이를 실현하기 위해 우리는 보통선거를 통해 대통령과 국회의

원 등을 자율적으로 뽑아서, 이들에게 국정을 맡기고 있다. 이런 식의 국가, 이른바 '대의민주주의의 국가'는 사회적 약자나 소수자의 인권보호와 긴밀한 조화를 이룰 수 있는 것처럼 보인다.

그러나 대의민주주의의 국가가 시민의 인권을 충실하게 보장할 것이라는 생각은 일면의 진실에 불과하다. 현대 국가의 정당성은 시민의 보통선거를 통해서 확보되지만, 선거는 철저하게 다수결의 원칙이 지배하는 정치의식에 불과하다. 게다가 투표력의 평등성과 자율성을 보장하는 보통선거를 금과옥조로 삼는 대의민주주의는 다수결이 전체 시민의 의사를 충실히 대변할 수 있다고 의제한다. 그런데 대의민주주의를 통해 다수자의 이익이 충실히 보장될 수 있다고 하여도 선거의 패자, 즉 소수자의 이익까지 담보되지는 않는다. 다시 말해 대의민주주의는 단 한 표의 차이라도 뒤진 패자에게는 아무런 역할을 남겨주지 않고, 지배의 결정권은 다수자의 관점에서 출발한다. 그 결과 선거에 뒤진 패자 내지 소수자는 다수자의 타율적 지배를 받게 되며, 주도권을 쥔 권한주체는 그 권력을 남용하려는 경향을 갖고 있음을 우리는 역사로부터 수없이 배워 왔다.

이런 점에서 인권담론은 다수자나 강자의 지배에 대한 불신에서 출발한다. 그리고 다수결원리에 입각한 사회에서는 다수자에 대한 인권침해를 별도로 논의할 실익이 거의 없다. 사회에서의 다수자나 강자는 스스로 제도를 지배하고 형성할 수 있기에 자신들이 원하는 방식과 내용에 따라 의제를 설정하고 운영하기 때문이다. 그래서 인권보호는 사회적 약자나 소수자를 위한 원군이자 피신처였다. 이들을 보호하는 장치로서 인권의 중요성과 피신처의 확보는 현대국가에서도 여전히 유효할 수밖에 없다. 현대사회에서도 사회적 약자나 소수자의 양산은 불가피한 현실이기 때문이다.

그러므로 인권의 보장이란 다수자나 사회적 강자의 횡포로부터 사회적 약자나 소수자의 권리가 유린당하지 않도록 하는 제도적 안전장치의 마련을 의미하고, 이러한 제도마련의 노력은 우리 사회에서도 불가피한 것이다. 그리하여 사회적 약자나 소수자의 권익까지 충분히 보장될 수 있도록, 그리고 모든 시민이 자신의 인격을 최대한 꽃피울 수 있도록, 기여하고 배려하려는 것이 다름 아닌 '인권운동'이 추구하는 방향이어야 한다.

인용된 저술목록

(1994) "안락사에 관한 연구," 한국형사정책연구원.

(1996a) 『법학입문』, 세종출판사.

(1996b) "법관의 법왜곡행위에 대한 대책," 『박양빈 교수 화갑기념논문집』.

(1997a) 『형법연구 Ⅰ』, 세종출판사.

(1997b) 『인간적인 법을 찾아서』, 세종출판사.

(2000) "사형의 대체형벌로서 절대적 종신형," 「형사정책」 제12권 제2호.

(2001a) "한국의 사형제도의 위헌성," 『형벌과 인간의 존엄』, 동아대학교 출판부.

(2001b) "법과 의사," 『형벌과 인간의 존엄』, 동아대학교 출판부.

(2004) 『형법연구 Ⅱ』, 동아대학교 출판부.

(2006) "헌법에 비추어 본 형사실체법의 문제점과 개선방안," 「형사법연구」 제25호.

(2007a) 『형법연구 Ⅲ』, 진원사.

(2007b) "형사법적 관점에서 인간의 존엄과 형사책임의 근거," 「고려법학」 제49호.

(2007c) 『인간의 존엄과 권력』, 동아대학교 출판부.

(2009) 『형법연구 Ⅳ』, 동아대학교 출판부.

(2010) 『형법연구 Ⅴ』, 동아대학교 출판부.

(2011) "죄형법정주의의 연혁과 그 사상적 배경에 관한 연구," 「법학논고」(경북대) 제35호.

(2012) 『형법연구 Ⅵ』, 동아대학교 출판부.

제2장 | 한국의 법철학자

김학태

김학태는 1961년 서울에서 출생하였고, 한국외국어대학교 법과대학 및 동 대학원을 졸업하였으며, 1995년 독일 Saarbrücken 대학에서 Ulfried Neumann 교수의 지도로 법학박사학위(Dr.jur.)를 취득하였다. 현재 그는 한국외대 법학전문대학원 정교수이며, 한국법철학회 부회장을 맡고 있다.

Ⅰ.

김학태의 법철학은 법철학의 본질 연구 및 이를 통한 형법이론에의 접목으로 요약할 수 있다. 대학원 석사학위 논문은 법존재론에 관한 성찰을 주제로 자연법과 법실증주의의 극단적 대립을 지양한 중용의 법철학을 다루었으며, 독일에서의 박사학위 주제는 책임론에서 책임원칙과 예방적 책임론과의 대립을 죄형법정주의와 책임원칙의 이념과 조화되는 관계 속에서 중용의 지양을 찾기 위한 관점에서 다루었다. 중견연구자로서의 활동은 법철학 이론뿐 아니라 응용법철학의 다양한 분야, 즉 법학방법론, 젠더법, 생명윤리 등 다양한 사회 현실에 적용시키는 법철학 이론을 전개하였으며, 형법학에서는 현대사회의 책임귀속 구조의 변화를 강조하는 현실의 요청에 맞서서 책임원칙을 고수하고 범죄와 형벌의 합리적인 귀속을 위한 기준을 제시하고자 노력하였다. 특히 현대형법에서 강조되는 환경형법, 위험형법, 상징형법, 단체형법 등에 따른 책임귀속구조 변화의 의미와 한계에 관한 연구를 통해서 자칫 국가형벌권의 자의적인 남용을 막기 위한 버팀목을 구축하는 데 주력하였다.

이하에서는 우선 석사학위 논문과 박사학위 논문을 통하여 김학태의 법철학적 연구의 출발점을 살펴보고, 또한 개별 주제 중심으로 그의 법철학적 작업을 개관해 보기로 한다.

Ⅱ.

석사학위 논문의 주제인 법존재론은 20세기 초에 새롭게 나타난 실존주의철학에 의하여 주장된 현존재의 의미를 받아들여, 법을 그 본질로서의 자연법성과 실존으로서의 실정성, 혹은 본질에 있어서의 영원성과 실존에 있어서 역사성과의 관계에 기반을 둔 실재로 파악하였고, 법의 존재론적 구조를 이들 양자 간의 긴장통일의 관계로 파악하였다. 이러한 관계 속에서 새로운 자연법은 법의 역사적 제약성과 법의 현실관련성을 인식함으로써 추상적인 자연법이 아니라 구체적인 자연법을 주장하였으며, 영원타당한 절대적인 자연법이 아니라 구체적인 상황에서 효력을 가지는 상대적인 자연법을 주장하였고, 시간에 구애받지 않는 초역사적이며 보편적인 자연법이 아니라 시간과 장소에 의하여 제약되어 생성되고 변화하는 역사적 자연법을 강조하였다(1987, 법의 존재론적 구조).

박사학위논문 『기능적 책임론의 한계(Grenzen des funktionalen

Schuldbegriffs)』에서는, 형법에서 가벌성의 전제이면서 한계로 인정되는 책임원칙이 현대형법에서 점차적으로 그 기능을 위협받고 있다는 최근의 도전에 대하여 그 필요성과 정당성을 강조하였다. 김학태는 형법의 이념은 형법이라는 규범이 추구하는 최고의 가치로 단지 선언적 의미만을 갖는 것이 아니라 전체 형법체계의 실질적 구성원리로 평가되며, 근대형법이 추구하는 자유주의적, 법치주의적 원리는 예방목적으로 강조되는 형법의 실제적 유용성 및 합리성의 이념이라는 미명하에 절대로 뒤로 물러설 수 없는 최고의 이념임을 강조하였다. 또한 단지 효율성으로만 지향된 형법은 근대형법의 전제가 되는 개개인을 사회체제의 안정성이라는 메커니즘에 의하여 단순한 대상으로 전락시켜 버리며, 개인의 자유와 책임에 기초하는 인간존엄의 정신과도 어긋나는 것으로 비판하였다. 근대형법은 이 같은 인간 존엄의 이념하에 형법적 귀속의 원리를 정형화시켜 왔고 이에 대한 뒷받침으로 정당성의 기준을 논리적 무기로 삼아 왔다. 예방목적을 고려하는 형법해석의 의미는 이 같은 근대형법의 근간이 되는 개별적 귀속원리와 이에 따른 형벌간의 연관성을, 규범체계의 안정이라는 슬로건하에 희석시키고 있으며 정당성의 기준을 합리적 유용성이라는 미끼로 대체하려 한다. 따라서 기존의 형법체계의 근간이 되는 개별적 귀속원리를 배제시키는 기능주의적 형법해석은 결코 독자적인 근거를 갖지 못하며, 자유주의적 법치국가의 형법을 대체시킬 수 있는 충분한 이념과 근거를 갖지 못하므로 책임원칙은 형법에서 여전히 필요성과 정당성이 인정됨을 주장하였다(1995, Grenzen des funktionalen Schuldbegreiffs. 기능적 책임론의 한계).

Ⅲ.

1. 법철학과 형법이론

김학태는 형법학 연구에서 형법학에서는 현대사회의 책임귀속 구조의 변화를 강조하는 현실의 요청에 맞서서 책임원칙을 고수하고 범죄와 형벌의 합리적인 귀속을 위한 기준을 제시하고자 노력하였다(2000, 범죄와 형벌). 특히 현대형법이론에서 강조되는 상징형법(1999, 상징형법), 예방형법(1997, 기능주의적 형법해석), 환경형법(2000, 원상회복제도), 위험형법(2003, 현대위험사회), 단체형법 등 새로운 책임귀속 구조의 변화 요청에 대응하여 자유주의적 형법이념과 법치주의적 형법기능을 재확인하여, 자칫 거대한 국가형벌권의 자의적인 남용으로부터 개인의 자유와 권리를 보호하기 위한 버팀목을 구축하는 데 주력하였다(2000, 현대과학기술발달의 조건하에서의 책임귀속구조의 변화).

우선 죄형법정주의의 현대적 의미와 기능에 관해서는, 특히 유추해석금지의 원칙과 더불어 나타나는 긴장관계를 법해석의 원리와 형법의 보장적 기능이라는 각각 다른 차원의 논증을 통하여 해소하려고 노력하였다. 유추해석금지의 원칙은 죄형법정주의, 형법의 보장적 기능, 자의적 국가형벌권 행사로부터 일반국민의 기본권 보장 등의 이념하에 형법에서 중요한 위치를 차지하고 있지만, 허용되는 해석과 금지되는 유추의 한계는 합목적적인 법해석의 범주에서 극복해야 할 문제로서 평가하였다(1999, 죄형법정주의).

그리고 현대 위험사회의 형법적 귀속구조의 변화는 주로 현대위험사회의 위험을 제거하려는 효율성에 따라 예방목적을 강조하고, 사회적 갈등문제를 효율적으로 해결한다는 기능성만을 강조하지만, 법치국가 이념과 조화되지 못하는 문제점을 야기시켜서, 개인귀속의 원칙, 책임원칙에 따른 형벌제한적 기능, in dubio pro reo 등의 근대형법의 기본이념과 상반되는 모순을 야기시킨다. 또한 이러한 형법체계의 현대화 경향은 형법의 중심제도를 무력화시키고, 순수 상징적인 형사정책으로서의 경향을 가속화시키고 있으며, 전통적인 귀속구조와는 논리적으로 모순되는 추상적 위험범이나 집행결핍의 문제를 야기시킨다. 따라서 현대 위험사회에서 나타나는 새로운 위험현상에 대한 대응책으로 제기되는 위험형법은 일방적인 효과지향 형법이므로, 단기적으로 볼 때는 설득력 있게 보이지만 기존의 형법적인 귀속원리를 전면적으로 부정하므로 정당성을 인정할 수 없다(1999, 상징형법의 의미와 기능).

2. 생명윤리법 연구

21세기 현대사회에서는 의학을 비롯한 과학기술의 발달로 인하여 인간의 존엄을 침해하는 많은 시술, 실험 그리고 연구들이 이루어지고 있다. 특히 생명공학의 발달로 인하여 인간생명의 시간적인 관계로서의 패러다임이 변해가고 있으며, 이와 같은 과정 속에서 인간생명의 존엄과 가치는 무너지고, 합리성, 효율성 그리고 기능성 등의 관점에 의하여 인간의 존엄과 가치로서 지켜야 할 마지막 한계마저 무너져 가고 있는 현실이다. 인공수정, 인간유전공학, 복제인간 등에 의한 인간의 출생에서부터의 인간생명의 인위적 조작에 따른 인간존엄의 침해 및 이의 가능성에서부터, 뇌사와 장기이식, 안락사문제 등 인간생명의 종기에 이르기까지의 각종의 현상들은, 인간의 존엄과 가치라는 절대적인 명제를 과학기술의 발달에 따른 합리성의 요청으로 바꾸어가고 있으며, 이러한 현상의 해결을 위한 시급한 방안들이 요구된다(2001, 현대 의학에 있어서의 생명의 시간과 인간의 존엄).

생식의학기술과 유전공학의 비약적인 발전은 인간 배아의 인위적인 조작과 활용을 통한 각종의 의료적 시술을 가능케 하였고, 이에 따라 종전의 형법적 보호의 대상이었던 태아의 단계 이전에서의 배아 보호의 필요성이 새롭게 대두하게 되었다. 이는 인공수태술의 발전에 의하여 수정된 배아가 모체 밖에서도 생존될 수 있다는 사실이 밝혀지고, 또한 이러한 배아를 인위적으로 조작하거나 각종 실험을 통하여 연구, 복제, 폐기, 타형질로 배양하는 등의 인간의 존엄을 해치는 문제가 발생할 수 있기 때문이다. 김학태는 이러한 문제에 대하여 각국의 배아보호법과 줄기세포법의 현황과 대책을 연구하고 국내에서의 생명윤리법 제정 및 개정의 방향을 제시하였다(2007, 생명윤리법의 세계화).

동서양을 막론하고 항상 뜨거운 논쟁의 대상인 낙태에 관해서 태아의 생명권과 여성의 자기결정권 및 재생산권이라는 이분법적 시각의 접근은 낙태 문제를 이론적으로 해결하는 데 아무런 도움이 되지 못한다. 그러나 서로 다른 두 관점에 있어서도 하나의 공통된 시각을 찾을 수 있는데, 그것은 비록 태아의 생명권을 인간과 같은 차원에서 인정하고 보호하는 경우에도 임신한 여성의 생명이 위험한 경우에 있어서 어쩔 수 없이 이루어지는 낙태는 도덕적으로 정당화될 수 있다는 점이다. 또한 여성의 자기결정권에 입각해서 낙태를 허용하는 입장에서도 최소 12주에서 최대 28주 이내라는 일정한 기간의 제한을 두게 된다(2009, 낙태에 관한 법이론적 담론과 법정책적 판단). 이러한 상황에서 김학태는 보다 더 구체적이고 실질적으로 의학적 관점, 법사회학적 관점, 법정책적인 관점 등에서 낙태에 관한 담론을 전개하였으며, 현재의 다양한 사회적 현실과 요구에 따라서 낙태에 관련된 규범체계의 변화를 주장하였다 (2010, 독일과 한국에서의 낙태).

뇌사와 장기이식과 관련해서 김학태는 장기적출 및 이식의 윤리적 정당성 문제와 현행 장기이식법의 윤리적 문제점에 초점을 맞추어 연구하였다. 우선 장기적출 및 이식의 윤리적인 정당성의 근거는 무엇보다도 인간의 이타적인 윤리성, 즉 다른 사람의 생명을 구하기 위하여 살아있는 자 또는 뇌사자 및 죽은 자로부터 장기를 적출하여 타인에게 장기를 기증하여 죽어가는 자의 생명을 구하는 숭고한 인류애의 목적에서 찾을 수 있다. 이러한 장기이식을 통해서 아무런 나쁜 영향을 다른 사람들에게 미치지 않고 희망 없이 죽음을 기다리는 다른 환자의 생명을 구할 수 있다면, 장기이식의 도덕적 정당성이 인정될 수 있을 것이다. 그리고 이러한 도덕원칙은 또한 장기이식과 관련된 당사자의 개인적인 차원에서만 평가될 것이 아니라, 사회나 국가 전체적인 차원에서의 보편적 타당성을 아울러 함께 지녀야 할 것으로 평가하였다. 이와 같이 장기이식을 정당화시키는 윤리적 근거는 장기이식이 인간의 생명과 신체에 관련되므로 일반적인 의료윤리와 원칙을 전제로 평가할 수 있게 된다. 따라서 일반 의료윤리의 기본원칙인 자기결정권 존중의 원칙, 불가해의 원칙, 선행의 원칙, 정의의 원칙 등이 강조되며, 이러한 의료원칙을 모두 포함하는 고차원의 원칙으로서 사회 공리주의 원칙, 연대성의 원칙 그리고 상황윤리의 원칙 등이 고려될 수 있다 (2007, 한국장기이식법의 윤리적 정당성). 김학태는 또한 현행 장기이식법의 윤리적 문제점을 분석하고 이에 대한 대안을 제시하였다. 우선 살아있는 자로부터의 장기적출의 윤리적 정당성의 근거, 특히 미성년자의 장기적출을 허용하는 점에 대한 비판적 고찰을 하였다. 장기 기증시에 요구되는 동의와 관련해서도 문제점이 지적될 수 있는데, 명시적 반대의사 표명이 없는 경우를 장기기증의사가 있는 것으로 간주하려는 발상은 다분히 장기를 많이 확보하려는 공리주의적 발상에서 비롯된다고 비판하였다. 그 밖에 뇌사판정의 방법과 절차, 장기이식에 소요되는 비용 부담, 장기이식 대상자의 선정 등 많은 윤리적 문제점을 분석하고 이에 대한 대안을 제시하였다(2007, 한국의 장기이식 현황과 과제).

안락사는 현재 또는 즉시 예상되는 극심한 고통에 시달리는 환자 자신의 명시적인 의사가 있거나 혹은 의사표현을 할 수 없는 경우에는 가족 등의 진지한 의사에 의해서 생명의 종결을 요구한 경우에, 의사나 이에 준하는 사람에 의해서 직접 생명을 종결시키거나 또는 생명을 종결시키는 데 필요한 방법과 수단을 통해서 궁극적으로 환자의 생명을 종결시키는 행위로 평가할 수 있다. 안락사의 허용을 주장하는 입장은 인간 개개인의 자율권에 기초하여 환자 스스로가 마지막으로 선택한 자기결정이 존중되어야 한다는 것이다. 견디기 힘든 그리고 또한 견딜 필요가 없는 고통이 환자의 삶의 질을 떨어트리고, 오히려 인간으로서의 존엄과 가치를 훼손하므로 개인들에게 자신의 생명 종결에 대한 결정권이 주어져야 한다고 강조한다. 반대로 안락사를 결코 허용해서는 안된다는 입장에 의하면, 인간의 생명은 그 무엇과도 바꿀 수 없는 절대적인 가치를 지니므로 아무리 견딜 수 없는 고통에 놓여 있다고 하더라도, 그리고 아무리 객관적이고 합리적인 기준을 제시한다고 하더라도 타인의 생명을 빼앗을 권리가 아무에게도 인정될 수 없다고 한다. 이러한 논쟁과 더불어 아직 규범화되지는 않았지만 우리사회에서 자주 논란되는 안락사의 현실과 규범적 평가를 통해 문제해결을 위한 대안을 제시하였다(2008, 안락사 허용 여부에 관한 법철학적 연구).

3. 법학방법론

법해석방법론은 법이 규정하는 법문의 의미를 구체적 사건에 적용시키기 위한 합리적인 방법을 모색함을 목적으로 하며, 이를 위해서 문리해석 등의 다양한 법해석방법론 등이 적용될 수 있다. 그러나 이러한 법해석방법론들은 궁극적으로 법에 대한 이해와 직접적으로 관련되어 평가된다고 할 수 있다. 예를 들면 법의 실체, 법의 본질, 법의 의미, 법의 존재론적 구조, 법의 이념, 법의 효력 등에 관한 법철학의 근본적인 문제에 대한 올바른 접근이 또한 필연적으로 올바른 법해석을 위한 방법을 제시해 준다고 할 수 있다(2006, 법학방법론의 역사적 발전). 김학태는 전통적인 법철학의 규범적 연구와 구별하여 현실적인 문제에 적용되는 법해석 방법의 합리화를 강조하였다(2005, 법존재론과 법인식론에 관한 고찰). 이와 같이 법해석과 법학방법론에 관한 연구의 발전은 법철학이 주로 추상적인 이념적 테제에만 매달린다는 인식에서 벗어나 법실무의 구체적인 사항에 관심을 가지면서, 법철학적 담론의 장을 실정법을 넘어서 구체적인 법실무에까지 지평을 넓히는 토대를 마련하였고, 법학자들뿐만 아니라 실무가들에게도 법철학적인 논증에 적극적으로 참여하는 등의 새로운 장을 열게 되었다. 이러한 연구의 성과로 사법에서 과거에 관행적으로 이루어지던 법관의 잘못된 논증방식에서 벗어나 담론과 성찰을 통한 올바른 재판을 가능하게 해주는 기반이 다져진 것으로 평가할 수 있다(2006, 법률해석의 한계).

4. 규범과 현실의 가교로서의 법철학연구

김학태는 법효력론, 개인주의와 공동체주의에서의 법적 논증, 도덕의 법적 강행화 등 다양한 법철학 주제들을 연구의 대상으로 하였으며, 또한 사회적 현실의 얼룩진 부분에 대해서도 많은 관심과 해결의 단초를 제시하였다. 법철학의 본질적 과제라 할 수 있는 법효력에 관한 문제는, 과거 5공청산과 관련된 법적 문제를 비롯하여 과거사청산을 둘러싼 법적 논쟁, 그리고 미래의 남북통일에 대비한 새로운 법질서 정립의 필요성 등은 우리가 주목하여 신중하게 처리해야 될 문제들이다. 정치적 변혁을 자주 경험하고 법을 정치적 수단으로 악용했던 우리의 역사적 경험에서, 그리고 이러한 옳지 못한 경험으로부터 이어져 지금까지도 법질서의 수많은 얼룩과 상처를 해결하지 못하고 있는 우리의 현실에서 가장 중요한 것은, 현실과 질서를 무시하지 않고 올바른 내용을 포함하는 합리적이며 조화로운 중용의 방법을 찾아서 적용시키는 것이다 (2005, 법을 통한 과거청산). 또한 현실에서 자주 나타나는 긴급한 상황에서 어쩔 수 없이 타인의 법익을 침해하는 행위가 법적으로 정당한 권리로서 인정될 수 있는가 하는 문제는 개인주의 법사상과 공동체주의 법사상의 관점의 차이에 따라 다르게 나타날 수 있으며, 의무론적 도덕과 결과론적 도덕의 관점의 차이에 따라서도 다르게 평가될 수 있는 문제이다. 개인의 자유와 권리를 바탕으로 형성된 근대시민사회의 법체계는 현대의 다원주의 사회에서 점차 그 본질적인 의미와 내용을 수정할 것을 요구받고 있고, 사회전체의 이념이나 사회 연대성의 이념 등이 점점 더 힘을 발휘하고 있지만, 이러한 현상구조의 변화에도 불구하고 인간의 포기될 수 없는 자유와 권리를 초석으로 형성된 법체계는 결코 희생을 강요받을 수 없는 본질적인 의미를 가지고 있다(2005, 긴급권에 관한 법철학적 근거).

한국사회에서 성매매에 대한 규범적 평가는 매우 단호한 모습이다. 단순성매매는 법익 침해가 없으므로 처벌할 필요가 없으므로 비범죄화해야 한다는 의견이 꾸준히 제시되고 있으며, 각국의 성매매 관련 입법 및 정책의 방향은 성매매 자체에 대한 규제 및 처벌보다는 오히려 성매매와 연결되어 일종의 착취가 이루어지는 관련 행위를 근절하고, 이들 성매매 여성의 인권 및 생활보호에 치중하여 이루어지고 있다. 따라서 성매매 관련 입법정책은 사회적으로 만연된 성매매의 형태를 억제하고 그로부터 발생하는 문제들을 최소화한다는 데 그 의미가 있을 것이다. 그런 의미에서 성매매 관련법을 상대화시킬 필요가 있고, 그렇게 함으로써 성매매를 도덕적이거나 법적인 판단이 요구되는 개별 행위자들의 행위로 다루기보다는, 사회구조적인 지배, 착취, 폭력의 문제로 다루어야 할 것이다. 성매매에 대한 입법정책의 방향은 시대에 따라서 혹은 성매매 문제의 특성, 사회문화적 배경, 정부의 정책방향 등에 따라 대응방법이 상이하게 나타난다. 따라서 성문화의 성격에 맞게 합리적인 대응 방식을 정하는 것이 가장 올바른 것이라 할 수 있지만, 반드시 지켜야 할 기본적인 원칙은 미성년자와 성매매 여성을 보호하고 이를 통한 착취의 연결고리에 있는 중간업주에 대한 규제를 강화해야 할 것이며, 특히 성매매를 매개로 하는 강요, 폭력, 인신매매에 대해서는 엄격한 처벌을 통해서 반드시 근절시켜야 할 것이다(2008, 성매매 규제에 관한 연구).

마지막으로 아내에 대한 강간죄를 인정할 수 있는 지 여부에 대한 논의는 아내에 대한 강간이 인정되느냐 혹은 부정되느냐는 식의 존재론적 논쟁이 아니라, 형법의 해석을 둘러싼 방법론과 어떤 구체적인 상황에서 인정할 것인지를 판단하는 방법론을 지양해야 할 것이다. 부부관계에서 성은 고유한 권리이기는 하지만 한쪽 배우자에게 정신적, 신체적 상처를 줄 수 있는 어떤 상황에서도 행사될 수 있는 절대적 권리는 아니며, 상대방의 성적 자기결정권을 무시하면서까지 보장될 수 있는 권리는 더더욱 아니다. 따라서 배우자에 대한 강간은 사회적으로 용납될 수 없는 범죄라는 인식이 사회, 문화적으로 정착되어야 한다. 현행법의 해석론으로 아내강간을 인정하는 데 아무런 문제가 없으나, 필요한 경우 입법적으로 가정폭력특례법이나 성폭력특별법에 아내강간을 처벌하는 명문 규정을 마련할 수 있다. 이는 아내 강간의 재발을 막는 직접적인 효과를 가져 올 뿐 아니라 아내 강간에 대한 국민 일반의 잘못된 성의식을 바로잡고, 가정 내에서 양성평등을 이루어 궁극적으로 헌법정신에 부합되게 된다(2010, 아내강간에 대한 법이론적 논쟁).

인용된 저술목록

(1989) 『법존재론에 관한 연구』(석사학위논문).

(1995) *Grenzen des funktionalen Schuldbegriffs* (Diss.).

(1996) "형법에서의 낙태죄와 모성보호".

(1997) "기능주의적 형법해석에 관한 연구".

(1999) "상징형법의 의미와 기능".

(1999) "죄형법정주의에 관한 연구".

(2000) "현대과학기술발달의 조건하에서의 책임구조의 변화".

(2000) "독일 형법상 원상회복제도".

(2000) "범죄와 형벌에 관한 형법이론적 고찰".

(2000) "법의 상징기능에 관한 연구".

(2001) "현대 의학에 있어서의 생명의 시간과 인간의 존엄".

(2002) "형법에서의 음란물에 대한 비판적 고찰".

(2003) "현대위험사회와 형법적 귀속구조".

(2004) "뇌사와 장기이식에 관한 법철학적 연구".

(2005) "법을 통한 과거청산".

(2005) "법존재론과 법인식론에 관한 고찰".

(2005) "긴급권에 관한 법철학적 근거".

(2006) "형법에서의 책임원칙과 예방사상의 변증법적 지양에 관한 연구".

(2006) "법률해석의 한계".

(2006) "인터넷상의 음란물에 대한 형사책임에 관한 연구".

(2006) "법학방법론의 역사적 발전과 법학교육의 미래".

(2007) "한국장기이식법의 윤리적 정당성에 관한 연구".

(2007) "한국의 장기이식 현황과 과제".

(2007) "생명윤리법의 세계화에 관한 연구".

(2008) "안락사 허용 여부에 관한 법철학적 연구".

(2008) "예링의 법사상에 관한 연구".

(2008) "EU에서의 성매매와 한국의 성매매 규제에 관한 연구".

(2008) "독일법철학의 수용에 관한 연구".

(2009) "무의미한 생명연장치료 중단에 관한 법윤리적 고찰".

(2009) "낙태에 관한 법이론적 담론과 법정책적 판단에 관한 연구".

(2010) "독일과 한국에서의 낙태의 규범적 평가에 관한 비판적 고찰".

(2010) "아내강간에 대한 법이론적 논쟁과 판례분석에 관한 연구".

변종필

1963년 경남 합천에서 출생하였고, 고려대학교 법과대학과 동 대학원을 졸업하였으며, 1996년 『형사소송에서 진실개념』으로 법학박사학위를 취득하였다. 현재 동국대학교 법과대학 정교수이며, 한국형사법학회와 한국비교형사법학회 기획이사와 총무이사를 맡고 있다.

Ⅰ.

변종필에게 있어 법철학은 법이란 무엇인가라는 물음에 정초하여 정당한 법을 찾아가는 끊임없는 사유의 장이며, 더욱이 철학함(philosophieren)에 기초하여 법비판을 매개로 자기비판과 사회비판을 동시에 수행하는 반성적인 성찰의 공간이다. 그렇기에 그에게 법철학은 우선 법학의 근본문제와 근본전제들의 배후를 묻는 체계초월적이고 체계비판적인 성찰의 작업이며, 이런 점에서 법철학은 법학의 한 분과라기보다 철학의 한 분과로서의 의미를 더 강하게 지닌다. 그렇기에 법철학 역시 일반 철학이 지니고 있는 개방성, 전체성 및 비판을 핵심적인 특징으로 공유한다. 하지만 법철학이 실천학문인 법학 고유의 문제영역이나 현실적인 법관련 문제영역에서 철학적 문제제기를 수행하지 않는다면, 즉 사회관련성 내지 현실관련성을 상실한다면, 진정한 의미의 법철학이라 할 수 없을 것이다. 따라서 그는 법철학 역시 실천적인 법적 문제로부터 출발해야 함을 자명한 것으로 여긴다.

법철학에 입문한 초기에 그는 법의 존재론적 과제로서 인간과 사회에 앞서 주어져 있는 법, 즉 자연법의 존재를 신뢰하고 그 근거와 내용을 탐색하기 위해 노력을 경주한 바 있다(1987). 그러나 이후 그는 이상돈 교수와의 학문적 대화와 하버마스의 진리이론 등에 자극 받아 '인간에 의한 규정'을 중시하는 방향으로 사고를 수정한다. 즉 객관적인 법의 존재에 관한 실체적인 인식은 시대마다, 사회마다, 개인마다 달리 나타날 수 있을 뿐만 아니라, 무엇보다 세속적 법의 영역에서—전승된 가치에 기반을 둔 전통이나 관습을 중시하든, 현상태에서 일반의 법의식이나 법감정을 중점적으로 고려하든, 아니면 미래적 가치나 과제를 연계시키든 간에 —법을 규정하는 주체는 결국— 자유와 평등이라는 보편적 가치의 틀 위에서—지금 여기서(ad hoc) 각자의 실존을 영위하고 있는 인간일 수밖에 없다는 인식을 좇아, 법은 인간 스스로에 의해 규정될 수밖에 없다는 생각에 이른다. 하지만 그는 법의 정립을 의지의 작용으로 보면서 권위나 관습에 따라 일률적으로 법을 규정하려는 실증주의적 태도는 취하지 않는다. 오히려 그는 법의 도덕관련성을 인정하며 법의 정립을 이성, 특히 실천이성의 작용으로 파악한다. 이런 점에서 그는 전통적 의미의 자연법론자는 아니지만, 실증주의적 접근방식을 따르지 않는다는 점에서 약한 의미의 자연법론자, 즉 비실증주의자의 계보에 속한다.

그는 법을 기본적으로, 칸트적 관점에서, 모든 인간이 자유의 이념에 따라 각자의 자연적 본성을 제어하면서 서로 조화롭게 공존하기 위한 실존조건들을 보장해주는 사회적 장치로 이해한다. 여기에 덧붙여 그는 그러한 조건들을 형성하는 일, 즉 법의 정립을 —그 방식뿐만 아니라 내용까지도— 합리적인 의사소통절차 내지 그에 지향된 의사소통공동체에 맡길 것을 요구한다. 그러한 절차는 모든 사회구성원의 동등한 참여를 보장해 줄 뿐만 아니라 서로간에 자유로운 의사소통과 그에 기초한 합리적 근거제시를 통해 —합의를 지향한 채— 관련논제들에 대한 의사결정을 창조하는 규범적 절차로서의 성격을 띤다. 이런 점에서 그의 법철학적 인식관심은 한 마디로 자유적 절차주의(liberal proceduralism)로 규정할 수 있다. 이러한 착상은 전통적인 실체적 정의론이 아니라 절차적 정의론에 기대고 있는 것으로서, 특히 하버마스나 알렉시의 절차적 법이해에 힘입은 바 크다. 아래에서는 법철학에 관한 그의 절차주의적 사유의 전개를 크게 절차법(특히 형사소송법)의 영역, 법해석의 영역, 입법의 영역 및 법철학 일반의 영역으로 나누어 개관해 보기로 한다.

Ⅱ.

절차적 정의구상에 관한 그의 법철학적 관심을 법적 실천의 장에서 처음으로 또 본격적으로 구체화한 시도는 그의 박사학위 논문인 『형사소송에서 진실개념』에서 나타난다. 여기서 그는 종래 형사소송의 주된 목적으로 파악되어 온 —진리대응이론에 기초하고 있는— '실체적 진실발견'의 이념에 대해 인식론과 진리합의이론 및 논증대화이론의 관점에서 비판하고 형사소송의 이념적 지향점을 '절차적 진실개념'에 정초시킨다. 형사소송에서의 진실은 단순히 '발견'되거나 '확인'되는 성질의 것이 아니라 합리적인 절차를 통해 '재구성'되는 것이며(1999, 188, 202), 사실의 확정이나 그 기초가 되는 사태의 의미 역시 논증대화를 통해서만 해명될 수 있다고 보기 때문이다(1999, 156). 동시에 그는 이러한 인식에 기초하여 종래의 형사소송구조를 의사소통적 소송모델로 재구성한다. 즉 형사소송에서 범죄와 형벌은 처음부터 확정되어 있는 것이 아니라 참여자들의 대화를 통한 상호 소통적인 절차 안에서 비로소 확정되는 것이며, 그렇기에 형사소송은 법원 · 검사 · 피고인 등의 소송주체를 비롯하여 모든 소송참여자들의 ―가급적 자유로운― 대화적 구조 안에서 진행되어야 한다고 본다(1999, 223 이하). 이는, 인간의 존엄성과 자율성이 갖는 실천적 의미가 ―여러 제약요소들이 작용함에도 불구하고― 형사소송에서도 최대한 보장되어야 함을 의미한다. 아울러 이러한 구상은 형사소송 내에서 진실규명을 위해 필요로 하는 자료들이 최대한 제출되어야 함과 동시에 불가피한 논의들이 최대한 활성화되고 그에 따라 법관 역시 최대한의 증거판단을 수행해야 함을 뜻한다. 이러한 절차를 거쳐 초래된 결과는 ―불확실성의 여지를 안고 있음에도 불구하고― 법적 · 제도적 측면에서 진실로 간주되는데, 이는 결정의 진리성이나 정당성에 대한 판단이 언제나 잠정적인 것임을 뜻하지만, 또한 언제든지 반박될 수 있는 것임을 뜻하기도 한다(2008, 60).

이러한 구상에 대해서는, 의사소통적 소송모델은 역사적으로 존재하여 왔거나 현재 존재하는 소송구조를 분석하는 틀로서의 의미보다는 바람직한 소송구조의 모델을 상정하고 이 모델과 현실의 소송구조를 비교하여 현실의 소송구조를 개혁하려는 틀로서의 의미가 강하다는 평가와 함께, 의사소통적 소송모델은 공판과정에서의 의사소통이라는 기술적 문제에 중점을 두고 있어 결국 공판절차와 공판전절차에 이르는 체계의 문제나 그 체계 속에서 법원·검찰·경찰 등 각 권력에 대한 통제와 균형의 문제를 소송구조론에서 제외시킴으로써 구조론으로서는 부적절하다는 지적이 있다. 하지만 그는 이러한 평가가 적절치 않은 것임을 다음과 같이 비판한다. 첫째로 의사소통적 소송모델은 현실의 형사소송구조와 비판적으로 조우하는 규제적 모델로서 작용하는 한편, 법치국가적 형사소송이라는 틀 안에서 보면 그 핵심에 있어 현행 형사소송법규들을 아우르는 해석의 기본모델로도 작용한다는 것이다. 둘째로, 형사소송에서 의사소통의 문제를 단순히 기술적 문제로만 바라보는 것은 정의문제에서 절차적 지평이 갖는 위상이나 중요성을 제대로 인식하지 못한 소치이며, 동시에 그러한 태도는 소송구조론에 관한 종래의 논의를 당연한 것으로 전제한 상태에서 행해진 것이어서 부적절하다는 것이다(2006, 549-550).

Ⅲ.

나아가 그는, 실천이성에 기반을 둔 합리적인 절차가 법적 (결정의) 정당성을 규정한다는 이러한 사고를 —알렉시에 힘입어 (2007b)— 실천적 형법해석의 영역에 끌어들여 기존의 형법도그마틱과 판례의 해석론 및 논증에 대해 비판적 작업을 수행한다. 법학의 합리적 성격은 결론의 확실성의 창조가 아니라 합리적인 절차적 규칙들이나 기준들의 충족을 통해 형성된다는 명제는 법해석의 영역에서도 그대로 적용된다고 보기 때문이다. 이러한 비판적 작업을 전개함에 있어 나타나는 특징적 내용으로는 다음 몇 가지를 꼽을 수 있다.

첫째, 법규정의 적용은 더 이상 삼단논법에 따른 논리적 포섭과정이 아니라는 점이다. 형법의 적용에 있어 실무는 현재까지도 법률적 삼단논법에 주로 기대고 있으나, 대전제인 법규범과 소전제인 사실로부터 논리적으로 귀결되지 않는 법적 판단이 존재한다. 가령 '해결하기 어려운 사례들(hard cases)'이 그 전형적인 예이다. 그는 이 경우에 합리적인 법적 논증에 의존할 수밖에 없다고 본다.

둘째, 유추금지가 적용되는 형법해석에서 종래 유추와 해석의 한계기준으로 활용되고 있는 '문언의 가능한 의미'라는 기준은 형법해석의 타당성을 가늠하는 한계로서의 역할을 전혀 수행하지 못한다는 점이다. 이는 학계나 판례가 그 기준을 —어떤 해석이든 간에— 특정한 해석 자체의 타당성을 옹호하기 위한 형식적인 방어기제로 사용하고 있는 데서도 잘 드러나고 있다(2012, 141 이하). 따라서 그는 형법해석의 종국적 타당성 역시 합리적인 논증에서 구할 수밖에 없다고 본다. 즉 일정한 해석의 타당성 여부는 해석자가 제반 해석카논이나 논거형식에 기초하여 자신의 해석을 얼마나 합리적으로 근거짓느냐에 달려 있다. 또한 그러한 근거지음이 충분한 것인지 여부는 비판에 열려 있는 문제라고 본다(2012, 236). 물론 그는 이 경우 —드워킨의 법원리론에 기초하여— 때로는 법규칙 대신 법원리를 원용한 법적 논증도 가능하다고 보지만(2012, 357 이하), 다만 형법해석에서 원리를 해석근거로 활용하는 것은 여타의 다른, 좀 더 구체적인 논거나 해석기준이 없을 경우에나 가능하다고 본다(원리활용의 보충성, 2012, 239-240).

셋째, 학계나 실무가 형법해석의 핵심기준으로 삼고 있는 해석카논들을 활용하는 경우에도 논증은 현재보다 더 한층 강화되어야 한다는 점이다. 그는 특히 판례가 일정한 규범적 전제나 경험적 전제를 논증을 통해 충족시키지 않은 채 활용하고 있어 문제가 많다고 지적한다(2012, 특히 255 이하). 가령 학계나 판례가 객관적·목적론적 해석카논을 원용하여 해석을 정당화하는 경우에 있어, 그는 목적요소들 하에 논증을 위해 도입된 내용은 아예 없거나 대단히 불명료하고, 논거로 원용된 법정책적 또는 형사정책적 요소가 뜻하는 바가 무엇인지 파악할 수 없어 논증 자체가 불완전하며, 나아가 목적요소의 일면성 —가령 적정한 처벌이나 예방적 필요성의 측면에만 국한시키는 태도— 으로 인해 해석 자체가 자의성을 띠고 있다고 비판한다(2012, 216).

Ⅳ.

그에게 있어, 합리적인 절차가 법해석을 비롯한 법적 결정의 정당성을 보증해준다는 사고는 입법의 과정에도 그래도 적용된다. 먼저 그는 정당한 법이란 모든 구성원이 법정립절차에도 동등한 주체로 참여하여 의사를 개진할 수 있는 실천적 가능성이 보장되고 있을 경우에만 가능하다고 상정한다(2007a, 360). 이는 법정립의 정당성 역시 개별인간 모두를 책임 있는 인격으로 존중하거나 승인하는 것을 전제로 함을 뜻하는 동시에, —한스 벨첼이 지적한—전통적인 자연법론에 남아 있는 핵심내용을 절차적 정의의 이념에 연계시킨 것이기도 하다. 나아가 그는 절차적 합리성이 이성법의 붕괴 이후 실정법에 대해 우연성의 측면을 배제하고 처분불가능성의 요소를 보장해 줄 수 있는 유일한 차원이라고 본 하버마스의 인식을 좇아, 합리적인 도덕적 논증대화를 가능하게 하는 법절차와 그에 기초한 실천적인 논증의 수행이 정립된 법의 정당성을 보장해주는 토대라고 본다(2007a, 363).

물론 현실의 입법절차는 많은 경우 이상적 의미로 이해된 실천적 논증대화의 과정으로 나타나지 않음이 사실이다. 가령 입법적 결정들은 합리적인 합의나 동의 대신 특수한 이익들 간의 타협에 기초하여 이루어지거나(전략적 절차), 정치적 목적으로 지향된 채 목적-수단 도식에 기초하여 이루어진다(도구적 절차). 이러한 현실에도 불구하고 그는 —입법절차를 제약하는 현실적 요소들, 특히 대립하는 이익갈등상황이 입법절차를 합리적인 논증대화로 파악하는 데 장애물로 작용함에도 불구하고— 그러한 제약이 정당화 가능성을 필연적으로 제한한다고 보지는 않으며, 적어도 간접적인 정당화의 가능성은 찾을 수 있다고 본다(2007a, 368). 이러한 인식에 근거하여 그는 2007년 7월 국회를 통과한 이른바 로스쿨법에 대해 도덕적 정당성을 상실한 입법이라고 비판한 바 있다. 즉 그 입법은 편법적 처리방법에 의한 것으로서, 정당 간의 타협이 합리적인 절차 밖에서 이루어진 것인데도 단지 '합법적 절차' 안에서 관철시키는 모양새만 갖춘 것이어서 합리적인 논증대화절차에 따른 것이라 볼 수 없다는 이유에서다(2007a, 371).

V.

끝으로, 그는 법철학 일반의 영역에서도 실체적 정의구상을 절차적 정의의 측면에서 이해하려는 시도들을 보여준다. 기본적으로 그는 모든 문제영역에서 단순한 주장과 합리적 논증을 구분하는 태도를 견지한다. 전자가 일정한 쟁점과 관련하여 참여자가 자신의 인식과 그에 기초한 주장의 진리성이나 정당성을 내세우며 이를 관철시키려는 언어행위라면, 후자는 경험적・규범적 측면의 근거들을 제시하면서 자신의 인식과 주장의 진리성이나 정당성을 내세움은 물론, 개방성을 견지한 채 반론에 대해서도 또 다른 합리적인 논거들을 통해 진지하게 대응하려는 언어행위를 말한다. 즉 전자가 진리성이나 정당성 확신 내지 선언이라면, 후자는 의사소통공동체에서의 종국적 합의를 전제로 한 진리성요청 내지 정당성요청이라고 여긴다. 동시에 그는 소통방식의 측면에서 전자는 전통적인 주체-객체의 인식모델에, 그리고 후자는 주체-주체라는 상호주관적 인식모델에 기초하고 있는 것으로 본다(2012, 266-267).

또한 그는 법학이라는 학문분과의 여러 갈래 중에서 법철학, 법도그마틱, 법사회학을 핵심분과로 이해하며, 이들 영역으로부터 규범적으로 중요한 의미를 띠는 정당성, 실정성, 실효성의 요소를 추출하고 이들 요소를 법개념과 법효력의 문제를 이해하는 데 연계시킴으로써 법학의 주된 문제를 전방위적 측면에서 해결하고자 한다. 가령 법의 효력을 단순히 철학이나 도그마틱 또는 사회학의 측면에서 일면적으로만 규정하려고 시도했던 철학적 효력설, 법률적 효력설, 사회학적 효력설을 지양하고 이들 모두를 아우르는 효력개념을 구성하고자 한다(1997, 2 이하). 이러한 구상은 한스 켈젠의 근본규범이론과, 켈젠의 실증주의적 근본규범을 비실증주의적 시각에서 재구성하려 시도한 알렉시의 성과에 기댄 것이다(2000b, 2007b). 물론 이러한 시도는 안정화된 실정법체계를 전제로 하여 이를 비실증주의적 관점에서 정당화해 보려는 노력의 일환이다. 하지만 변종필은, 법의 역사적 발전에 비추어 볼 때, 실정법체계가 실정법 자체만으로 또는 실정법 내적으로만 정당화될 수는 없다고 보며, 실정법체계를 실정법 내재적으로 정당화하려 했던 켈젠의 시도에도 비실증적 근거제시의 필요성은 ―시대의식 속에서 전면에 등장하지 못한 채― '잠복된' 채 남아 있었다고 본다(1996, 145, 160).

그 밖에도 그는 법철학적인 주요논제인 시민불복종, 법감정 및 황금률 등에 대해서도 절차이론적인 관점에서 재해석을 꾀하고 있다. 시민불복종은 —민주적 법치국가가 어느 정도 안정된 질서로 자리잡고 있는 상태하에서 다수결원리가 갖는 비중을 고려할 때— '더 나은 법'을 모든 구성원 또는 적어도 다수에게 인식시킬 수 있을 경우에만, 다시 말해 '더 좋은 법'에 관한 공적 토론의 장에서 정당한 것으로 승인될 수 있는 절차적 원리에 따라 다수에게 인식될 경우에만 정당화될 수 있다고 본다. 즉 그러한 법의 존재가 주장자 자신에게만 확실하고 다른 사람들에게는 확실하지 않다면 불복종을 정당화하는 길은 차단된다고 본다(2001, 205-206). 또한 법감정의 경우, 개인적・집단적 측면에서 법발견의 중요한 요소로 작용하고 있지만, 현실적으로 여론 등에 의해 부정적 영향을 강하게 받음은 물론, 법감정의 올바른 형성을 위한 절차적 문제는 여전히 남는다고 본다. 따라서 그는 고도의 문화적 관념인 법감정을 상호주관적인 방법으로 확인하기 위해서는 자유로운 의사소통절차를 전제하는 것이 불가피하다고 본다(2000a, 249, 261-262). 나아가, 그는 인간행위의 상호성을 규율하는 황금률에 대해서도 절차이론적 재해석을 통해 그 규범력을 복원시킬 필요가 있다고 본다. 그는 소극적 황금률만이 —그 규범적 내용의 불확실성이 여전히 남아 있음에도 불구하고— 보편화 가능하다고 본다. 즉 그것만이 입법을 포함한 법적 행위의 지침으로 작용할 수 있다고 본다. 황금률이 유용한 행위준칙으로 활용될 수 있기 위해서는 일정한 실정법질서를 전제로 하거나 이익조정을 위한 규범적 척도를 전제할 수밖에 없는데, 그와 같이 전제된 규범적 척도를 어떻게 합리적으로 짤 것인가의 문제는 여전히 규범정립절차의 합리성 문제로 귀착될 수밖에 없다고 본다(2009, 29-30).

인용된 저술 목록

(1987) 『사랑과 정의의 관계』(석사학위논문).

(1996) "법단계론의 구조와 정당화근거," 『지안김지수교수 정년기념논문집』, 법률출판사.

(1997) "법의 효력과 근본규범," 「안암법학」 제5호, 안암법학회.

(1999) 『형사소송의 진실개념』, 세종출판사.

(2000) "법감정의 일반화를 위한 제언," 「법철학연구」 제3권 제1호.

(2001) "시민불복종과 국회의원 후보 낙천・낙선운동의 정당화 문제," 『법치국가와 시민불복종』(한국법철학회 편), 법문사.

(2006) "대화적 소송구조관의 이해," 『한국형법학의 새로운 지평』(심온김일수교수 화갑기념논문집), 박영사.

(2007) "로스쿨법의 도덕적 정당성에 대한 의문," 「법철학연구」 제10권 제2호.

(2008) "알렉시의 법적 논증이론," 『한국형사법학의 오늘』(이영란교수 화갑기념논문집).

(2009) "황금률의 규범력과 현대적 의의," 「비교법연구」 제9권 제2호, 동국대학교 비교법문화연구원.

(2012) 『형법해석과 논증』, 세창출판사.

오세혁

1964년 부산에서 출생하여 서울대학교 법과대학 및 동 대학원을 졸업하였으며, 1990년 사법연수원 수료 후 변호사 자격을 취득하였다. 2000년 심헌섭 교수의 지도로 법학박사학위를 취득하고 홍익대 법학과를 거쳐 현재 중앙대 법학전문대학원 교수로 재직 중이다.

Ⅰ.

오세혁은 법학자들이 이해하기 쉬운 법철학, 법실무가들이 쉽게 활용할 수 있는 법철학, 나아가 일반 시민들이 납득할 수 있는 법철학을 추구한다. 한 마디로 그의 법철학은 이른바 수요자 친화적인 법철학이다. 이는 현대 법철학이 처한 위기상황에 대한 그의 인식에서 비롯된 것이다(2008a: 227). 사실 한국의 법철학자들도 사회적 현안들에 관심을 기울이고 있으며, 실정법의 주요 쟁점들에 대하여 다양한 견해를 제시하고 있다. 그럼에도 불구하고 법철학의 위상은 나날이 하락하고 있으며, 법학전문대학원의 도입과 더불어 추락하고 있다고 해도 과언이 아니다. 그 주요 원인 중 하나는 법철학의 의미와 역할에 대한 이해부족에서 비롯된 듯하다.

법철학은 기초법학의 한 분과이다. 기초법학은 실정법학의 방법론적 기초를 제공하여야 할 임무를 띠고 있다. 실정법학 없는 기초법학은 공허하고, 기초법학 없는 실정법학은 맹목적이다. 그러나 법학의 현실은 그렇지 않다. 대부분의 법실무가는 물론, 대부분의 실정법학자들도 법철학의 필요성을 느끼지 못하고 있으며 법철학에 대한 최소한의 관심도 기울이지 않고 있다. 왜냐하면 법철학에 대한 이해와 관심이 없이도 실정법을 적용하고 해석하는 데 별다른 지장이 없기 때문이다. 법철학자들은 실정법학자들의 무지와 무관심을 탓하기에 앞서 스스로 되돌아볼 필요가 있다. 기초법학으로서의 법철학은 실정법학의 방법론적 기초를 제공하는 데에 미흡하고, 실정법의 주요 쟁점들을 해결하기 위한 논거를 제공하는 데에 인색하다. 실정법과 실정법학으로부터 유리된 기초법학은 존재이유(raison d'étre)를 상실한다. 이 점, 법철학도 예외가 아니다. 법학을 연구대상으로 삼는 법철학은 과거에도 그랬지만, 앞으로도 법학의 일부로 남을 수밖에 없다. 적지 않은 법철학자들이 법철학의 연구방법에만 주목하여 법철학이 철학의 일부라고 외쳤지만, 여전히 법철학은 철학의 주류에 편입되지 못하고 있다. 한 마디로 오늘날에도 법철학은 법학의 의붓아비이고, 철학의 의붓자식일 뿐이다.

오세혁은 이러한 법철학의 위기를 극복할 수 있는 해법을 수요자 중심의 법철학에서 찾으려 한다(2008a: 256). 그는 수요자 친화적인 법철학을 지향함으로써 한국에서도 법철학의 르네상스, 아니 최초의 황금기를 구가할 수 있기를 희망한다.

Ⅱ.

오세혁이 추구하는 수요자 친화적인 법철학은 무엇보다도 법학방법론(legal method)에 대한 관심으로 나타난다(2008a: 256). 법학방법론에 대한 그의 관심은 법학방법론의 전 영역에 걸쳐 있지만, 일차적으로는 법의 구조와 체계에 대한 분석이 그 중심에 놓여 있다. 그는 법규범과 그 언어적 표현으로서의 법규정을 분석하는 데 있어서 법이 체계로서 존재한다는 점에 주목한다. 이에 그는 자신의 박사학위논문에서 법체계론의 관점에서 법(규범)의 충돌에 대해 연구하였다(2000). 그에 따르면, 법학방법론의 관점에서 볼 때 법의 충돌은 법의 흠결과 함께 법체계론의 양대 축을 이루지만, 그에 걸맞는 관심과 탐구대상이 되지 못했다. 법의 충돌의 본질에 대한 탐구, 그리고 충돌의 해소방안에 대한 연구는 법체계론뿐 아니라 법학방법론 전반에 걸쳐 많은 시사점을 제공한다.

법의 구조와 체계에 대한 오세혁의 연구는 법원론(法源論)으로 확장된다. 그는 실무가답게 일찍부터 판례의 실천적 의미에 주목하여 판결서의 구조와 양식을 탐구하면서도(2009b) 판례의 한계를 직시하고 판례평석의 필요성과 그 방법론에 관심을 기울였다(2006a). 그리고 오늘날 제정법 만능주의에 밀려 그 위상이 평가절하되고 있는 관습법의 현대적 의미를 재평가하였다(2006). 그에 따르면, 제 아무리 제정법이 생활세계의 모든 영역을 빈틈없이 규율한다고 할지라도 틈이 있고, 생활세계의 변화는 그 틈을 더 벌려놓는다. 관습법은 그 틈 속에서 자라나 그 틈을 메운다. 법의 세계에서 관습법을 축출할 수 있다고 믿는 것은 어리석은 기대에 불과하다. 오히려 관습법은 규범과 현실의 괴리를 잘 메워준다. 관습법의 본질을 무시한 채 국가가 제정법 만능의 사고에서 관습법을 평가절하하는 것은 옳지 않다. 그렇다면, 그 어느 때보다 대의민주주의와 직접민주주의 사이의 긴장과 갈등이 심화되고 있는 바로 지금, 대의민주주의에 바탕한 제정법의 한계를 극복할 수 있는 대안으로서 직접민주주의에 바탕한 관습법의 현대적 의미는 재음미되어야 한다(2006: 174-175).

이러한 이론적인 기초에 터잡아 오세혁은 법학방법론의 핵심영역인 법의 해석과 적용에 있어서 대법원의 법령해석방법론에 대한 전반적인 분석과 종합적인 평가를 시도하였다(2003). 그에 따르면, 한국의 법원은 표면적으로는 문리해석을 출발점으로 삼는다고 하면서도 실제로는 입법취지를 내세워 상당한 법창조적 기능을 수행하고 있다. 특히 결과주의적 관점을 끌어들여 특정한 해석이 당해 사건에 있어서 부정의한 결과에 이르게 되거나, 대단히 불합리한 결과에 이르게 된다고 판단될 경우에는 과감하게 문언을 벗어나는 반문언적(contra legem) 해석도 마다하지 않는다. 이 점에서 대법원의 법령해석은 기본적으로 입법자의 의도를 충실히 따르는 주관적 해석이 아니라 입법목적을 중시하는 객관적 해석의 관점에서 있다. 이에 대하여 오세혁은 이러한 기본방향이 사법의 본질이나 권력분립원리에 비추어 바람직하지 못하다고 비판한다. 그는 근대적 법치국가의 이념이 완전히 뿌리내리지 못한 한국에서는 문언에 충실한 해석, 입법자의 의도를 존중하는 해석을 아무리 강조해도 지나치지 않는다고 결론을 맺는다(2003: 147).

한편 오세혁의 법학방법론은 실정법학과의 연관 속에서 그 방법론적 기초를 제공한다는 점에서 또 다른 특징을 찾을 수 있다. 가령 헌법에서는 국가와 규범, 가치, 힘의 상관관계 속에서 그 방법론을 재검토하였으며(2000a), 민사소송법에서는 소송목적과 관련하여 소송법의 철학적 기초를 탐구하고 실체법과 절차법의 상호 의존성을 지적하였으며(2005/2009d), 형법에서는 형벌의 철학적 기초를 다루었다(2012a).

법학방법론에 대한 오세혁의 연구와 관련해서는 법과 논리(law and logic)에 대한 연구를 빼놓을 수 없다. 그는 우리나라 최초의 법논리학자라고 해도 과언이 아닌 심헌섭으로부터 자극받아 1980년대 말부터 일찌감치 법과 논리에 대한 연구의 필요성을 인식하였다. 다만 그는 당시 법논리학의 새로운 흐름으로 각광받고 있던 폰 브리흐트(G.H. von Wright)의 의무논리학(deontic logic)이나 바인베르거(O. Weinberger)의 규범논리학(Normenlogik)에 경도되지 않고 고전논리에 기초한 전통적인 법논리학도 비중 있게 다루었다(1996: 238-246). 그리고 법논리학적 연구방법을 법의 분석에 다각도로 활용하였다. 가령 자신의 박사학위논문에서 시도하였던 법의 충돌에 대한 논리적 분석을 그 예로 들 수 있을 것이다(2000: 62-106).

그 밖에, 오세혁은 한국법철학회 창립 50주년을 맞이하여 한국의 법학방법론이 그 동안 어떻게 전개되어왔는지를 일목요연하게 정리함으로써 학문후속세대들이 법학방법론을 쉽게 이해할 수 있도록 기초자료를 제공하였다(2008a).

Ⅲ.

오세혁은 법학방법론에 대한 관심에도 불구하고 전통적인 법철학의 핵심 주제에 대한 성찰을 소홀히 하지 않는다. 그는 법이 실제로 기능하는 과정에서 현실적 한계에 부딪치며, 도덕과 같은 규범적 한계에 의하여 제한될 뿐 아니라 자기제한의 규칙을 통해 구성된다는 점에서 구성적 한계를 가진다는 점을 인정한다(2012b). 그리고 법이 인간 의지의 산물이라는 점도 의심하지 않는다. 이 점에서 오세혁의 법철학적 좌표는, 법실증주의와 자연법론의 도식에서 보면 법실증주의에 접근해 있다. 이는 한편으로는 심헌섭의 '분석과 비판의 법철학', 그리고 켈젠의 '순수법학'으로부터 영향을 받은 것이다.

그는 법철학의 종국적인 목표가 실정법에 대한 비판적 성찰에 있다는 점을 인정하지만, 그 출발점은 실정법에 대한 엄정한 분석이 되어야 한다는 점을 강조한다. 그리고 실정법에 대한 엄정한 분석의 모델을 켈젠(H. Kelsen)의 순수법학(Reine Rechtslehre)에서 찾는다. 그렇다고 켈젠의 법철학을 맹목적으로 답습하지만은 않는다. 무엇보다도 법에 있어서 정의(正義)가 무용하다는 켈젠의 입장에 동의하지 않는다. 오세혁은 정의가 실정법의 지도원리로서 기능한다고 본다. 그렇다고, 정의가 법이념의 유일한 가치라거나 최고의 가치라고 생각하지는 않는다. 정의는 법적 안정성과 함께 법의 제정, 해석 및 적용을 지도하는 양대 이념 중 하나로서 때때로 법적 안정성에 양보해야 한다. 나아가 법이 도덕으로부터 완전히 분리될 수 있는지에 대해서도 의구심을 갖고 있다. 다만 도덕과 법의 상관관계를 인정하면서도, 모든 법이 도덕을 반영해야 한다고 생각하지는 않으며, 도덕과 법의 충돌 상황에서 어느 일방이 언제나 우위에 있다고 보지도 않는다. 물론 반도덕적 법률은 법이 아니라거나 효력이 없다고 보지 않고, 또 그에 대한 복종의무가 면제된다고 보지도 않는다. 다만, 반도덕적 법률이 올바른 법은 아니므로 개정을 통하여 바로잡아야 한다고 본다. 이 점에서 오세혁의 법철학적 입장은 법실증주의에 테두리를 벗어나지 않지만, 포용적 법실증주의와 배제적 법실증주의의 경계선상에서 그 경계를 넘나들고 있다.

오세혁이 강조하는 분석지향적인 법철학은 법의 기본적인 개념과 원리에 대한 탐구를 중시한다는 점에서 지난날 '법철학의 안락사(G. Radbruch)'라고 호되게 비판받았던 일반법학(Allgemeine Rechtslehre)과 일맥상통한다. 하지만 오늘날 한국의 법철학계에서도 법의 기본개념에 대한 관심과 논의는 널리 확산되고 있다. 특히 인권과 연계된 권리중심적인 법철학의 영향으로 권리에 대한 분석은 넘쳐나고 있다. 하지만 권리 못지않게 중요한 의미를 지니는 의무, 책임, 불법 내지 위법성, 고의나 과실과 같은 기본개념, 또 사적 자치, 신의칙, 사회상규와 같은 기본원리에 대한 연구는 여전히 부족하다. 이에 대한 연구가 순수 법철학에 포함될지, 응용법철학에 포함될지는 모르겠으나, 법철학자의 임무임은 분명하다. 물론 법철학이 아무런 비판적 사고 없이 일반법학에 그치면 안 될 터이지만, 분석을 거치지 않은 비판은 무의미하다. 비판 없는 법철학이 맹목적이라면, 분석 없는 법철학은 공허하다. 분석과 비판의 이중주(二重奏)가 필요하다. 이 점에서 오세혁은 그의 스승인 심헌섭을 충실하게 계승하고 있다.

Ⅳ.

오세혁은 실천철학의 영역에서는 자유주의와 공동체주의의 틀 속에서 자유주의(liberalism)에 접근해 있다. 같은 맥락에서 법 및 사회철학의 기본구조 속에서 법적 도덕주의보다 자유주의에 근접해 있다. 하지만 그는 자유주의의 관점에서 인간과 사회의 모든 영역을 규율하는 것이 바람직하다고 여기지는 않는다. 그에 따르면, 자유주의의 일관된 관철은 각 구성원들의 행복 추구와 계층 간의 갈등에 무관심할 수밖에 없기 때문에 종국적으로 공동체의 해체로 이어질 가능성도 완전히 배제할 수 없다. 다수의 정치철학자들이 이를 공동체주의나 공화주의로 보완하려는 것처럼, 다수의 법철학자들은 법적 도덕주의에 기대어 이를 보완하려 한다. 하지만, 오세혁은 법적 도덕주의에 대해서는 단호히 반대한다. 그 대신에, 그는 자유주의의 한계를 법적 후견주의(legal paternalism)를 통해 보완하려 한다(2009: 175-180). 다만, 후견주의의 이중적 양면성에 주목하여 하트(H. L. A. Hart)의 경성 후견주의와 파인버그(J. Feinberg)의 연성 후견주의의 양립가능성을 모색한다(2009a: 3[illegible]). 이 점에서도 그는 철학적 일관성보다도 현실적응력 있는 법철학을 중시한다.

근래 오세혁의 실천철학적 관심은 현대 응용법철학의 주요 분야인 '생명윤리와 법(bioethics and law)'으로 옮겨가고 있다. 그는 인간의 존엄과 가치가 인간의 자유와 자율성에 뿌리박고 있[illegible] 여긴다. 자유가 박탈된 인간, 자율성이 심각하게 훼손된 인간은 인간으로서의 존엄과 가치를 가지지 못한다. 이 점에서 인간의 자율성은 생명권에 우선한다. 같은 맥락에서 삶의 질(quality)이 삶의 양보다 우선한다. 이 점에서 생명윤리와 법에 대한 오세혁의 입장은 싱어(P. Singer)와 유사하다. 하지만, 인간과 일부 영장류가 다를 바 없다는 극단적인 입장에 대해서는 선뜻 동조하지 않는다.

오세혁의 자율성 중심의 관점은 연명치료 중단, 의사조력자살, 자발적 안락사의 합법화나 사전의료지시서(advance directive)의 제도화에 대한 전향적인 입장의 이론적 배경이 된다(2009c/2010c). 특히 그는 인간의 자율성에 기초하여 사전의료지시서의 도입을 적극적으로 지지한다. 다만, 사전의료지시서의 이론적 한계를 충분히 인식하고, 또 섣부른 도입이 가져올 수 있는 현실적인 부작용을 최소화할 필요가 있다는 점을 강조한다(2010c: 267-269).

나아가 오세혁은 의사조력자살, 나아가 자발적 안락사에 대한 논의의 필요성을 주장한다. 물론 이에 대한 사회의 부정적인 여론을 잘 알고 있기에 그는 사회의 부정적 여론을 희석시키는 데에 주력한다. 그 일환으로 그는 부정적 여론의 배후에 궁극적으로는 자살에 대한 터부가 자리잡고 있다는 점에 주목하여 2000년대 후반부터 생명윤리학의 관점에서 자살을 집중적으로 연구하고 있다. 우선 그는 자살에 대한 개념분석적 고찰을 통하여 자살과 안락사의 양자가 상당 부분 중첩되므로 양자를 엄격하게 분리하기 어렵다는 점을 지적하고, 또 자살에 대한 개념정의와 자살의 도덕적 평가는 별개라는 점을 명백히 한다(2010a: 213-215). 그리고 자살이 현실에서 참으로 다양한 모습으로 등장한다는 점에 주목한다. 자살은 심사숙고 끝에 내린 합리적인 결정의 결과일 수도 있고 충동적인 자살시도에 따른 의외의 결과일 수도 있다. 그렇다면 자살 그 자체는 도덕적인 것도, 비도덕적인 것도 아니다. 또 자살은 언제나 합리적인 선택도 아니고, 언제나 비합리적인 선택도 아니다. 누군가가 자신이 처한 상황에서 심사숙고 끝에 자살을 선택하는 것이 합리적이라고 판단하여 자발적으로 이를 결행하였다면 그 자살은 합리적일 수 있다. 같은 맥락에서 자살이 그 자체로 도덕적이라고 부를 수는 없을지언정, 그렇다고 절대적으로 부도덕하다고 단정지을 수도 없다. 한 마디로 자살은 경우에 따라서 합리성과 정당성을 가질 수 있다(2010b: 380). 이 점에서 의사조력자살이나 자발적 안락사도 정당화될 수 있고 합리적일 수 있다.

V.

오세혁의 법철학적 작업은 법철학에 대한 역사적 고찰과 분리되어 생각할 수 없다. 그에 따르면, 법철학적 작업은 법철학의 근본문제에 대한 횡적인 탐구와 함께 법철학의 흐름에 대한 종적인 탐구에 의하여 완성된다. 주지하다시피 법철학은 법과 법학의 근본문제를 철학적으로 탐구하는 학문이다. 이 점에서 법철학은 법학이면서 동시에 철학이다. 그런데 흔히 철학은 문제에 대한 해답을 제공하는 것보다 문제의 제기 그 자체에 의미를 둔다고 한다. 그렇다면 철학에서는 그 문제가 제기된 역사적 배경을 문제삼지 않을 수 없다. 철학적 문제를 이해하고 해결하기 위해서 철학사가 필요한 것이다. 철학사가 철학의 역사이듯이 법철학사는 법철학의 역사이다. 즉, 법철학사는 법과 법학의 근본문제에 대한 철학적 탐구의 역사이다. 따라서 법철학사는 법학과 철학의 일부이면서 동시에 역사학의 일부이기도 하다. 법철학사가 역사학의 일부라는 점에 동의한다면, 법철학사가 역사학적 방법을 통하여 탐구되어야 한다는 주장에도 동의하여야 한다. 나아가 역사학의 일차적인 목표가 과거 역사의 충실한 기술에 있다고 한다면 법철학사도 과거의 법철학을 객관적으로 기술하는 것을 그 목표로 삼아야 한다(2004: iii).

이러한 목표의식을 가지고 오세혁은 법철학계에 입문한 신진학자로서 과감하게 법철학에 대한 통사적인 정리에 도전하였다. 객관적이고 균형잡힌 시각에서 법철학의 흐름을 역사적 관점에서 정리하고자 했던 법철학사는 최근 제2판의 출간을 통하여 대대적으로 수정 · 보완되었다(2012).

법철학의 흐름에 대한 각론적인 탐구에 있어서 오세혁은 켈젠을 대표로 하는 순수법학에 연구를 집중하고 있다. 켈젠의 법이론의 발전과정에 대한 개관(2005a)부터 켈젠 후기이론의 독자성(1990)이나 켈젠 법이론의 시기구분(2001)과 같은 켈젠연구가들의 전문적인 주제, 또 켈젠의 위헌법률이론(1998)과 같은 실정법적인 주제에 이르기까지 켈젠의 법이론에 대한 연구는 폭넓게 이루어지고 있다.

법철학의 역사에 대한 오세혁의 관심은 켈젠의 순수법학과 같은 법철학의 주요 흐름에만 머물지 않는다. 그는 법철학의 주류에서 벗어나 있지만 법철학의 흐름을 이해하기 위해서 꼭 필요한 법철학이나 법철학자에 대한 연구로 이어진다. 한 마디로 법철학에 대한 종적 연구에 있어서 오세혁의 또 다른 작업은 법철학적 흐름을 이어주고 메워주는 것이었다. 그 첫 번째가 소피스트들의 법철학에 대한 재발견이었다면(2002), 그 두 번째는 살라망카학파의 법철학에 대한 재조명이었다(2010). 그 사이에 이루어졌던 오스트리아 민사소송법학자 프란츠 클라인의 법사상에 대한 연구(2008)도 비록 순수한 의미에서의 법철학자에 대한 탐구는 아닐지라도 법철학의 비주류적 흐름에 대한 관심의 연장선상에 있는 것이었다.

인용된 저술목록

(1990) 『규범주의적 규범이론 연구』, 서울대 법학석사학위논문.

(1996) "법과 논리," 「한림법학 Forum」 제5권.

(1998) "한스 켈젠의 위헌법률이론," 「법철학연구」 제1권.

(2000) 『규범충돌 및 그 해소방안에 관한 연구』, 서울대 법학박사학위논문.

(2000a) "국가와 규범 · 가치 · 힘," 「공법연구」 제29권 1호.

(2001) "켈젠 법이론의 시기구분," 「법철학연구」 제4권 1호.

(2002) "소피스트들의 법철학," 「법철학연구」 제5권 2호.

(2003) "한국에서의 법령해석," 「법철학연구」 제6권 2호.

(2004) 『법철학사』, 세창출판사.

(2005) "법철학의 관점에서 본 민사소송법," 「법철학연구」 제8권 1호.

(2005a) "켈젠 법이론의 발전과정," 「중앙법학」 제7집 4호.

(2006) "관습법의 현대적 의미," 「법철학연구」 제9권 2호.

(2006a) "판례평석 방법론에 관한 시론적 고찰," 「비교사법」.

(2008) "프란츠 클라인의 법사상," 「중앙법학」 제10집 1호.

(2008a) "우리나라 법학방법론의 전개," 「법철학연구」 제11권 2호.

(2009) "법적 후견주의," 「법철학연구」 제12권 1호.

(2009a) "해악원리, 법적 도덕주의, 그리고 후견주의," 「중앙법학」 제11집 2호.

(2009b) "판결서의 구조와 양식에 관한 비교법적 고찰," 「비교사법」 제16집 3호.

(2009c) "생명윤리적 쟁점에 대한 법적 규율과 그 한계," 「중앙법학」 제11집 4호.

(2009d) “실체법과 절차법의 상호의존성,” 「법철학연구」 제12권 2호.

(2010) “살라망카 학파의 자연법론,” 「법철학연구」 제13권 2호.

(2010a) “자살의 의미,” 「법철학연구」 제13권 3호.

(2010b) “자살의 정당화 가능성,” 「중앙법학」 제12집 4호.

(2010c) “사전의료지시의 한계,” 「의료법학」 제11권 2호.

(2012) 『법철학사』(제2판), 세창출판사.

(2012a) “형벌의 철학적 기초,” 「중앙법학」 제14집 3호.

(2012b) “법의 한계에 대한 시론적 고찰,” 「중앙법학」 제14집 4호.

이상돈

이상돈은 1961년 서울에서 출생하였고, 고려대학교 법과대학 및 동 대학원을 졸업하였으며, 1991년 독일 Frankfurt 대학에서 Winfried Hassemer 교수의 지도로 법학박사학위(Dr.jur.)를 취득하였다. 현재 그는 고려대 법학전문대학원 정교수이며, 한국법철학회 회장을 맡고 있다.

Ⅰ.

이상돈의 법철학은 성찰적 모더니즘의 기획으로 요약할 수 있다. 지금까지 그의 연구활동은 크게 두 시기, 즉 법학에서 모더니즘을 구축하는 1990년대 초반부터 2000년대 중반까지와 모더니즘의 한계를 포스트모더니즘의 이론들을 통해 반성하고 성찰하는 2000년대 중반부터 현재까지로 구분할 수 있다. 그에게 법철학은 철학이 법을 성찰하는 분과(철학의 한 분야)가 아니라 법학이 법을 철학적으로 성찰하는 분과(법학의 한 분야)이다. 이는 법철학은 철학적 논의를 배후에 두고 법학의 근본문제를 성찰하는 데서 그치지 않고, 언제나 현실문제를 해결하는 정책적 과제를 앞에 두고 있음을 뜻한다. 다시 말해 법철학은 '철학적 배후(背後)'와 '정책적 전방(前方)' 사이에 있는 것이다. 아래서는 이상돈이 철학과 정책 사이에서 펼치는 그의 법철학적 작업을 시간 순이 아니라 주제중심으로 개관해 보기로 한다.

이상돈의 법철학적 작업은 기본적으로 그가 박사학위논문(1992)에서 전개한 법해석학과 대화이론을 바탕으로 이루어져 왔다. 그래서 그는 법적 정의는 하버마스의 대화이론에 기초하여 법적 대화 속에서 이루어지는 합의에 의해 그 타당성이 확보된다고 본다(2003, 64). 그에 의하면 법적 대화는 첫째, 형이상학적 옳음을 좇는 자연법론과 법제정자의 힘을 정의의 원천으로 삼는 법실증주의의 대립을 변증적으로 지양시키며(2010, 11), 둘째, 인권 중심의 자유주의와 복지 중심의 공동체주의 사이의 대립도 변증적으로 지양시키는(2010, 25) 기반이 된다. 이 기반 위에서 이상돈은 자유주의와 공동체주의의 대립을 변증하기 위해 브로델(Braudel)의 역사학적 모델에 상응하는 법의 거시사적 퇴적층(2010, 481)으로 자유주의적 법제, 사회국가적 법제, 절차주의적 법제라는 다층적 구조를 제시한다. 그는 오늘날 하나의 법적 문제는 그와 같은 다층적 법제에 의해 동시적으로 규율되어야 하며, 이를 그는 의료, 자본시장 등 다양한 법분야에서 예시적으로 설계한 바 있다. 법에 대한 이와 같은 변증적 이해에서 보면, 법은 실증성과 정당성이 제도화된 법적 대화의 과정 속에서 변증된 것이며, 합법성(legality)은 '제도적으로 한계 있는 정당성과 도덕적으로 한계 있는 실증성'(2007, 23)을 갖게 된다.

그러나 입법이나 소송에서 공론을 배후에 두고 펼쳐지는 현실의 법적 대화는 정의를 완전하게 보증할 수 없다. 현실의 법적 대화는 하버마스(Habermas)의 '이상적 대화상황'과 같을 수 없고, 언제나 인적, 물적, 시간적, 사항적으로 제약이 많은 대화이기 때문이다(1996, 313). 여기서 이런 법적 대화의 한계는 끊임없이 반성적으로 성찰되어야 한다. 이 반성적 성찰은 먼저 모더니즘의 전통을 계승하여 이성적으로 이루어질 수 있다. 민주적 법치국가에서 그런 반성적 성찰은 그가 '시민운동의 삼륜마차'라고 부른 시민불복종운동, 인권운동, 공익소송운동을 통해서 이루어질 수 있다. 그래서 그는 이 세 가지 시민운동을 "민주적 법치국가의 성찰적 기제"(2007, 24)라고 부른다.

이런 관점에 의하면 첫째, 시민불복종은 더 이상 '일탈행위'가 아니라 '정상적인 현상으로서 민주적 법치국가에 내재된 민주적 의사형성의 기능적 한계를 보완하는 행위'이며, '지속적인 민주적 의견형성과 수렴을 통해 제도화된 입법을 반성적으로 변화시켜 나아가는 의사소통적 행위'(2007, 139)가 된다.

둘째, 공익소송도 단순히 다중의 확산이익을 보호하지 못하는 법의 결함을 공익적 주체들(예: 공익변호사, 공익법운동단체)이 비판적 사회운동을 통해 '교정'해가는 소송이 아니라, 그런 법의 결함을 반성적으로 변화시키는 공론경쟁의 의사소통적 행위(2006a, 46)가 된다.

셋째, 법의 성찰에서 가장 중요한 거점은 인권운동이다. 이상돈은 천부자연권, 절대불가침, 양도불가능성으로 수식되는 인권 개념은 자유주의(재산), 이성주의(교양), 크리스트교(신앙)의 역사적 현실 속에서 생성된 근대적 인권의 특성이라고 본다(2005b, 17). 그러나 그런 인권 개념은 현대사회의 인권문제를 다루는 데 커다란 한계가 있다. 그래서 그는 현대사회에서 "인권은 그것을 말함 속에 있다"(2005b, 112)고 본다. 즉, 인권은 수사학적 호소력이 있는 개인의 인권주장에서 시작하여, 시민사회에서 관점교환을 촉진시키는 힘을 지닌 단계('생성중인 인권')를 거치고, 공론영역에서 우월한 설득력(공론경쟁력)을 발휘하는 '보편적 인권'의 단계를 지나서 마침내 의회의 다수를 확보하는 정치적 힘을 얻음으로써 실정법상의 권리가 되는 것이다(2010, 193). 이런 인권의 생성과정은 소통과 토론의 대화적 과정이며, 그 과정에서 인권의 내용이 비로소 구성된다는 것이다.

이 밖에도 이상돈은 인권의 세계화 현상에 주목한다. 인권이 비록 국내공론에 의해 보편적 권리로 승인되었어도, 세계화의 현실 속에서는 초국가적 차원을 갖게 된다. 그런데 그 인권과 다르거나 충돌하는 권리가 다른 국가의 국내공론에서 인권으로 승인될 수 있다. 여기서 이상돈은 상호합법성(interlegality)의 개념(2005b, 140)을 설계한다. 각국의 국내공론에서 승인된 인권은 그 내용이 서로 다르거나 충돌하더라도 원칙적으로 초국가적인 보편성을 인정받아야 한다. 그러나 집단학살의 금지와 같이 이미 초국가적으로 펼쳐지는 공론의 뒷받침이 확고한 인권은 국내공론이 어떠하든 세계적 보편성을 갖는다고 본다. 더 나아가 이상돈은 인권의 지역화 현상을 밝힌다. 즉, 인권은 생활세계 안에서 형성되고, 그 생장이 예측불가능하며, 과학기술적 지식 없이는 인지되기 어려우며(2005, 158), 법에서 승인되지 않은 소외된 자(예: 성매매여성)의 목소리(나래이션) 속에 내재되어 있다(2005a, 289). 이처럼 지역화된 인권을 발굴해내는 유용한 방법으로 이상돈은 푸코(Foucault)의 계보학적 방법이나 일상사적 또는 구술사적 방법과 같은 법의 미시사적 분석방법을 제안한다(2010, 509). 이상돈이 발전시키고 있는 최첨단의 인권 개념은 포스트인문주의적 인권(posthuman rights)이다. 인권은 어떠한 보편성에도 의존하지 않고, 정신분석학적 의미에서 자아(ego)와 구분되는 자기(self)를 실현하는 것, 즉 자기 자신이 되는(becoming self) 권리라는 것이다(2010a, 105). 예컨대 트랜

스젠더의 인권은 남성에서 여성으로 될 권리가 아니라 암수구별주의(dimorphism)를 넘어서, 끊임없이 나 자신을 새롭게 해석하고 그때그때 자신에게 적합한 성차를 발현하는 실존적 자유를 의미하게 된다.

Ⅱ.

합리적인 법적 대화의 현실적 한계에 대한 이상돈의 반성적 성찰은 2000년대 중반 이후에는 주로 포스트모더니즘의 이론과 방법에 의해 진행되고 있다. (자연과학적) 진리나 (심미적) 체험과 구별되는 도덕적·실천적 대화의 성격을 띠는 법적 대화에 의해 획보되는 법적 정의의 부족분(2010, 44)을 그는 '아름다움이 정의를 구성하는 차원(미학적 정의)'을 복원함으로써 메우고자 한다. 그에 의하면 법치국가의 가장 핵심적 기본원칙인 비례성이나 균형성도 시구의 '기하학적 소형미'가 정의로 침전된 결과로 볼 수 있다(2008, 112). 이런 미학적 정의는 전통적인 법원칙 안에서만 작동하는 것이 아니라, 그것을 넘어서서 작동한다. 그에 의하면 사안에 대한 미추(美醜)체험과 그에 대한 폭넓은 공감(empathy)(2013, 77)은 법적 정의를 발굴하는 원천이 된다고 한다(2008, 129). 예컨대 사형폐지의 입법은 정치적 역학관계가 아니라, 사형제도의 추함에 대한 심미적 공감의 보편화를 통해 이루어질 수 있다(2008, 44). 또한 법원의 실무에서 종종 법발견의 수단으로 삼는 법감정은 바로 법적 '사유(thinking)'의 대척점에 있는 감정(feeling)에 의한 정의판단을 내용으로 하는데, 이 판단은 주관적 판단이나 허구적인 평균인의 판단을 말하는 것이 아니라 공감이 기대되는 심미적 판단을 의미한다는 것이다.

물론 이러한 미학적 정의는 법적 정의 자체를 해체하는 것이 아니라 법적 이성을 해체할 뿐이다. 그렇기에 그의 미학적 정의이론은 정의란 '결정불가능한 것'일 뿐 해체할 수는 없는 것으로 보는 데리다(Derrida)의 해체주의(2010, 45)와 접점을 갖는다. 특히 정의를 구성하는 가치인 아름다움이 표현되는 극한의 양식을 이상돈은 춤에서 바라본다. 그에 의하면 춤은 (이성)법의 이데올로기를 거부하고, "이성법이 포착하지 못하는 인간의 다성성(poliphonicity)을 기호화"(2012, 43)한다. 그렇기에 이성법의 단일한 정의와 동일성 강제(2008, 72)를 해체하거나 완화하려는 이성법의 반성적 성찰은 바로 '법은 춤이다'라는 환유(換喩)에 의해서 수행될 수 있다고 한다. 춤으로 환유된 법은 이성법이 평등원칙의 공식에 의해 금지하는 불합리한 차별(discrimination)에 대해서도 차이(difference)의 관점에서 재해석한다(2012, 39). 그래서 이상돈은 동성애자의 혼인권은 설령 불합리한 '차별'의 철폐라는 이성법의 맥락에서 요청된다고 볼 수 있을지라도(2009, 14), 양성을 바탕으로 한 혼인의 문화 속에서 살아가는 사람들과 동성애자 사이의 '차이'를 무시하게 됨을 경고한다.

이상돈은 법이 좇는 정의에 대한 이성주의적 전통에 대한 반성적 성찰의 끝을 법정신분석학에서 찾는다. 정신분석학에서 보면 인간이 선한 인격을 만들어 가면, 그 인격의 그림자로서 그런 선한 외적 페르소나를 유지하기 위해 무의식 속에 밀어 넣은 악하고, 추한 인격이 퇴적된다고 한다. 그 악하고 추한 인격의 퇴적층이 개인사나 인류사에서 예측불가능한 파괴적 폭력의 형태로 발현된다. 그렇기에 건강한 인간이란 선을 좇되 그 그림자(惡)와 마주하고(의식화), 그것을 의식으로 통합시키는 인간, 즉 융(Jung)이 말하는 '의식의 전일성'을 유지하는 인간이다. 법도 그런 인간상을 좇아야 한다. 그래서 법정신분석학은 법을 선과 악, 아름다움과 추함 그 사이에(inbetweenness)에 위치한다고 보게 된다. 이상돈이 데리다의 개념인 하이멘(hymen)을 빌려와 '법은 하이멘이다'라고 정의하는 이유도 이와 같다(2010a, 226). 다만 이원적인 대립의 융합을 지향한 데리다와 달리 이상돈은 하이멘으로서 법이란 이원적인 대립항을 서로 경계지으면서 동시에 소통시키는 매체로 해석한다(2010, 211). 물론 이성법의 전통에서 법은 그의 정의를 '옳음'과 '선'(좋음)과 '아름다움'에서 찾고, 그것을 좇아야 한다. 그러나 법은 그런 정의의 그림자가 폭력적인 에너지로 변환되는 것을 경계하기 위해 인간의 악함과 추함도 돌봐야 한다는 것이다. 물론 악이나 추함이 어디서 생성되었고, 어떤 깊이를 갖고 있으며, 어떻게 해소되어야 하는지는 더 이상 분석되지 않는 종결점을 갖는다. 프로이트(Freud)는 그것을 꿈의 배꼽이라고 불렀다. 말하자면 꿈의 배꼽은 선이 악과 만나는 미지의 경계점과 같다. 이상돈은 그렇기에 법이 실현하는 정의의 '알 수 없음'은 바로 선과 악의 경계점을 형성하는, 그러나 그 악의 내용과 끝을 들여다 볼 수 없는 꿈의 배꼽과 같다고 본다(2011, 264). 이상돈이 법을 이처럼 사이성(inbetweenness), 하이멘, 꿈의 배꼽으로 재해석하는 것은 법의 이성에 내재한 잠재적 폭력성을 경계하기 위한 성찰이다. 가령 성매매의 근절을 위해 시민사회를 과잉 통제하는 성매매관련 특별법에는 그런 성찰들이 결핍되어 있고, 그 결핍은 거의 모든 일상적인 생활공간을 성매매의 암시장으로 바꾸어 놓는 폭력적인 현실로 이어지고 있다.

Ⅲ.

이상돈은 막스 베버가 말한 형식적 합리성(2000a, 54)으로는 현대사회의 법이 합리적인 제도로 기능할 수 없음을 바라보고, 실질적 합리성을 구체화하려고 한다. 종래의 법철학이 막스 베버가 주목한 경제의 문제를 법의 성찰에서 제외한 채, 법과 도덕의 관계만을 주제로 삼았던 한계를 벗어나고, 아울러 베버가 문제화하지 못한 법과 정치의 관계도 법의 합리성 문제로 끌어 들인다. 법의 합리성에 관한 그의 구상은 세 가지로 요약된다. 첫째, 법의 합리성은 도덕이나 경제 또는 정치, 그 어느 하나의 합리성에 의존할 수 없고, 그 셋이 교집합을 이루는 상태에서 완전해진다고 본다(2009, 164). 그리고 이 교집합에서 법은 도덕, 경제, 정치와 이성적인 관계를 이루는 것을 전제로 한다. 둘째, 이때 베버가 바라본 형식적 합리성과 실질적 합리성 사이의 이율배반성(2000a, 90)은 해소불가능한 것이 아니라 법치국가적 형식성이 전문법의 영역에서 각기 적절한 형태와 수준으로, 즉 법의 이성이 지역화됨으로써(2003, 244), 실질적 합리성과 양립할 수 있게 된다. 셋째, 법의 합리성과 다른 사회영역의 합리성 사이에는 구조적 괴리가 있으며, 이를 메우는 법의 성찰적 기제가 필요하다고 본다.

법의 합리성 문제를 다루는 이상돈의 이론 가운데, 그가 법과 도덕을 관계짓는 모습을 살펴보기로 한다. 법이 도덕과 이성적인 관계를 맺기 위해서, 그는 법이 관계하는 도덕의 개념을 좁은 의미의 도덕(핵심도덕)과 윤리 그리고 사회규범으로 구분한다. 첫째, 그는 근대법이 바로 핵심도덕을 제도화한 것이라고 본다. 다만 현대사회에서는 의무충돌 상황처럼 '도덕으로부터 자유로운 영역'이 존재하고 법은 이를 합법화하기도 한다고 본다. 이로써 '법으로부터 자유로운 영역(rechtsfreier Raum)'의 이론이 수정된다(2003a, 57). 둘째, 다원주의 사회의 법은 형이상학적, 종교적인 윤리규범에 대해 중립성을 지켜야 하지만, 동시에 개인이나 집단의 윤리적 자율성을 보호해야 한다(2009, 179). 셋째, 사회에서 통용되는 선에 관한 공통의 직관인 사회규범은 '공서양속'이나 '사회상규'와 같은 일반조항을 출입문으로 삼아 법규범의 실질이 되기도 하지만, 법 밖의 규범으로 남아 있을 때에만 그의 고유한 분쟁해결능력을 유지할 수 있는 경우도 있다고 본다.

이와 같은 도덕의 유형에 따른 법과의 이성적인 관계설정은 현실에서는 다양한 어려움에 부딪힌다. 가령 체세포 핵이식의 방법에 의한 인간배아의 생성을 법이 금지하는 것은 기독교의 생명윤리에 반하지만, 법이 그것을 허용하는 것도 불교의 생명관을 재생산하게 된다는 점에서 법은 윤리적 중립성을 지킬 수가 없다. 이상돈은 이런 현실문제에서 절차주의적 해결을 시도한다. 법이 특정한 윤리를 선택하는 것이 아니라 법적 대화의 중요한 한 과정인 공론경쟁에서 타당성을 더 많이 확보한 견해를 수용하는 것이다(2003a, 63). 절차주의적 규율은 의학적 충고에 반하는 퇴원과 같은 치료중단(2002, 43)이나 존엄사 등에 대한 법적 규율에서도 기능한다. 즉, 법은 환자의 치료중단에 대한 실체적 기준을 정하지 않고 당사자의 결정에 맡기되, 그 결정이 윤리적 성찰을 포함한 충분한 숙고를 통해 이루어지도록 그 결정의 절차를 정형화하는 것이다.

법과 경제의 관계를 이성적으로 엮기 위해 이상돈은 법적 정의와 경제적 효율성 사이에 존재하는 구조적인 괴리(2010, 35)를 밝혀낸다. 가령 피인수회사의 자산을 담보로 대출받은 돈으로 그 회사를 인수하여 기업을 정상화시키는 차입매수(LBO)는 경제적 효율성이 있는 행위지만 반대급부의 제공 없이 회사를 인수했다는 점에서 (형)법적 정의(또는 도덕적 정당성)를 훼손하는 행위가 된다. 만일 이러한 괴리를 메우는 완충띠가 없다면, 법은 경영을 왜곡하여 병리적 현상을 발생시키고, 그로 인해 더 이상 합리적인 규범이 될 수 없게 된다. 여기서 이상돈은 경영판단원칙을 경영형법의 하부원칙으로 편입하고, 전속고발제도를 법체계와 경제체계를 통합(체계통합)시키는 기제로 재해석한다. 이런 재해석을 통해 특정한 전문법체계 내에서 법의 실질적 합리성과 법치국가적 형식성을 양립시킬 수 있다고 보는 것이다.

Ⅳ.

이상돈은 법철학의 가장 방법론적 문제영역인 법률해석이론을 역시 해석학과 대화이론 위에서 구축한다. 먼저 그는 법관의 법률해석이란 문법적 결론이거나 이성에 의해 단정적으로 추론되는 필연적 결론이 아니라, 합리적 논거에 의해 근거지을 가능성이 있는 주관적 견해라고 이해한다. 그렇기 때문에 법관은 그의 법률해석을 논증할 의무를 진다(1996, 217). 이 논증에서 법관은 공론경쟁의 상황을 면밀하게 살펴야 한다. 그러나 이상돈은 시민사회의 공론과 전문가 공론을 나눈 뒤, 의회는 시민적 공론을, 그리고 법관은 전문가 공론을 중시해야 한다고 본다(2005, 59). 이렇게 전문가 공론을 분화시키는 까닭은 법률해석은 전문적인 법지식의 맥락이나 기존판례의 규범적 맥락에 들어가지 않고는 '적절하게'(2002a, 40; 1996, 332) 이루어질 수 없기 때문이다. 법률해석의 대화이론적 이해는 이미 그가 비트겐슈타인(Wittgenstein)의 사용이론을 법학에 끌어와, 법관의 법률해석이란 "법률말놀이를 구성하거나 따르는 행위"(1992, 167)라고 정의할 때 이미 예정된 것이었다. 그에 의하면 법률텍스트의 의미는 법관이 그것을 사안에 적용하는 사용규칙을 정함으로써 형성된다고 한다. 법관이 해석을 통해 정하는 법률텍스트의 사용규칙은 그 사안적용을 통해 비로소 만들어진 것일 수도 있고, 이미 이전 판례를 통해 만들어져 있는 것일 수도 있다. 대법원의 전원합의체에 의한 판례변경은 바로 새로운 사용규칙의 형성이 기존의 것을 폐기하고 대체하는 경우를 말한다. 그는 법관이 법률말놀이에 참여하는 방식을 해석학적 구조로 설명한다. 즉, 문제가 된 사안과 법률텍스트가 안내해주는 보통사안 또는 기존의 판례사안과의 동일성과 차이성을 확인하고, 어떤 비교관점에서, 그 차이성에도 불구하고 보통사안이나 기존 판례사안과, 그 법률이 적용될 정도의 동일성, 즉 유사성이 있다고 판단하는 것이다. 이 유사성은 비트겐슈타인의 가족유사성 개념에 상응한다고 본다.

첫째, 이 유사성 판단의 성공은 원칙적으로 사안들의 동일성과 차이성에 대한 합리적 분석과 그 결과에 대한 (주관적인) 가치평가의 합의가능성에 의존한다. 합리적 분석과 합의가능한 가치평가를 위해서 사안을 비교하는 기준요소들의 선택과 가치평가를 구조화하는 사고가 요구된다. 법에서 구조사고(2005a, 88)는 그와 같은 합리적 사고의 전형을 보여주지만, 주관적 입장의 차이를 남겨두지 않을 만큼 객관적일 수는 없다. 이러한 합리적 사고의 한계는 법률해석이 합리적 사유의 궤도에서만 진행되는 것이 아님을 말해준다. 법률해석의 네 가지 카논(해석방법)들에 의한 논증도 그런 유사성판단의 주관성을 정당화해 주지는 못한다. 그것은 주관적으로 결정된 해석에 대한 사후적인 논증의 형식일 뿐이다(1996, 65).

그러나 이상돈은 법률해석의 주관적 차원은 법적 정의의 결핍이 아니라 '다른' 법적 정의의 세계를 지시한다고 본다. 그런 다른 정의의 차원으로 그는 법률해석이 때로는 합리적 논거로 무장한 사유(thinking)가 아니라 다소 문학적이라 할 수 있는 수사학에 의해 수행되는 점을 지적한다. 즉, 문학과 그 수사학이 바로 법이 된다는 것이다. 법문학(2005a, 84)은 이와 같은 법의 근본현상을 다룬다. 또한 그에 의하면 법률해석의 주관성은 법률미학(2008, 100)에 의해 실현되는 법적 정의의 차원을 지시한다. 가령 현행 형법에서 일반 명예훼손죄에는 사실의 진실성과 공익성을 이유로 위법성을 조각시키는 조항이 있는 데에 비해, 출판물 등에 의한 명예훼손죄에는 그런 조항이 없다. 즉, 보통의 명예훼손행위에서는 불법을 구성하는 조항(제307조)과 불법을 해체하는 조항(제310조)이 맞대응되어 있는데, 출판물 등에 의한 명예훼손행위에는 불법을 구성하는 조항(제309조)만 있다. 법텍스트의 공간적 배열이나 조문 상호간의 관련구조의 차원에서 나타나는 이런 '외향적 비대칭성'은 미학적 정의에 반하므로, 법률해석은 이런 비대칭성을 제거하는 방향으로, 예컨대 진실성과 공익성에 의한 불법의 해체를 위법성조각사유가 아니라 명예훼손행위의 구성요건요소로 보는 방향으로 이루어질 수 있다(2008, 113).

둘째, 법률해석이 비교분석과 가치판단을 통하여 재판중인 사안과 보통사안 및 판례사안과의 유사성을 판단하는 것이라면, 법률해석은 언제나 '유비적(類比的, analog)'인 것, 즉 법적 개념으로는 '유추(類推, Analogie)'가 된다. 해석과 유추는 같은 것이다. 이렇게 보면 법률해석의 한계는 더 이상 판례처럼 '법규정의 가능한 의미'가 되지 않는다(2000, 62). 게다가 한국어가 갖는 상대적으로 더 큰 의미론적 불명확성과 구문론적 불확실성(2003, 101) 때문에, 법규정의 가능한 의미는 해석의 실제적 한계를 설정해주지 못한다.

그러나 이렇게 해석과 유추를 같은 것으로 볼지라도, 이상돈은 법률해석에 한계가 있음을 부인하지 않는다. 해석의 한계가 없다면, 법관은 곧 입법자가 되기 때문이다. 그렇기에 이상돈은 "법률해석의 한계는 그 해석의 근거지음이 더 이상 가능하지 않은 곳에서 비로소 시작한다."(1996, 155)라는 명제를 제시한 바 있다.

셋째, 법률해석의 근거지음이란 합리적 논거에 의해 그 법률해석의 타당성을 수범자들이 이해할 수 있게 하는 말행위이다. 여기서 논거의 합리성이란 사유와 추론에 의해 그 옳고 그름을 따질 수 있는 것을 가리킨다. 이 근거지음은 법률해석공동체 안에서 법적 대화가 펼쳐지기 위한 전제조건이 된다. 그 근거지음이 설득력을 발휘하여 더 많은 동의를 얻어낼 수 있을수록, 그 법률해석은 올바른 것이 된다. 그러나 포스트모던 시대에 법률해석의 타당성을 근거짓는 힘은 사유와 추론, 그리고 합의형성력에만 있지 않고, 감정과 이입 그리고 공감에 의존하기도 한다. 가령 타인이 제작한 동영상을 그대로 자신의 블로그에 게재하는 행위가 법적으로 허용되는 것은 '펌'(퍼옴)이 사회규범(펌의 네티켓)이 되었기 때문인데, 이렇게 된 까닭은 그 행위로 인해 권리가 침해되지 않았기 때문이 아니라, 펌의 행위가 시민문화를 이루는 긍정적인 행위라고 바라보는 감정들이 시민들에게 생성되고, 서로의 감정에 이입하는 과정이 펼쳐짐으로써 마침내 펌의 시민문화에 대한 '공감'이 형성되었기 때문이다. 여기서 공감의 형성은 합리적 논거에 의한 '합의'의 형성에 대응되는 것이 된다.

Ⅴ.

이상돈의 법률해석이론은 소송법이론으로 연장되어 있다는 점이 특징적이다. 첫째, 소송에서 법률해석은 사실인정의 차원과 엄격하게 분리되는 것이 아니라 통합되는 차원이 있다고 본다. 가령 피고인을 처벌하려는 정책적 의지를 수행하는 법률해석이 합의를 형성하거나 공감을 얻기 어려울 것이라고 판단하는 경우에는 소송에서 사실인정을 변형시킴으로써 다른 법률을 적용할 수 있게 만든다. 이는 사실인정이란 실체적 진실의 발견이 아니라 소송법이 정한 절차 안에서 수집가능한 정보들을 조합하여 사안을 구성하는 과정임을 전제한다.

둘째, 이상돈은 이 사안의 구성을 마당적 이해(1998, 4)라는 개념으로 이론화한다. 법관이 사실인정에 사용하는 정보(증거)는 휘발성이 높고, 소송참여인들 사이의 계획될 수 없고 정형성이 없는 상호작용의 복잡하고, 우연적인 전개에 따라 그 양과 질이 다르게 창출된다. 또한 법관은 그렇게 소송에서 등장한 정보를 제한적인 인지능력과 기억력을 갖고 선별적으로 지각하고, 선이해의 작용 속에서, 그리고 때로는 문학적 상상력이나 미학적 체험이 개입한 채(2008, 146) 그 정보의 신빙성을 판단한다. 그러므로 법관의 사실인정은 상당한 정도로 주관적인 스토리텔링(2010, 450)에 근접하게 된다.

셋째, 이런 이해에 의하면 법관은 자신이 확정한 사실을 구체적으로 설시하고, 그 구체적 사실들을 증명하는 증거들에 관한 설명을 해야 한다. 판결이유제도는 이런 설명을 의무화한다. 이상돈은 판결이유설시의 부담은 판결 자체에 영향을 미친다는 점을 밝혀냈다. 예컨대 무죄판결의 이유설시부담이 유죄판결에 비해 더 큰 실무관행 때문에 판사들은 유죄확신이 없는 사건에서도 집행유예부 유죄판결을 선호하게 된다(1998, 141).

넷째, 이상돈은 마당적 이해는 법률해석에 비해 현저하게 시각 중심의 심미적 체험이 중요하다는 점을 밝혀냈다. 그렇기에 법정변론은 일종의 비쥬얼한 퍼포먼스가 된다. 그는 법정 퍼포먼스를 춤, 특히 즉흥접촉춤(contact improvisation)으로 해석한다. 즉흥접촉춤은 어떤 이념적 공통성도 없고 성별, 계층, 직업 등 공통점이 없는 사람들 사이에 사회적 연대를 창출하는데(2012, 75), 이상돈은 배심원의 평결도 그런 연대의 창출과 유사하다고 본다. 이로써 법정 퍼포먼스는 사실확정에서 매우 중심적인 역할을 수행한다고 볼 수 있다.

인용된 저술목록

(1992) "Wortlautgrenze, Intersubjektivität und Kontexteinbettung," Frankfurter kriminalwissenschaftliche Studien, Bd.35, Frankfurt/NewYork.

(1996) 『법이론. 법인식의 사회적 지평과 근대성』, 박영사.

(1998) 『형사소송원론. 형사소송의 근대성과 대화이론』, 법문사.

(2000) 『법률해석의 한계』(5인 공저), 법문사.

(2000a) 『법사회학』(2인 공저), 박영사.

(2002) 『치료중단과 형사책임. 의료와 법의 합리적 소통과 책임귀속』, 법문사.

(2002a) 『대화이론과 법』(이상돈 편역), 법문사.

(2003) 『법철학. 법, 이성, 사회』, 법문사.

(2003a) 『생명공학과 법. 생명의 공학화와 생명문화의 절차적 재생산』, 아카넷.

(2005) 『헌법재판과 형법정책』, 고려대출판부.

(2005a) 『법문학』(공저), 신영사.

(2005b) 『인권법』, 세창출판사.

(2005c) 『정치와 형법』(공역), 세창출판사.

(2006) 『문헌연구 포스트모더니즘과 법』(4인 공저), 세창출판사.

(2006a) 『공익소송론』, 세창출판사.

(2007) 『시민운동론』, 세창출판사.

(2008) 『법미학』, 법문사.

(2009) 『로스쿨을 위한 법학입문』, 법문사.

(2010) 『기초법학』(제2판), 법문사.

(2010a) 『법정신분석학입문』, 법문사.
(2012) 『법의 춤』, 법문사.
(2013) 『미술비평과 법』, 법문사.

진희권

진희권은 1961년 제주에서 출생하였고, 고려대학교 법과대학 및 동 대학원 석사과정과 박사과정을 수료하였으며, 1998년 고려대학교 심재우 교수의 지도로 법학박사학위를 취득하였다. 현재 그는 경기대학교 법과대학의 부교수이며 한국법철학회 부회장 및 동양사회사상학회 감사를 맡고 있다.

I.

진희권의 법철학은 한국문화에서 법을 찾는 작업으로 요약할 수 있다.

오늘날 한국의 법제도는 대부분의 제2차 대전 후의 독립국가들이 그러하듯이 서구 근대의 법제도를 계수한 것이다. 특히 한국의 경우 자발적으로 법을 계수한 것이 아니라, 일제 식민지하에서 일본제국이 통치를 하기 위한 강제적인 법의 계수가 있었다. 당시 일본이 메이지유신을 통한 근대화 이후 독일의 법제도를 계수하여 자국의 법을 정비하였고, 그러한 법을 식민지인 한국을 통치하기 위하여 통용하도록 하였던 것이다. 당시의 왕조인 조선왕조는 1392년 개국 이후 유교적 규범을 국가통치제도뿐만 아니라 일반인의 규범과 윤리에 도입하여 이어져 내려왔다. 이러한 법제도의 전통에도 불구하고 일본제국의 침략은 서구 법제도를 계수하는 원인이 되었다. 해방 후 식민지시대에 강제로 계수된 법제도에 대한 반성이 있었지만, 왕조에서 민주주의로 정치제도의 전환을 위해서는 전통의 법제도를 회복하기보다는 적극적으로 서구근대의 법제도를 계수하기에 이른다. 따라서 한국의 법학은 해방 후 일본을 통하여 받아들여진 학문이 주를 이루었으며, 한 시대가 끝나고는 직접 독일이나 프랑스에서 법학을 공부한 학자들이 주류를 이루었다.

진희권은 이러한 한국의 법학에 대하여 새로운 법학에 대한 모색이 필요하다고 생각하였다. 물론 이러한 생각은 학부과정에서의 법학교육을 통하여 절실히 느낀 것이라 할 수 있다.

그는 법학과에 입학하고 나서 처음 수강한 법학통론 시간에 법의 개념을 강의하는 교수의 수업에서 강한 충격을 느꼈다. 강의의 내용은 법은 정의이며 권리이며, 올바름이라는 내용이었다. 물론 일반 학생들에게는 너무도 당연한 내용이었지만, 현실적인 관점에서 바라볼 때는 법은 가진 자의 정의이며, 올바름만큼이나 왜곡된 것이 많다고 생각하였다.

당시에 그는 전공선택에 대한 고민을 하게 된다. 그가 법학과를 선택한 이유는 법은 사회를 바라보는 척도이기에 사회를 살아가기 위한 기준을 배운다는 생각에서였다. 그런데 일반인이 느끼는 법에 대한 의미와 학교에서 가르치는 법에 대한 개념이 다르다는 것은 결국 형식적인 기준만을 가르친다는 생각이 들었다. 결국 법학과에서는 자신이 원하는 사회를 바라보는 실질적 척도를 배울 수 없다는 생각이 들었던 것이다.

이러한 그의 고민은 2년 후 학부 강의시간을 통하여 풀 수 있는 계기가 마련되었다. 당시 고려대학교에 갓 임용되신 신진 교수였던 배종대 교수의 형사정책 시간이었다. 당시 한국의 학문의 흐름을 이야기하시면서 법학의 문제를 꺼내셨다. 일제에 의한 주입식 근대화를 통한 서구의 학문의 이식이 있었고 해방 후에 자발적인 서구의 학문의 도입이 있었다면, 1980년대에는 자생적인 학문 또는 우리 환경에 맞는 학문에 대한 성찰이 생겨나고 있다는 것이다. 일종의 서구문화에 대한 일방적인 도입에 대한 반성이라고 할 수 있다. 하지만 법학은 계속하여 서구의 학문을 직수입하고 있는 현실에 대하여 배종대 교수는 비판을 하였다. 우리에게도 우리의 법문화에 맞는 법학에 대한 고민을 해야 될 때가 되었다는 것이다. 결국 이러한 고민은 일제 식민지 시대를 거치면서 전통문화의 단절과 새로운 문화의 도입이라는 충돌이 있었으며, 오늘날에 와서 우리에게 필요한 것을 찾는 작업은 모든 학문에서 일어나고 있으며 법학도 예외가 되어서는 아니 된다는 것이었다.

진희권은 그 시기부터 전통문화 속에서의 법은 어떤 것인지에 대한 관심을 본격적으로 가지게 된다. 그래서 학부이수과목 중 일반선택과목을 유교 및 불교관련 과목으로 이수하면서 한국의 역사 속에서 법이 무엇이었는지에 대한 의문을 풀기 위한 발걸음을 내딛기 시작하였다.

이러한 연구의 시작이 고려대학교 심재우 교수님의 지도로 쓴 석사학위 논문인 『순자(荀子)의 법사상』이었다. 한국 법철학계의 어른이신 심재우 선생님은 직항기가 없던 시절에 독일에서 국가철학과 형사법을 공부하고 귀국하셨다. 고려대학교에서 다년간 강의와 연구를 하시면서 그분의 스승이신 베르너 마이호퍼(Werner Maihofer) 교수의 '법존재론'과 동양의 유교의 사상 사이에 접합점이 있다는 것을 발견하고는 동양학에 대한 관심이 고조되실 때에 진희권은 석사과정에 입학하였던 것이다. 당시에 심 선생님 지도

하에는 동양법철학에 관심을 가지고 있는 대학원학생들이—당시에는 현재 충북대학교 로스쿨 교수인 이재룡 교수가 석사논문을 준비하고 있었고 목포대학교에 적을 두었던 조천수 교수가 석사 3학기였던 것으로 기억한다—있었다.

진희권은 대학원에 입학하면서 자신의 학위논문에 대하여 지도교수와 논의하여 순자를 주제로 석사논문을 쓰기로 하였다. 한국의 문화를 지칭하는 표현중 대표적인 것이 유교적 가부장제이고 유교윤리가 현실에서 통용되고 있기 때문에 당시에 유교 법문화의 뿌리를 찾아보기 위해서는 선진 유가인 공자와 맹자, 순자 중에서 예(禮)를 중시하던 순자에 대한 연구가 가장 적절하다는 생각에서 출발한 것이었다. 더구나 순자는 법가의 대표적인 인물로 알려진 한비자나 전국시대 진나라의 재상이었던 이사 등의 스승으로 알려졌기에 가장 적절한 인물이라 생각했던 것이다. 그는 이러한 연구에 이어 『조선초기의 유교적 국가이념과 국가질서』로 1998년에 박사학위를 받았다. 석사학위논문이 동양에서의 법을 찾는 기초작업이라고 한다면, 박사학위논문은 한국 특히 조선에서의 전통법의 사상적 근거와 그러한 사상을 통하여 어떠한 제도가 만들어졌는지를 살펴보는, 조선에서의 법을 찾는 기초작업이라 할 수 있다. 그는 이러한 대학원 과정 중에서 법학과 심재우 교수님과 더불어 철학과의 김충열 교수님의 학은을 크게 입었다. 김충열 교수님은 중국의 대표적인 현대철학자이신 방동미(方東美) 선생의 제자로 중국사상뿐만 아니라 불교사상에도 조예가 깊으신 학자였다. 김충열 교수님은 그에게 대학원과정 중에 청강을 허락해주어 동양학에 대한 관점을 바로잡는 데 도움을 주었으며, 석사와 박사의 논문심사위원으로서 유교사상에 대한 바른 지적으로 진희권이 동양학을 연구하는 데 있어서 토대를 만들어 주셨다.

그는 대학원에서 이러한 연구를 바탕으로 동아시아에서 전통사회의 규범의 의미나 내용에 관련한 글을 발표하였으며 전통문화에 대한 오류 및 오해에 대한 글과 이러한 전통의 법질서 또는 법문화가 오늘날 가지는 의미에 대한 연구를 계속하고 있다.

Ⅱ.

먼저 그의 연구에서 전통사회에서의 규범의 의미나 내용에 관한 내용을 살펴보기로 한다.

그는 학부시절 품었던 강학상의 법과 실질적인 법의 개념의 차이점에 대한 출발을 동서양의 법의 차이에서 밝히고 있다(2000b).

그가 연구를 통하여 밝힌 동양의 규범은 자유로움 속에서, 인간관계 속에서, 더 나아가 인간이 주변과 조화로울 수 있는 최상의 조건을 제도화하는 작업으로 규정지었다. 그리고 전통사회에서 그 작업은 군주의 책임이다. 그러한 규범을 제대로 제정하지 못하는 경우에는 그 임무를 담당할 새로운 군주를 찾는 것은 너무나도 당연한 일인 것이다. 맹자(孟子, BC 372?-BC 289?)에 의하면 '역성혁명(易姓革命)'을 주장하여 책임을 다하지 못하고 오히려 백성을 침탈하는 군주에 대하여 저항권을 행사하여야 한다고 하였다. 중국의 경우에 국가통치방법에 대해서는 요순시대와 하나라(夏, BC 2146-BC 1675), 은나라(殷 또는 商, BC 1675-BC 1029), 주나라(西周, BC 1029-BC 771)를 이어내려 오면서 기본적인 틀이 잡혔으며, 공자(孔子, BC 551-BC 479)의 역사서인 '춘추(春秋)'를 통하여 실 예를 밝히고 있다. 이러한 규범에 대한 태도는 "규범은 만들어지는 것이 아니라 발견하는 것이다"는 영미법(英美法)적인 모습과 유사한 모습을 갖는다. 하지만 그 차이는 영미법에서는 일반인의 상식이나 양심을 통하여 법이 발견되며, 법정에서 변호사에 의해 밝혀지는 판결에 의해서 법이 정착된다. 그에 비하여, 중국의 경우는 춘추전국시대까지 만들어진 대표적인 경전을 통하여 문자로 밝히고 있고, 최소한 구체적인 사례들을 예시하고 있다는 것이다. 이러한 경전은 시대를 내려오면서 국가를 운영하거나 법을 제정 또는 적용하는 데 기준이 되었다. 이러한 경전을 통하여 밝히는 질서는 예(禮)라고 할 수 있으며 이러한 예는 국가의 관료를 포함한 지배층과 군주가 먼저 지켜야 하는 규범인 것이다. 이러한 예의 최소한으로서 예의 기본정신을 훼손하거나, 예의 근간을 해치는 행위에 대하여 형벌을 부과하는 법을 제정하고 있다.

동양에서의 규범을 보면 인간의 시각에서 인간간의 관계뿐만 아니라 주변세계, 자연의 질서 속에서 자연스러움을 찾아내고자 하였다는 것을 알 수 있다. 이러한 인문적인 태도는 인간질서의 토대가 되는 정당성으로서 의(義) 또는 도(道)를 찾았고, 그것들을 제도화한 것이 바로 예인 것이다. 여기서 예의 범위는 작게는 개인의 행동거지에 대한 규범으로부터 타인의 신분이나 혈연관계에 따른 처신 등 인간관계에서 윤리규범이 포함되어 있으며 나아가서는 한 국가의 통치구조와 통치방법까지 망라하고 있다. 또한 자연의 질서에 순응하여 인간의 주변세계와 어떻게 조화하면서 살아야 하는지에 대한 내용이 포함되어 있다. 이러한 광범위한 예 중에서 어겨서는 안 되는 행위에 대하여 형을 정하여 처벌하고 있다. 이것이 좁은 의미의 법이라고 할 수 있다.

이런 동양의 규범관에 비하여 서구의 근대의 규범관이 갖는 차이점은 법을 개인의 소유와 자유를 보장하기 위한 수단으로 바라보았다는 것이다. 서구의 중세는 인간의 권리의 측면에서 볼 때에는 암흑의 긴 터널이라 할 것이다. 시민계급의 성장에 따라 그들의 권리를 보호해 줄 필요에 의하여 근대법이 발전해 왔다고 할 것이다. 칸트의 경우 인간은 이성능력이 부여된 자율적 존재로 파악하고 있다. 이때의 법이란 타인의 생명·신체·재산·인격을 침해하지 않는 한 각자의 자유를 보장하기 위한 수단인 것이다. 그러기에 법은 권리(權利)의 다른 이름일 수 있는 것이다. 또한 이러한 법은 시민계급에 한한 것이었지만 현대에 오면서 노동자, 농민, 여성 등에게 확대됨으로써 정의(正義)의 다른 이름으로 불릴 수 있는 자격까지 가지고 있는 것이라 할 것이다. 여기서 서구의 인간의 표상을 '준법시민'이라 하는 이유가 있다.

하지만 동양은 위에서 말한 바대로 군자(君子)가 되려면 법만 지키는 정도를 뛰어넘어서 예를 지킬 수 있는 사람이 되어야 하는 것이다. 자신만의 삶이 아니라 다른 사람과의 관계 속에서 그리고 국가의 질서와 자연의 변화에 순응하면서 사는 사람이 되기 위해서는 예를 알고 그에 따르는 사람이 되어야 하는 것이다. 그러한 삶은 당연히 예의 최소한의 규범인 법에 저촉되는 삶이 아닌 것이다. 따라서 '법 없이 살 수 있는 사람'이란 무법자(無法者)가 아니라, 예를 지키고 살아가는 사람이란 것이다.

따라서 우리의 전통사회에서의 규범은 예에 대한 이해가 없이는 불가능하다고 할 것이다. 그리고 예가 정당성을 가지기 위한 근거를 바로 이해해야만 한다. 여기서 서구의 규범과 상치되는 것이 또한 존재한다. 바로 자연의 법칙이 그것이다.

자연의 법칙과 인간의 규범과의 관계가 아주 잘 나타나 있는 것으로 유교경전의 하나로 한(漢, BC 206-AD 220)나라 때에 정리된 것으로 알려진 「예기(禮記)」를 들 수 있다. 예기는 조선 초의 왕조

실록에서도 국가의 규범을 제정하는 데 예기의 월령(月令)을 인용하는지 임금이 물을 정도로 동양에서 오랫동안 규범으로 내려온 것이다(2010a). 월령은 말 그대로 1년 12달의 자연변화에 따라서 국가운영에 필요한 명령을 내리고 국왕도 그러한 자연의 변화에 맞추어 국가운영에 참여하도록 의무지우고 있다. 2월에 입춘날 동쪽 교외로 나가 봄을 맞이하는 제사를 하는 것으로부터 왕은 1년의 공식적 행사를 시작하여, 겨울의 마지막달인 1월에 얼음을 채취하고 오곡의 씨앗을 살피고 농기구를 정비하여 봄을 준비하는 것으로 12개월간의 월령을 마무리한다. 이는 전통사회는 농업중심의 경제였으며 자연에서 채취를 통하여 생활하였기 때문에 자연의 변화는 인간의 삶에서 가장 의미가 있는 것이었다. 따라서 국가의 운영도 자연의 질서에 종속되어 자연의 변화에 순응하는 농업경제를 운영하여야 정당성을 인정받았다. 국가의 행성소식을 여섯으로 나눈 것도 인간이 살아가는 공간 속에서 계절의 변화에 맞게 운영하고자 하는 의미가 담겨 있다.

서구에서는 자연의 법칙과 인간의 규범의 분리는 고대 그리스 아테네의 소피스트부터 그 맹아를 찾아볼 수 있을 것이다. 스토아학파에 이르러서는 자연법칙이 영구법(永久法)의 위치를 차지하여 인간의 법과의 관계를 맺고 있었지만, 중세에 와서는 자연의 법칙의 영역이 신의 의지 또는 이성으로 대체되었다. 특히 근대에 와서는 영구법의 영역은 없어지고 자연법(自然法)의 영역에 인간의 이성이 자리를 잡게 되었다. 물론 법실증주의자에 의하여 자연법의 입지도 좁아지고 오직 주권자의 의지에 의한 입법만이 법개념의 중심에 자리 잡게 된다.

그러나 동양의 경우 자연의 법칙이 역사 이래로 인간의 규범의 정당성의 근거로 요지부동의 자리를 지키고 있다. 이것은 동양의 법이 근대화되지 못한 징표로 여겨졌으며, 현대에 와서 동양의 전통법이 배척되는 이유를 낳기도 하였다. 하지만 그러한 견해는 인간의 삶이 자연질서 속에 매몰되어 있을 때에 가능한 것이다. 오히려 인간의 삶을 더 풍부하게 하기 위하여 자연의 변화를 잘 이용하여 삶을 영위할 수 있도록 하고 있으며 이러한 의미에서 또한 왕권을 자의로부터 배제하고 있는 것이다. 자연에 대한 이해도 절대신과 같은 종교차원의 이해가 아니라 인간의 삶의 차원에서의 이해이기 때문에 인간중심인 인문주의가 그대로 드러난다고 할 것이다.

이러한 동양의 인문주의는 서구와는 달리 인간의 역사와 같이 하고 있다고 할 수 있다. 즉 동양인이 가지고 있는 세계관은 철저히 인간중심의 세계관인 것이다. 그것은 하늘에 대한 인간의 이해도 역시 그러하다는 것이다. 그리고 그러한 이해관계 속에서 인간의 질서 역시 이해하고 있다는 것이다. 이것은 서구에서는 신탁정치가 오랫동안 있어온 데에 비하여 동양에서는 은나라의 갑골점(甲骨占)에서 나타나듯이 신에 대한 절대성이나 신비성은 많이 퇴색되었다. 춘추전국시대의 유가의 관점에서 본 하늘의 이미지도 인격천(人格天) 내지는 도덕천(道德天) 더 나아가서 자연천(自然天)과 같은 개념이었다고 할 수 있다(1991). 즉 하늘을 절대자나 또는 절대자의 삶의 공간으로 보지 않았다. 피조물인 인간과 만물에게 정해진 변화 속에서 일정한 환경을 부여하는 그런 존재인 것이다. 그래서 인격체이며 도덕체이며 더 나아가 스스로 그러한 자연인 것이다. 인간은 그러한 하늘의 일정한 변화를 제대로 읽고 땅 위에서 자연을 이용하여 삶을 영위하면 되는 것이었다. 인간에게 하늘 밖의 일은 관심 밖이었던 것이다. 그래서 그들에게 우주는 하늘과 땅 사이의 한정된 공간과 사계절의 끊임없는 순환인 시간의 합체였다. 그러한 공간과 시간은 인간이해의 범위 안이었고 인간의 삶과의 연관 속에서 이해 가능한 것이었다. 하늘의 일정한 변화를 잘 살펴서 땅을 이용하여 다른 생명체의 생장을 해치지 않고 주변환경을 잘 이용하여 살아가는 것이 바로 군자의 삶이었다. 결국 국가의 규범도 그러는 한에서 의미가 있는 것이고 정당성을 인정받는 것이다.

Ⅲ.

전통문화에 대한 오류와 오해에 대한 그의 연구는 다양하다.

유교문화에서의 가장 큰 약점은 유교적 가부장제라는 데에 있다. 남존여비의 사상 속에서 여자는 태어나서는 부모에게, 결혼해서는 남편에게, 그리고 남편이 죽으면 자식에게 종속되어야 한다는 삼종지도는 가장 큰 공격을 받는 것 중의 하나다. 특히 유교문화는 남녀 간의 차별을 극심히 만드는 데 기여했다는 비판으로 인하여 유교문화는 폐기처분해야 할 것으로 치부하고 있다. 그의 연구는 그러한 풍토에서 오히려 유교문화 속에서의 남녀평등의 가능성을 모색하고 있다(2002b). 기존의 사상에서는 그 어느 것도 남녀평등에 대한 이론적 근거를 마련해주지 못하고 있다. 헬레니즘과 헤브라이즘에서도 남녀평등의 이론적 근거를 찾기란 불가능할 뿐이다. 그런데 우리나라에서 남녀차별을 정당화하는 근거로 알려진 유교문화에서 남녀평등을 찾는 것은 참으로 이해하기 힘들 것이다. 그러나 진희권은 전통법에 대한 연구를 통하여 유교전통문화 속에서 오늘날 약점으로 알려져 있는 많은 것들이 유교문화의 근본에 대한 몰이해와 신분제도하에서 왜곡되어 나타난 것이지 원래 유교사상에서 비롯된 것은 아니라는 견해를 가지고 있다. 그가 이러한 관점을 가지고 있는 데는 약간의 숨겨진 목적이 존재한다고 할 수 있다. 몽테스키외의 경우도 다른 나라의 법을 계수하는 것이 필요할지는 모르지만 불가능하다고 했다. 그것은 라드브루흐도 이야기했듯이 법학은 문화의 영역이라는 데 있다. 결국 대한민국에서의 유교문화는 인위적으로 없앨 수 없는 것이다. 이러한 환경 속에서 서구법의 유입과 더불어 서구법 이론의 무분별한 유입은 결국 법학과 법현실 간의 괴리를 더욱더 심화시킬 뿐이다. 법은 결국 우리의 문제를 해결하여야 할 수단이고 보면 우리의 문화에 대한 이해 없이 서구의 법의 도입은 결국 이중고를 만드는 일이 된다. 결국 수범자인 국민에게 그 피해가 돌아갈 수밖에 없는 구조가 되는 것이다. 실지로 대한민국은 정부가 수립되고 나서 60여 년 동안 헌법이 10번이나 바뀌었다. 제정되고 개정될 때마다 그 법은 세계에 내놔도 부끄럽지 않는 최고의 법이었다. 하지만 그 법은 우리의 현실을 도외시한 법이었고, 선언적인 헌법의 모습을 지닌 경우가 많았다. 결국 지금의 헌법도 개헌에 대한 논의가 있는 것을 보면 정말 법이란 멋있게 선진국처럼 만들면 안 된다는 것을 실감하게 된다.

비록 서구의 법제도를 계수하여 법을 제정하였더라도 우리의 법인 이상 우리의 방식으로 문제를 해결하도록 적용하여야 한다. 비록 그 방법이 전근대적이라고 평가하고 세계화되지 못했다고 하더라도 그것은 우리의 방식이기 때문이다. 하지만 우리의 법현실은 그 법을 해석하기 위하여 서구의 이론을 그대로 도입하여 소개하고 있다. 그래서 그 이론은 강학상의 이론이며, 시험을 보기 위한 이론으로 그치는 것이 비일비재하다.

그래서 최소한 우리가 가지고 있던 전통의 방식과 방법에 대한 재해석이 필요한 시기가 지금이 아닌가 그는 생각하고 있다. 차별이 있다면 없애야 한다는 섣부른 접근이 아니라, 먼저 왜 차별이 있었는가를 살펴보는 것이다. 그 근거가 되는 문화가 무엇이며 어떠한 사상에서 그런 제도가 생겨났는지를 보는 것이다. 왜냐하면 법철학이 해야 할 일이 바로 그런 일이기 때문이다.

그는 남녀평등의 문제는 유교윤리의 남녀유별(男女有別)의 이유를 살펴보고 그 남녀가 가지는 하늘과 땅의 의미를 말하고 있다. 서구의 사상과는 달리 동양에서는 창조자는 하늘과 땅이다. 하늘과 땅의 조화를 통하여 만물을 창조하는 것이다. 이때에 하늘과 땅은 각기의 역할이 있다. 하늘은 생명의 씨앗과 더불어 생명을 키울 수 있는 환경과 영양분을 땅에 공급한다. 땅은 그것들을 받아서 생명을 양육하는 역할을 한다. 이러한 각자의 역할을 제대로 할 때에 생명이 탄생하여 삶을 살아갈 수 있다. 하늘과 땅은 각자의 역할 분담을 통하여 피조물을 창조하는 것이기에 그 누구 일방의 의지나 명령만으로 불가능한 것이다. 이러한 땅의 창조자로서의 역할을 여자가 하는 것이고, 남자는 하늘의 역할을 하는 것이다. 그래서 남녀의 역할이 다르다는 데서 유별인 것이다(2005).

이러한 하늘과 땅 그리고 피조물의 관계에서 인간이 존엄한 이유를 말하고 있다. 인간은 피조물의 하나지만 다른 피조물과는 달리 하늘과 땅과 벗하여 만물을 기를 수 있는 능력을 가지고 있다는 것이다. 그 능력이 바로 농(農)이다. 다른 생명체와 달리 인간은 다른 종의 생명을 기를 수 있는 능력이 존재한다. 물론 그 반대로 파괴할 수 있는 능력도 있다. 하지만 오늘날에 인간에 의한 다른 종의 멸종이나 환경파괴는 인간의 생존을 위협하는 실마리가 되고 있는 것은 누구나 다 알 것이다. 동양의 사상도 후자가 아닌 전자의 인간의 모습에 희망을 걸고 있다는 것이다. 결국 하늘의 시간과 땅의 이용을 통하여 존재하는 모든 생명체가 제대로 살아갈 수 있으며 환경이 보존될 때에 인간은 그로부터 더 많은 잉여를 얻을 수 있는 것이다. 따라서 그러한 가능성을 가진 인간으로서의 존재이기에 다른 생명체와 구별되며, 바른 방향으로 나가야 하기 때문에 법에 의한 금지보다는 교육을 통한 우주공간의 생명체의 탄생과 삶에 대한 이해가 필요한 것이다. 그는 '똑같다'라는 데서는 오늘과 같은 경쟁사회에서 평등은 요원하다고 생각한다. 오히려 다르다는 데서 서로 필요를 느끼고 존중하면서 평등이라는 상황이 만들어진다고 바라본다.

이러한 관점을 가지고 여러 분야에서 동양에 대해 가지는 우리나라 사람들의 오리엔탈리즘에 대해서 다른 관점을 가지고 오해와 편견을 풀려는 노력을 연구를 통해서 이어나가고 있다.

그 중 하나가 법치는 동양의 전통사회에서는 존재하지 않았고 서구근대의 산물이라고 보는 데 있다. 그리고 비록 전국시대(戰國, BC 475-BC 221)에 법가(法家)의 법치가 있었지만 그것은 왕권을 통제할 수 없는 법치라는 평가를 내리는 데 대하여 단호히 그렇지 않음을 밝히고 있다(2006, 2007). 특히 유가의 왕도정치(王道政治)는 왕에 의한 통치로 법치와 상관되는 인치(人治)라는 이해는 완전히 잘못된 이해라고 바로잡고 있다(2004). 그는 순자의 논거를 들어서 왕도정치는 성왕(聖王)의 정치이긴 하지만 성왕의 자의에 의한 정치는 아니라고 하다. 춘추전국시대의 유가에 의하면 전설상의 왕으로 대동사회(大同社會)를 이루었다는 요(堯)임금과 순(舜)임금의 통치방법은 유교통치의 전형으로 상정하고 있다. 서경(書經)과 시경(詩經)을 통하여 그들의 통치방법은 대략적으로 알 수 있지만, 구체적인 정치제도의 모습은 남아 있지 않기 때문에 후대의 왕인 하나라의 시조인 우왕(禹王), 은나라의 시조인 탕왕(湯王), 주나라를 건국한 문왕(文王)과 무왕(武王), 그리고 무왕의 동생인 주공(周公) 등이 만든 정치제도를 본받아서 구체적인 제도를 만들어야 한다는 것이다. 더구나 여기서 탕왕과 무왕은 역성혁명의 주역이고 보면 법제도의 내용뿐만 아니라 실제로 그 제도를 실행하여 국가의 구성원들이 자기의 역할을 하며 생을 영위할 수 있는 조건을 만들어야 할 의무가 왕에게 존재하는 것이다.

또한 그가 바라본 법가의 법치는 가혹하고 엄격한 형벌로 국민을 다스리는 그러한 법치가 아니라 성문법을 통하여 백성들에게 신뢰를 줄 수 있는 법치의 모습을 담고 있다. 역사상 춘추시대의 최초의 패왕(覇王)이 제(齊)나라 환공(桓公, 재위 BC 685-BC 643)이 된 것은 관중(管仲, ?-BC 645)의 법치에 따른 결과이고, 전국시대에 중국을 통일한 진나라도 당시에 가장 미개한 변두리 국가였지만 상앙(商鞅, BC 390?-BC 338)이나 이사(李斯, ?-BC 208)의 법치를 통하여 강한 국가가 된 것을 보면 법치의 위력을 알 수 있다고 할 것이다.

또한 조선에서의 왕권(王權)은 최고의 권위이기는 하지만 신권(臣權)과 적절한 균형 속에서 존재하고 있는 것으로 보았다. 동양적 전제군주라고 한다면 누구나 무소불위의 권력을 생각할 것이다. 하지만 실제로 서구 근대의 계몽군주에 비하면 다양한 제도와 인적 관계에 얽매어 있어서 자의적인 권력을 행사하기가 쉽지 않았다. 더욱이 조선의 경우 강력한 군주로 알려진 태종(太宗, 재위 1400-1418)의 경우도 정해진 제도에 의한 처벌이나 행정에 힘썼으며, 말단관료인 역사를 기록하는 사관(史官)들의 눈치를 봤다는 사실을 지적하면서 권력의 균형을 말하고 있다. 그리고 조종성헌(祖宗成憲)이란 원칙이 그 당시에 존재하였다. 즉 왕은 윗대에서 만들어진 법을 함부로 고치지 않고 준수해야한다는 원칙이다. 이러한 원칙으로 말미암아 법을 개정하는 일을 함부로 하지 않았고, 법적 안정성에 기여한 바가 크다고 할 것이다(1999).

조선의 인권침해와 관련하여 고문에 대한 경국대전의 규정을 드는 경향이 있다. 하지만 그는 단순히 고문이 합법화되어 있다는 것만을 가지고 피의자의 인권침해라고 단언하기 어렵다고 한다. 실제로 고문에 대한 제도가 없는 오늘날에도 불법적인 고문이 행해졌다는 멀지 않은 과거의 사실이 우리를 불편하게 하는 것이 사실이다. 오히려 수백 년 전의 상황으로 돌아가서 고문이 법제화되어서 고문의 형식이 태형 30대로 정해지고, 고문 후 3일의 휴지기를 두고, 고문 후 치료하며 나중에 형을 집행할 때에 가해진 태형을 산입하여 형을 감경해주는 제도는 나름 정당성을 갖고 있다고 말한다(2000a, 2002c).

동양의 문화에 관련된 문제 중의 하나가 공(公)과 사(私)의 문제라고 할 수 있다. 유교문화가 가족윤리를 바탕으로 확장되어 나간 것이기에 공사의 문제는 국가를 운영하는데 있어서 커다란 문제가 아닐 수 없다. "팔은 안으로 굽는다"는 속담이 있듯이 중요한 결정을 한다든다 판단을 하는 데 있어서 정리주의(情理主義)적 사고는 왜곡된 형대로 나아가기 마련이기 때문이다. 따라서 국가를 통치하는 데는 이러한 문제는 걸림돌로 작용할 수밖에 없기 때문이다. 때문에 객관성을 담보하기 위한 여러 제도들을 두고 있으며, 공적인 영역을 확대하여 왜곡을 최대한 줄이려는 노력을 하고 있음을 밝히고 있다(2002d).

Ⅳ.

그는 이러한 연구를 통하여 전통의 법질서 또는 법문화가 오늘날 가지는 의미를 제시하고 있다. 법이 보호하는 개인적 법익은 강학상 생명, 신체, 재산, 인격 등이다. 하지만 이것은 독립적인 개인에 향해져 있음을 그는 직시하고 있다. 법의 효과가 개인 혼자에게 주어진다고 하더라도 법의 출발과 내용은 독립적인 개인 혼자만을 향한 것이 아니다. 사회적 존재로서의 개인이 바로 그 대상이 될 것이다. 하지만 서구의 법은 개인에게 향해져 있거나 아니면 극단적으로 공동체에 향해져 있다.

이 사이에 존재해야 하는 가치를 그는 가족이라고 보았다. 그는 그 동안의 연구를 통하여 유교에 존재하는 가족중심의 윤리와 규범에 커다란 관심을 가지게 되었다. 유교윤리의 기본이 되는 오륜(五倫)은 바로 가족관계의 윤리가 사회윤리로 그리고 국가규범으로 확산되는 것을 보여주고 있다. 또한 전통법제하에서 사면이 안 되는 십악(十惡)이라는 범죄도 왕의 권위에 대한 범죄나 국가범죄를 제외하고는 가족 간의 윤리에 어긋난 행위를 대상으로 하고 있다. 이러한 것들이 바로 유교윤리의 시발점이 가족에게서 출발한다는 것을 보여주는 것이라 할 것이다(2002a).

인간은 태어남과 동시에 가족과의 관계에서 출발한다. 가족 안에서 생육되면서 사회에 나갈 구성원으로 성장한다. 이러한 환경 속에서 가족이란 나의 존재를 확인해주는 또 다른 환경이며, 사회에 나갔을 때에 든든한 후견자로서의 역할을 한다. 따라서 가족의 의미는 인간의 삶의 터전이며 충전소로서의 의미를 가지고 있다. 오늘날 청소년 범죄가 대부분 왜곡된 가정에서 영향을 받은 것으로 나타나고 있는 현실은 가정을 자율적인 영역으로 그대로 두기에는 어렵다고 판단하고 있다. 현재의 법제도가 보호하고자 하는 최선의 가치는 여전히 개인의 법익이다 보니, 사회규범으로서의 법의 성격이 약해지고 있다. 따라서 개별적인 인간관계나 상대방에 대한 충분한 고려 없이 법이 집행되고 적용되는 현실에 새로운 지향점을 제시할 필요가 있다는 것이다.

하지만 근대적 의미의 법제도와 탈근대적 의미의 법 가운데는 개인의 권리보장이 큰 자리를 차지하고 있다. 이러한 이유는 국가권력이나 종교에 의한 개인의 권리 침해에 대한 반작용으로 등장한 것이다. 그러나 오늘날 개인의 권리에 치중하고 있기 때문에 법이 해야 할 본연의 기능을 상실하고 있다고 보고 있다. 즉 법적 해결이 개인의 권리를 회복하는 데 중심을 두다 보니 인간에 대하여 기계적인 해결만이 가능할 뿐이다. 인간의 공존질서를 위하여 만들어진 법이 오히려 인간관계를 파괴하는 데 역할을 하고 있는 것에 대한 경고와 더불어 그 문제를 풀 실마리로 가족주의를 들고 있다.

규범에서의 개인은 개인 혼자로서의 의미가 아니라 사회 속에서 관계를 맺는 개인으로서 의미가 있다면 그 시발점인 가족에 대한 보호가 법익의 하나로 자리 잡아야 할 것이다. 이러한 가족주의는 개인주의와 공동체주의가 가지는 결점을 보완할 수 있을 것으로 예견하고 있다. 가족 내의 관계는 부부라는 횡적 관계에서 출발한다. 동등한 인격체인 남녀가 만나서 가정을 이루고 각자의 역할을 함으로써 가정을 유지해 나간다. 이러한 가정에서 자녀를 낳으면서 새로운 관계인 종적 관계가 만들어진다. 하지만 이 종적 관계는 일방의 수단이 되거나 일방이 목적이 되는 관계가 아니라 쌍방이 서로 목적과 수단이 되는 관계인 것이다. 하지만 이 관계는 자연적인 관계이지 법적인 관계가 아니다. 따라서 가능한 한 법은 이러한 관계가 자연스럽게 이루어지도록 보호해야 한다. 하지만 그러한 관계가 부자연스러울 때는 법은 가차 없이 관여해야 한다. 이는 서구의 전통법과는 달리 가족 간의 분쟁이 있을 때에 적극적으로 개입하여 부자연스러운 것을 바로잡아야 한다. 물론 여기에서 자연스러움이나 부자연스러움은 일반적이고 일관된 기준을 가지고 정하기는 힘들다. 법이 적용되는 공간과 시간에 따라 한계가 정해져야 하면 그러한 시공에 존재하는 일반인들의 이해가능성이라는 범주 안에서 정해져야 할 것이다.

그는 이러한 가족주의의 관점에서 라드브루흐가 이야기한 합목적성에 대하여 수정을 요구하고 있다. 라드브루흐는 법의 이념 중의 하나로 합목적성을 들고 있으며, 합목적성에는 각각의 나라가 추구하는 목적에 따라 개인주의 · 단체주의 · 문화주의로 구분하고 있다. 그에 의하면 문화주의는 과거에는 존재하였지만 —피라미드를 만든 이집트 문명이나, 마야문명과 같이— 이제는 더 이상 존재하지 않는 것으로 파악하고 있다. 진희권은 여기서 문화주의를 대체할 것으로 가족주의를 들고 있다(2008). 그의 사고에 의하면 문화주의는 가족주의의 연장선상에서 존재하는 것이라 보고 있다. 즉 위대한 건축물은 한 왕조의 위대함과 영원함을 기원하기 위하여 제국의 군주와 그를 옹호하는 백성들에 의해서 만들어진 것이며, 작게는 도자기나 가구와 같이 한 가문이 긴 시간을 통하여 이뤄 놓은 작품들도 문화에 해당하다고 보는 것이다. 이 모든 것이 가족과 연관성을 맺고 있다고 보는 것이다. 가족을 중시하는 동양의 문화 속에서, 가문(家門)을 영속하려는 모습 속에서 문화의 실마리를 그는 찾았기 때문이다. 즉 효는 부모에 대한 존경과 봉양에서 더 나아가 다음 세대에로 생명을 넘겨줌으로써, 한 사람이 아니라 한 가문의 영생을 바라보고 있기 때문이다. 그 속에서 나름대로 자기 가문만의 가치관이나 생활풍습들을 이어나가고, 다양한 작품 활동이나 사회활동을 통하여 존재감을 나타내고 족보를 통하여 영원히 이어나가려는 모습은 작게는 한 가문의 일이지만, 그 가문이 왕이나 권력자의 가문일 경우에는 국가적인 업적을 만들어 나간다고 보고 있다.

그는 유교를 비롯한 동양의 전통규범을 연구하면서 오늘날 법에서 보호하는 법익(法益)보다 —오늘날 형사법에서는 국가적 법익, 사회적 법익, 개인적 법익으로 구분하고 있으며, 민사법에서는 주로 개인의 소유권에 기한 권리의 문제이다— 더 원초적으로 보호해야 할 법익은 개인의 탄생과 같이하는 가족적 법익이야말로 가장 원초적인 법익이라는 데 관심을 가지고 있다. 이러한 관심은 오늘날 어느 특정지역만의 모습이 아니라 전 세계적으로 가족의 중요성을 중시하는 환경 속에서 매우 의미가 있다고 보는 것이다.

진희권의 이러한 한국의 문화 속에 존재하는 규범문화에 대한 연구는 중국의 유가나 법가 등의 사상에 국한하고 있지 않음은 그의 사형제도에 대한 논문을 통하여 알아볼 수 있다(2010b). 조선에서의 문화가 유교문화라면 그 이전의 삼국시대에서 고려까지는 불교문화가 국민의 윤리와 규범에 영향을 끼치던 시대라고 할 수 있다. 그의 연구의 영역을 불교에까지 확장하는 이유는 한국의 수천년 역사 속에 존재하는 규범의 사상적 기반을 밝히고자 하는 욕심에서 비롯된 것이다. 그는 현재에 불교의 계율의 연구를 통하여 불교에서의 규범원리와 사상 등에 관한 기초작업을 진행하고 있다. 이러한 연구가 계속 쌓여 한국에서의 불교가 갖는 규범적인 의미에 대하여 밝혀주는 결과가 나올 것을 기대한다.

인용된 저술목록

(1991)『순자의 법사상』, 고려대학교 석사학위논문.

(1999) "조선에서의 국가권력의 통제,"「안암법학」 제8호, 안암법학회.

(2000a) "조선시대의 형벌사상,"「안암법학」 제11호, 안암법학회.

(2000b) "동서양의 법이해,"「동양사회사상」 제3집, 동양사회사상학회.

(2002a) "십악을 통해서 본 유교의 형벌관,"「법철학연구」 제5권 제1호, 한국법철학회.

(2002b) "유교적 관점에서 바라본 성(性),"「법철학연구」 제5권 제2호, 한국법철학회.

(2002c) "유교사상과 조선조 형사절차,"「동양사회사상」 제6집, 동양사회사상학회.

(2002d) "조선시대 법제도를 통해서본 공사관(公私觀),"「동아시아 문화와 사상」 제9호, 열화당.

(2004) "순자의 예치와 한비자의 법치,"「법철학연구」 제7권 제2호, 한국법철학회.

(2005) "조선에서의 여성의 법적 지위에 대한 소고,"「법철학연구」 제8권 제2호, 한국법철학회.

(2006) "한비자 법치의 재해석,"「법철학연구」 제9권 제2호.

(2007) "선진 법가의 정의관에 관한 일고찰,"「안암법학」 통권 제24호, 안암법학회.

(2008) "합목적성에 대한 일고찰,"「안암법학」 제27호, 안암법학회.

(2010a) "「예기」의 월령에 나타난 유교의 자연질서와 자연법,"「동양사회사상」 제3집, 동양사회사상학회.

(2010b) "불교의 생명관을 통해서 바라본 사형제도,"「교정담론」 제4권 제1호, 아시아교정포럼.

한상수

한상수는 서울대학교 법과대학을 졸업한 후 부산대학교 대학원 법학과 석사 및 박사과정을 마치고 『시민적 불복종에 관한 연구』라는 논문으로 법학박사 학위를 취득하였다. 현재 인제대학교 법학과 교수로 재직하면서 한국법철학회 비상임 부회장을 맡고 있다.

Ⅰ.

한상수는 법철학을 〈법의 근본적인 문제들을 비판적이고 성찰적으로 탐구하는 체계적인 사고활동과 이를 바탕으로 성립된 지식체계〉(2011c)라고 이해하면서 법철학은 철학과 법학이 중첩되는 영역에 자리잡고 있다고 본다. 비판성과 성찰성 그리고 이념지향성이라는 특징을 갖는 법철학은 세 가지 이론적 차원에서 다음과 같은 중심적인 과제를 갖고 있다. 즉, 법철학은 존재론의 차원에서는 법의 본질과 효력을 규명해야 할 과제를, 인식론의 차원에서는 법의 근원에 대한 인식의 문제와 법규범의 의미를 해석하는 문제를 해결해야 할 과제를, 그리고 가치론의 차원에서는 법체계의 정당화에 관한 문제와 법이념에 관한 문제를 해결해야 할 과제를 갖고 있다(2011c). 역사적으로 수많은 법철학자들은 이 세 가지 과제에 대해 독자적인 관점에서 자신의 체계적인 이론을 제시해 왔다. 한상수는 자신의 독자적인 법철학을 정립하기 위해서는 먼저 선행하는 법철학적 이론들에 대한 탐구가 반드시 필요하다는 인식을 갖게 되었다. 한상수의 법철학 연구가 고대서양 법철학에 대한 연구에서 출발하게 된 것은 바로 이러한 이유 때문이다.

지금까지 진행된 한상수의 법철학 연구는 크게 다음과 같은 세 가지 주제를 중심으로 전개되었다. 첫 번째 주제는 서양고대 법철학자들의 이론을 법철학사적 관점에서 새롭게 조명하는 것이고, 두 번째 주제는 이성중심의 모더니즘적 법철학을 포스트모더니즘적 관점에서 비판하고 법철학의 새로운 패러다임으로서 욕망의 법철학을 제시하는 것이다. 그리고 마지막 주제는 현대의 심각한 생태위기문제에 대응하기 위한 법학의 새로운 패러다임으로 녹색법학을 제창하는 것이다. 첫 번째 주제는 1990년대에 시작되어 지금까지도 연구가 계속되고 있는 주제이다. 시간적으로 따지면, 한상수의 법철학 연구는 대부분 이 주제에 집중되었다고 해도 과언이 아니다. 두 번째 주제에 대한 연구는 2000년대 중반에 시작된 것으로서 현재 집중적으로 연구가 진행되고 있는 주제이다. 이 주제에 대한 연구결과는 조만간 한 권의 책으로 발표될 예정이다. 세 번째 주제는 2010년대에 들어서면서 새롭게 탐구하기 시작한 주제로서 두 번째 주제에 대한 연구가 완료된 이후에 중점적으로 연구하게 될 주제이다. 한상수는 자신의 법철학이 자신이 지금까지 진행해 온 법철학적 연구의 총체일 수밖에 없다는 인식을 가지고 있다. 따라서 지금까지 한상수가 진행해 온 법철학 연구의 내용을 간략하게 요약하는 것이 그의 법철학을 소개하는 가장 좋은 방법이 될 것이다.

Ⅱ.

한상수가 자신의 법철학 연구를 진행하는 과정에서 가장 먼저 선택한 연구주제는 서양고대의 주요한 법철학이론을 체계적으로 연구하는 것이었다. 그가 이러한 방향에서 연구주제를 선택한 이유는 〈모든 법철학은 법철학사이다〉라는 명제의 의미에 대한 중요한 인식 때문이었다. 모든 학문이 그러하듯 법철학의 경우에도 시대와 장소를 초월한 보편적인 법철학이 존재하는 것은 아니다. 사실 모든 법철학은 특정한 시대와 장소에서 그 시대의 법철학자들이 당면한 시대적 요구에 대응하기 위해 전개한 학문적 노력의 산물인 것이다. 한 시대의 학문적 노력의 결실은 당대를 넘어서서 다음 시대로 이어지게 된다. 후대의 법철학자들은 앞선 시대의 법철학자들의 연구성과를 분석하고 비판하고 계승하게 된다. 이러한 과정을 거쳐서 새로운 시대의 새로운 법철학이 탄생하게 되는 것이다. 이러한 맥락에서 우리 시대의 새로운 법철학을 제시하기 위해서는 법철학의 역사적 전개과정에 대한 체계적인 이해가 반드시 필요하다고 할 것이다. 법철학의 시대성과 역사성에 대한 이러한 인식을 바탕으로 한상수는 현대서양 법철학의 뿌리라고 할 수 있는 서양고대의 법철학에 대한 체계적인 연구를 진행하게 된 것이다. 서양고대의 법철학에 대한 한상수의 연구는 주로 플라톤과 아리스토텔레스의 법철학에 집중되었다. 이를 간략하게 설명하면 다음과 같다.

한상수가 가장 먼저 법철학연구의 대상으로 삼았던 것은 플라톤의 법철학이었다. 1990년대에 들어서면서 시작된 플라톤의 법철학에 대한 한상수의 연구는 플라톤이 자신의 대표적인 중기저작인 『국가』에서 제시한 이상국가론과 정의론에 관한 연구(1996b)에서 출발하였으며, 플라톤이 자신의 마지막 저작인 『법률』에서 전개한 법치국가론에 관한 연구(1999), 그리고 플라톤이 자신의 후기 저작에서 국가구성 및 운영의 원리로서 중요한 의미를 부여한 혼합국가론에 관한 연구(2011b)로 이어지게 된다.

플라톤은 당시 그리스에서 제시된 다양한 정의론이 지나치게 단편적이고 지엽적인 것이어서 정의의 본질을 제대로 포착하지 못하고 있다는 비판적 인식을 바탕으로 새로운 차원에서 거시적이고 통합적인 정의를 구성하고자 하였다. 플라톤의 정의론의 출발점은 인간의 영혼의 구조에 대한 분석이었다. 플라톤은 인간의 영혼은 이성, 기개, 욕망이라는 3가지 부분으로 구성되어 있다고 보았다. 플라톤에 따르면, 개인적 차원에서의 정의란 기개와 욕망이라는 영혼의 하위부분들이 영혼의 상위부분에 해당하는 이성에 의해 통제됨으로써 영혼의 3부분들 사이에 조화와 통일이 실현되는 것을 말하는 것이다. 플라톤은 개인적 차원의 정의를 국가의 차원으로 확대하여 국가적 정의에 대한 이론을 구성한다. 플라톤은 국가는 영혼의 구조에 대응하여 통치자계급, 군인계급, 그리고 생산자계급이라는 세 개의 계급으로 구성되어야 한다고 주장한다. 플라톤에 따르면, 국가적 정의란 통치자계급의 지도에 따라 국가를 구성하는 각각의 계급들이 자신에게 주어진 직무를 성실하게 수행함으로써 국가 전체의 조화와 통일이 실현되는 것을 말한다. 플라톤의 정의론은 1) 인간의 본성에 대한 철학적 분석을 기초로 하여 포괄적이고 거시적인 정의론을 구성하고 있다는 점, 2) 개인적 차원에서의 정의와 국가적 차원에서의 정의를 유기적으로 결합시키고 있다는 점, 3) 정의의 본질이 개인과 국가의 조화와 통일이라고 파악하고 있다는 점이 특징이다. 한 가지 주목할 점은 플라톤이 개인에 대해서는 영혼의 세 부분 가운데 이성에 중심적인 지위와 역할을 부여하고 또 국가에 대해서는 이성을 갖춘 통치자계급의 역할을 강조하는 이성중심적 관점을 취하고 있다는 것이다. 플라톤의 이러한 이성중심적 관점은 이후 서양 법철학의 주류를 형성하는 이성중심주의의 원천이 되고 있다.

플라톤은 중기까지는 철인통치를 기반으로 하는 이상국가를 주장하였다. 하지만 후기에 들어서면서 철인통치의 실현가능성에 의문을 제기하면서 법치국가를 실현가능한 최선의 국가형태로 제시한다. 플라톤은 이상국가에서는 철인의 지혜가 통치의 가장 중요한 덕목이 된다고 보았지만 법치국가에서는 철인의 지혜보다는 시민들의 절제와 준법정신이 더 중요한 의미를 갖는다고 보았다. 뿐만 아니라 플라톤은 민주제적 원리뿐만 아니라 귀족제적 원리와 군주제적 원리를 유기적으로 결합시켜 국가기관을 구성해야 한다는 혼합국가론을 제시하게 된다. 플라톤은 혼합국가에서는 민주제적 · 귀족제적 · 군주제적 원리에 따라 구성되는 여러 국가기관들 사이에 서로를 적절하게 견제할 수 있는 제도적 장치들을 도입함으로써 국가기관의 자의적인 권력행사를 제한해야 한다는 점을 강조하고 있다. 플라톤의 법치국가론과 혼합국가론에 대한 연구를 통해서 한상수는 근대서양에서 이론적 · 제도적으로 정립된 것으로 알려진 법치국가의 원리와 권력분립의 원리가 사실은 플라톤의 법철학에 기원을 두고 있다는 것을 확인할 수 있었다.

플라톤의 법철학에 대한 한상수의 관심은 자연스럽게 플라톤의 비판적 계승자인 아리스토텔레스의 법철학에 대한 관심으로 이어지게 된다. 아리스토텔레스의 법철학과 관련하여 한상수가 중점적으로 연구한 주제는 정의론의 고전적 모델로 알려진 아리스토텔레스의 정의론(2001a), 법치국가론(2005), 가족설로 알려진 국가의 기원에 관한 이론(2006), 그리고 정치적 동물로서의 인간론(2007a) 등이다.

아리스토텔레스는 인간의 궁극적 목적이 행복이며, 행복을 실현하기 위한 필수적인 조건이 덕이라고 보았다. 덕의 본질은 양 극단에 치우치지 않는 중용이다. 인간의 덕은 인간이 자신의 고유한 기능인 이성을 발휘하는 것으로서 인간이 실현해야 할 다양한 덕 가운데 가장 포괄적인 덕이 바로 정의이다. 아리스토텔레스에 따르면, 정의는 합법성으로서의 일반적 정의와 가치의 공정한 배분 원리로서의 특수적 정의로 구분된다. 일반적 정의가 합법성이라는 내용을 갖게 되는 이유는 법은 인간이 실현해야 할 여러 가지 덕을 명령하고, 인간이 행해서는 안 될 여러 가지 악덕을 금지하는 규범이기 때문이다. 즉, 법이 덕을 명령하고 악덕을 금지하기 때문에 법을 준수함으로써 인간은 덕을 실현할 수 있게 된다는 것이다. 또 아리스토텔레스는 특수적 정의를 다시 공동체의 가치를 공정한 기준에 따라 비례적으로 배분해야 한다는 분배적 정의, 가치의 분배 상태가 일정한 원인에 의해 파괴된 경우에 그것을 원래의 상태대로 바로잡아야 한다는 시정적 정의, 그리고 교환에 있어서 재화의 등가성을 요구하는 교환적 정의로 세분화하여 자세하게 분석하고 있다. 한편 아리스토텔레스는 정의의 여러 원칙을 기계적으로 적용함으로써 발생할 수 있는 구체적 타당성의 결여라는 결함을 해소하기 위해 형평의 중요성을 강조한다. 형평이란 구체적인 상황의 요구에 맞게 정의의 원리를 탄력적으로 적용해야 한다는 요청을 말한다. 아리스토텔레스의 정의론은 오늘날까지도 정의론의 고전적인 공식으로 인정받고 있다.

아리스토텔레스는 국가의 기원과 관련하여 가족이라는 소규모 공동체가 자족성을 증대시키기 위해 촌락이라는 중간규모의 공동체로 확장되고, 다시 국가라는 최고의 공동체로 확대되었다고 주장한다. 가족설이라고 알려진 아리스토텔레스의 이론에서 우리가 주목해야 할 점은 아리스토텔레스가 국가의 형성과정을 공동체의 자족성을 증대시키는 과정으로 본다는 것이다. 즉, 국가의 발생과정은 단순히 공동체의 규모의 확장이 아니라 자족성의 증대라는 공동체의 구성원들의 요구가 실현되는 과정이라는 점이다.

한편 아리스토텔레스는 플라톤의 법치국가론을 계승하면서 자신의 고유한 법치국가론을 제시하고 있다. 아리스토텔레스는 법이란 인간의 실천적 지혜(phronesis)에 의해 정립되는 일반적인 규범으로서 공동체의 구성원들에 의해 승인되고 내면화된 것이라고 본다. 아리스토텔레스에 따르면, 법의 지배의 목적은 공동체의 구성원들이 정의를 실천함으로써 궁극적으로 개인의 행복과 공동체의 자족성을 실현하는 것이다. 아리스토텔레스는 법의 지배는 사람에 의한 지배가 아니라 법에 의한 지배라고 규정한다. 아리스토텔레스에 따르면, 사람에 의한 지배는 통치자 개인의 욕망에 의한 야수적이고 전제적인 지배로 전락하게 된다. 반면에 법에 의한 지배는 〈욕망이 없는 이성〉에 의한 지배이며, 따라서 사적 이익을 위한 지배가 아니라 공동이익을 위한 지배이다. 아리스토텔레스는 법의 지배를 실현하기 위한 방안으로서 한편으로는 법의 교육적 효과를 강조하면서도 다른 한편으로는 법의 강제력이 반드시 필요한 요소로 보고 있다. 왜냐하면, 법규범이 공동체의 구성원들의 자발적인 준법을 유도하는 교육적 효과를 갖는 것이 사실이지만, 이러한 교육적 효과는 법의 강제력에 의해 뒷받침되어야 비로소 실효성을 가질 수 있기 때문이다.

아리스토텔레스의 인간론은 〈인간은 정치적 동물(zoon politikon)이다〉라는 명제로 표현되고 있다. 아리스토텔레스에 따르면,

인간이 정치성을 갖게 되는 가장 근원적인 이유는 개체로서의 인간은 물질적 자족성을 확보할 수 없기 때문이다. 인간은 자신의 이러한 개체적 비자족성을 극복하기 위해 자신의 고유한 본성인 공동체적 성향에 따라 다른 사람들의 협력을 확보할 수 있는 분업관계를 형성하게 된다. 인간은 다른 동물과 구별되는 인간의 고유한 능력인 이성과 언어를 사용하여 이러한 분업관계를 완결적 자족성을 갖는 최고의 공동체로서의 국가로 발전시키게 되는 것이다. 정치적 동물로서의 인간이라는 아리스토텔레스의 명제는 두 가지 중요한 의미를 갖는다. 첫째, 인간은 국가 속에서 비로소 인간으로서의 지위를 인정받게 된다는 것이다. 다시 말하면, 국가를 떠난 인간은 더 이상 인간이 아니라는 것이다. 둘째, 인간은 국가 속에서 비로소 자신의 덕과 행복을 실현할 수 있게 된다는 것이다. 국가는 구성원들의 자족적 삶을 보장하는 유일한 공동체이기 때문에 인간은 국가를 떠나서는 덕과 행복이 실현되는 자족적 삶을 영위할 수 없다는 것이다.

Ⅲ.

법의 존재론적 기초를 이성으로 보는 근대 법철학(특히 자연법론)에 따르면, 법은 이성을 통해 인간의 욕망과 폭력성을 억제함으로써 정의와 사회질서를 확보하는 것을 목적으로 한다. 이러한 이성중심적인 법관념은 플라톤이나 아리스토텔레스와 같은 서양고대의 법철학에 뿌리를 두고 있으며, 역사적으로 볼 때 합리적인 근대법체계를 형성하고 정당화하는 데 중대한 기여를 하였다. 하지만 이러한 법관념은 법에 있어서의 이성의 역할을 과도하게 강조함으로써 현실적으로 법을 작동시키는 중요한 동력으로 작용하고 있는 욕망이라는 인간의 본질적인 속성을 무시하는 오류를 범하고 있다. 근대적 법관념은 이성과 욕망을 상호배타적인 것으로 규정하는 편협한 이분법에 기초하여 욕망을 법의 영역에서 추방시켜 버렸다. 따라서 근대법체계에서는 개인은 욕망이 배제된 이성적 삶을 살고 있고 또 그렇게 살아야 하며, 사회제도 역시 이성적 원리에 따라 구성되고 운영되고 있고 또 그렇게 되어야 한다는 사실적·규범적 신화가 지배하게 되었다. 개인적·사회적 차원에서의 이성의 지배라는 이러한 신화를 탈신화화하는 것이 한상수의 주된 관심이다. 즉, 인간의 삶의 원동력은 이성이 아니라 욕망이며, 이러한 메커니즘은 인간이 만들어낸 사회제도에서도 그대로 작동하고 있다고 보아야 한다는 것이 한상수의 기본적인 인간학적 관점이다. 이러한 관점에서 한상수는 포스트모더니즘이 제시하고 있는 이성의 해체라는 관점을 수용하여 법의 존재론적 기초를 이성이 아니라 욕망으로 규정하는 이론을 구성하고자 하였다.

욕망(desire)이란 인간이 자신의 유적·개체적 특성에 따라 자기존재의 지속성을 실현하려는 성향이라고 할 수 있다(2007b). 이러한 욕망은 생산적이고 창조적인 성격과 약탈적이고 파괴적인 속성도 가지고 있다. 인간의 욕망은 타자의 존재나 지위를 위협하는 방향으로 작용하기도 하지만 생산과 협력의 동력으로 작용하기도 하는 것이다. 이러한 생산적 욕망 혹은 들뢰즈가 말하는 〈생산으로서의 욕망〉이 사회제도 일반과 법체계를 성립시키는 기초가 된다고 보는 것이 한상수의 관점이다.

사회구성원들은 자신들의 개인적 욕망을 집합적으로 구현할 수 있는 최고의 공동체로서 국가를 형성하게 된다(2007b). 즉, 개인들은 자신들의 사적 욕망을 집합적 욕망으로 결집시키고, 이러한 집합적 욕망을 추구하기 위해 정치적 행위를 통해 국가를 성립시키고 작동시키게 되는 것이다. 다시 말하면, 국가 자체가 개인적 욕망을 집합적으로 구현하는 욕망의 새로운 주체가 되는 것이다. 욕망의 주체로서의 국가의 성립은 두 가지 새로운 유형의 욕망을 생산하게 된다. 하나는 욕망의 주체로서의 개인이 또 다른 욕망의 주체로서의 국가에 대해 갖는 욕망이고, 다른 하나는 욕망의 주체로서의 국가가 그 구성원들이나 외부적 대상에 대해 갖게 되는 욕망이다(2007b). 전자의 욕망이 법적 형식으로 표현된 것이 개인의 주관적 공권이라고 한다면, 후자의 욕망이 법적 형식으로 표현된 것이 통치권이라고 할 수 있다. 국가가 성립되기 이전부터 존재하는 사적 관계에서 한 개인이 다른 개인에 대해 가지는 욕망이 법적 형식으로 표현된 것이 사권이라고 할 수 있다. 따라서 개인이 갖는 사권과 공권 그리고 국가가 갖는 통치권은 인간의 개별적 혹은 집합적 욕망의 법적 표현이라고 할 수 있다. 이러한 의미에서 법은 존재론적으로 인간의 개별적 욕망과 국가적 욕망에 기초하고 있다고 볼 수 있다.

인간의 욕망과 법의 상호작용은 매우 역동적이고 다양한 형태로 나타난다. 인간의 욕망은 법 자체를 자기실현의 수단으로 이용하려고 하는가 하면, 법은 인간의 욕망을 자신의 통제대상으로 삼으려고 한다. 이러한 과정에서 인간의 욕망과 법은 통합과 갈등의 복합적인 양상을 드러내게 된다. 법의 지배 원리는 인간의 욕망과 법 사이의 이러한 통합과 갈등의 양상을 잘 드러내고 있다(2009, 2011a). 즉, 법의 지배가 법을 통한 권리의 실현을 추구한다는 점에서 보면, 법의 지배는 욕망이 법을 자기실현의 수단으로 활용할 수 있는 기반을 제공하고 있는 것이다. 반면에 법의 지배가 국가와 개인의 행위에 대한 법적 통제를 내용으로 한다는 점에서 보면, 법의 지배는 법이 개인과 국가의 욕망을 통제하는 기제로 작용하고 있는 것이다. 여기서 법이 개인의 욕망에 대해 작용하는 방식은 다음과 같다. 법은 개인의 특정한 욕망에 대해 수용과 배제라는 상반된 방식으로 대응한다. 개인의 특정한 욕망이 국가의 집합적인 욕망에 부합할 경우에는 법은 개인의 욕망을 수용하여 권리로서 보호하게 된다. 물론 권리 자체가 개인의 욕망을 직접적으로 실현하는 것은 아니라고 할지라도 권리는 적어도 개인이 자신의 욕망을 실현할 수 있는 현실적인 조건을 확보해주게 된다. 한편 개인의 욕망이 국가의 집합적 욕망과 배치될 경우에 국가는 개인의 욕망을 불법적인 것으로 억압하고 배제하게 된다. 다시 말하면 개인이 국가의 집합적 욕망에 배치되는 개인의 욕망을 행동으로 표출할 경우 국가는 이를 범죄나 불법행위로 규정하고 이에 대해 법적 제재를 가하게 되는 것이다.

Ⅳ.

전지구적 차원에서 심각하게 전개되고 있는 생태위기(eco-crisis)는 인류뿐만 아니라 지구상의 모든 생물종들의 멸종을 초래할 수도 있는 심각한 위협이 되고 있다. 이제 인류는 자신이 당면한 이러한 생태위기를 해결하지 않고서는 자신의 생존을 보장받을 수 없다. 따라서 인류는 정치, 경제, 문화, 과학기술 등 다양한 분야에서 전지구적 생태위기의 문제를 해결하기 위한 체계적인 노력을 기울여야 한다. 법학 역시 생태위기문제의 해결이라는 시대적 과제에서 자유로울 수 없다. 하지만 기존의 법학은 인간중심주의적 세계관을 기반으로 자연을 인간을 위한 도구로 보는 도구주의적 관점을 견지함으로써 생태위기문제의 해결에 기여하기보다는 오히려 생태위기를 조장하거나 방관하는 입장을 취해 왔다. 이제 법학은 생태위기의 문제에 정면으로 대응할 수 있는 새로운 패러다임을 내놓아야 할 단계에 이르렀다. 한상수는 생태위기문제의 해결을 가장 중심적인 과제로 설정하는 새로운 패러다임의 법학으로 녹색법학을 주창하고자 한다.

녹색법학(Green Legal Theory, Green Jurisprudence)이란 법학의 기존 패러다임이 갖는 반녹색주의적 한계들을 인식하고 생태위기문제의 해결을 법학의 중심적이고 직접적인 과제로 설정하는 법학의 새로운 패러다임이다(2011d, 139). 인간과 자연의 생태학적 공생(ecological symbiosis)을 실현하는 것을 궁극적인 목적으로 하는 녹색법학은 다음과 같은 내용과 특징들을 갖는다.

첫째, 녹색법학은 녹색주의(Greenism)를 이념적·철학적 기반으로 하는 법학이다. 여기서 말하는 녹색주의란 〈인간과 자연 사이의 생태학적 공생이 이루어지고, 사회구조 역시 생태학적 공생이 가능한 구조로 전환되어, 모든 인간이 생태학적으로 건강하고 쾌적한 삶을 살아갈 수 있도록 하여야 한다는 원리〉를 말한다(2011d, 140). 녹색주의라는 용어가 아직 정착된 학문적 개념이 아니기 때문에 녹색주의의 구성원리들을 체계적으로 정립하는 것이 녹색법학의 중요한 과제가 될 것이다.

둘째, 녹색법학은 녹색국가의 원리를 헌법의 기본원리로 정립하는 것을 법정책적인 목표로 설정하는 법학이다. 헌법의 기본원리는 헌법의 이념적 기초인 동시에 헌법을 지배하는 지도원리로서 국가기관과 국민이 준수하여야 할 최고의 가치규범이고, 헌법의 각 조항을 비롯한 모든 법령의 해석기준이며, 입법권의 범위와 한계 그리고 국가정책결정의 방향을 제시하는 역할을 한다[헌법재판소 결정 1996.4.25. 92헌바47]. 녹색법학은 국민주권의 원리나 자유민주주의와 같은 기존의 헌법의 기본원리들에 녹색국가의 원리를 추가함으로써 개인의 생활과 국가의 활동이 녹색주의의 원리에 의해 지배될 수 있는 헌법적 기반을 확보하고자 한다. 생태위기의 극복이 가장 중요한 국가적 과제로 부각되는 상황이 되면, 녹색국가의 원리가 헌법의 기본원리들 가운데 최고의 원리로서 규범력을 갖도록 하여야 할 것이다(2011d, 141-142).

셋째, 녹색법학은 녹색정의(Green Justice)를 법이념 가운데 하나인 정의의 핵심적인 내용으로 수용할 것을 제안한다. 녹색정의란 〈인간의 것은 인간에게, 생태계의 것은 생태계에게〉 주는 정의를 말한다. 따라서 녹색법학은 인간을 비롯한 생태계를 구성하는 모든 생명체, 심지어 무생물조차도 자신의 고유한 생태학적 존재기반을 제공받을 수 있어야 한다는 녹색정의를 정의의 중심적인 내용으로 포섭하고자 한다(2011d, 143).

넷째, 녹색법학은 모든 인간의 생태학적 배려의무를 단지 윤리적 의무의 차원을 넘어서 법적 의무의 차원으로 격상시킬 것을 주장한다. 생태학적 배려의무란 국가를 비롯한 모든 사회구성원들은 생태계에 위해를 가할 수 있는 행위를 회피해야 할 뿐만 아니라 생태계의 적정한 보존을 위해 필요한 적극적인 행위를 해야 할 의무를 말한다(2011d, 145). 기존의 법학은 인간의 사회적 지위를 권리중심적인 관점에서 규정하여 왔다. 하지만 이러한 권리중심적인 관점이 생태위기문제의 해결을 어렵게 하고 있는 것이 사실이다. 따라서 녹색법학은 생태학적 배려의무를 모든 인간의 법적 의무로 규정함으로써 생태위기를 해결할 수 있는 기반을 마련하고자 한다.

인용된 저술목록

(1996a) “12표법에 관한 연구,”「인제논총」 제12권 제2호.

(1996b) “플라톤의 국가와 법 사상,”「인제논총」 제12권 제1호.

(1998) 『시민불복종』(세종출판사).

(1999) “플라톤의 법치국가론,”「법철학연구」 제2권.

(2001a) “아리스토텔레스의 정의론,”「공법연구」 제30집 제2호.

(2001b) “정의론의 기본문제,”「전자법학연구」(인제대학교 전자법학연구소), 창간호.

(2005) “아리스토텔레스의 법의 지배론,”「공법연구」 제34집 제2호.

(2006) “아리스토텔레스의 국가론,”「공법학연구」 제6권 제3호.

(2007a) “아리스토텔레스의 인간론,”「성균관법학」 제19권 제1호.

(2007b) “욕망 · 담론 · 법,”「법과 사회」 제33호.

(2008) 『함무라비법전: 인류 법문화의 원형』(인제대학교출판부).

(2009) “법의 지배에 관한 연구,”「법철학연구」 제12권 제1호.

(2010) “존엄하게 죽을 권리에 관한 연구,”「공법학연구」 제11권 제3호.

(2011a) 『로스쿨시대 법학의 기초』 제2판(인제대학교출판부).

(2011b) “플라톤의 혼합국가론,”「공법학연구」 제12권 제3호.

(2011c) “법철학의 본질과 과제,”「인제법학」 제2권.

(2011d) “녹색법학의 모색,”「법철학연구」 제14권 제1호.

제3장 | 한국의 법철학자

고봉진

1971년 부산에서 출생하고, 고려대학교 법과대학과 동 대학원을 졸업하였으며, 2006년 독일 프랑크푸르트대학에서 법학박사학위(Dr. jur.)를 받았다. '독일 · 유럽 · 국제 의료법, 보건법 및 생명윤리 연구소(IMGB)'에서 객원연구원을 지냈고, 현재 제주대학교 법학전문대학원 부교수이다.

'나의 법철학'이라고 말할 만한 것이 무엇이 있을까? '나의 법철학'에 대한 글을 쓰면서 제일 먼저 떠오른 생각이다. 아직까지는 '나의 법철학'이라고 떳떳하게 내세울 만한 것이 없는 것 같다(슈바이처 박사는 "우리는 아류들"이라고 표현하는데, 슈바이처 박사에게는 맞지 않아도 나에게는 딱 맞는 표현인 것 같다). 그러기에 이 글을 쓰기에는 '무모한' 용기가 필요했다. 이하에서는 '법철학연구'에 발표한 논문('인용된 저술목록'에 나오는 6개의 논문)을 토대로 '나의 법철학'을 '인간존엄론', '인권론', '복지(체계)론'으로 구성하였다.

Ⅰ.

필자는 실재존재론적 인간존엄에 기초한 논증이 현대사회에서 여전히 타당한가에 대한 의문을 먼저 제기한다. 실재존재론적 인간존엄 개념에 기초한 논증은 인간존엄을 '이미 존재하는 것', '이미 주어진 것'으로 본다. 인간존엄이 이미 존재하고, 이를 직접적으로 인식할 수 있다는 전제하에서, 인간존엄침해는 이미 존재하는 인간존엄에 대한 인식을 통해 결정된다. 결론은 이미 전제로부터 결정된다. 이러한 결정주의는 구체적인 논증을 요하지 않는다. 이미 결정된 구조를 주장함을 통해 구체적인 논증을 면한다. '존재론적 근거설정'은 구체적인 논증 대신에 이미 존재하는 구조를 통해 의무론적 논증에 가해지는 정당성 입증부담을 완화시킨다 (Ulfrid Neumann, Die Tynannei der Würde, ARSP, 1998, 154면 참조). '존재론적 논증'으로 '의무론적 논증'의 입증부담을 덜어버리는 논증방식을 가지는 인간존엄논증은 엄밀하게 볼 때 근거제시를 통한 논증이라고 보기 어렵다. 뿐만 아니라 '존재론적 논증'으로서 인간존엄논증은 절대적 효력을 주장함을 통해, 논증시작부터 이익형량의 가능성을 배제하며, 공격적인 감정을 수반함을 통해 올바른 논증을 어렵게 할 여지가 있다. 현대사회에서 효력을 상실한 것으로 보이는 실재존재론적 사고가 오늘날 특히 생명윤리의 여러 문제(예컨대 배아줄기세포연구, PGD, 낙태, 안락사 등)에 등장하는 논증에 다시 등장한다.

필자는 실재존재론적 인간존엄 대신에 '상호승인의 결과로서 인간존엄'을 주장한다. 여기서 상호승인의 대상이 되는 것은 인간존엄 자체가 아니라 '인간존엄침해'라는 점을 유의해야 한다. 이는 인간존엄침해를 통해 인간존엄의 구체적인 금지와 명령을 도출하는 것이 인간존엄에 대한 일반적인 정의보다도 합의가능성이 훨씬 높은 점에 기인한다. 인간존엄이 무엇인가에 대해 합의가 어려운 것처럼, 논증대화에서 논의되는 문제가 인간존엄침해에 해당되는가에 대해서도 합의가 어렵지만, 합의가 된 것에 한해 제한적으로 절대적인 효력을 지닌 인간존엄을 인정함을 통해 인간존엄논증의 남용을 비판할 수 있게 된다.

'상호승인의 결과로서 인간존엄'은 실재존재론적 개념이 아니라 관계존재론적 개념이다. 관계존재론적 개념으로서 인간존엄에 따르면, 인간존엄은 사람들 사이의 관계에 존재하며, 멸시와 사회적 무시의 차원을 통해 인간존엄의 보호영역은 결정된다(Ulfrid Neumann, Die Tynannei der Würde, ARSP, 1998, 165면 참조). 이에 따르면 배아(embryo)의 경우 아직 승인공동체에 속하지 않은 존재이므로, 사회적 존중요구의 주체가 될 수 없다. 관계존재론적 인간존엄은 존재하는 당위로서 존재하나, 인간존엄침해에 대한 상호승인을 통해 비로소 구성된다. 관계존재론적 인간존엄은 사람들 간의 상호승인과정을 통해, 그것도 인간존엄 침해가 무엇인가라는 간접적인 방법을 통해서야 비로소 구체적으로 밝혀진다. 관계존재론적 인간존엄개념에 기초하여 사람들 간의 상호승인을 통한 인간존엄으로 제한하려는 견해에 따르면 생명윤리의 여러 문제에 인간존엄을 직접적으로 원용하는 것은 허용되지 않는다. 구체화할 수 있는 다른 논거들이 있다면 이를 충분히 활용하여야 하며, 인간존엄논거는 제한된 범위에서 관계존재론적 인간존엄과 관련하여 전개되어야 할 것이다.

Ⅱ.

필자는 인권은 시간의 흐름에 따라 '자연권과 인권', '근본이익(근본필요)과 인권', '정체성과 인권'의 3가지 지평을 갖는다고 본다. 현대 사회에서 '자연권과 인권', '근본이익(근본필요)과 인권', '정체성과 인권'은 동시에 주장되기도 하지만, 시대의 흐름에 따라 '자연권과 인권', '근본이익(근본필요)과 인권', '정체성과 인권'으로 발전되었다고 할 수 있다.

'이미 주어져 있다는,' '이미 존재한다는' 사고는 (법)철학의 중요한 의미론이며, 이에 따르면 '이미 주어진 질서'는 확실하며, 인식의 근거가 된다. 실재존재론과 이에 기초한 인식론은 "기능적으로 분화되지 않은 사회"에서 세계를 하나의 통일된 질서로 파악하는 틀이었다[Niklas Luhmann(장춘익 역), 사회의 사회 2 (새물결, 2012), 1022면 이하 참조]. 실재존재론에 따르면, 인권침해는 이미 존재하는 '자연권'으로서의 인권에 대한 직접적 인식을 통해 확인되고 결정된다. 인권개념이 구체화되지 않은 역사적 상황 속에서는 '이미 주어진' 인권개념(이미 주어진 인간존엄개념)은 인권침해에 대한 저항을 뒷받침하는 강력한 도구였다.

하지만 역사가 흐른 시점에서 살펴보면, 인권에 속하는 근본이익은 이미 존재하는 것이라기보다는 역사의 발전에서 '시민권' 투쟁을 통해 구성되었다. 아마 많은 사람들이 이러한 주장에 놀랄 것인데, 이는 특정 인권을 태어날 때부터 갖고 태어난다는 천부인권사상에 익숙해져 있기 때문일 것이다. 하지만 우리는 오늘의 인권상황이 피땀 흘린 투쟁의 산물이라는 사실을 잊고 있다. 근본이익의 침해, 불법감정의 공유와 이에 따른 승인투쟁의 상호연관성은 마샬(Thomas H. Marshall)과 톰슨(Edward P. Thompson)의 견해로 설명될 수 있다.

오늘날 인권효력을 주장하는 사회맥락이 달라졌으며, '인간의 근본이익'을 대신할 다른 기초개념으로 현대사회에 등장하는 새로운 인권을 근거지울 필요가 생긴다. 생각건대 "다원화, 복잡화, 기능적 분화로 특징지어지는 현대사회"에 등장하는 인권은 많은 경우 공통성의 상호승인이 아니라, 차이를 법을 통해 승인함으로써 근거지어질 것이다. 이는 인권운동의 방향이 근본이익을 인정하라는 쪽이 아니라, 차이를 인정하라는 쪽으로 바뀌는 것을 통해 확인할 수 있다. 이처럼 현대사회에서 '차이'는 인권의 의미를 구성하는 코드이며, 현대사회에 새로이 등장하는 인권을 해석하는 토대가 된다. 현대에 이르러 '정체성 정치'의 시대가 열렸고, 이는 지역적이고 특수하고 독특한 것에 대한 존중으로 보편주의의 균형을 잡아주려 한다. 총체성의 보편세계에서 차이는 동일성에 융해되고 특수는 보편에 굴복하지만(총체성을 띠는 근대적 정체성은 통합시키는 만큼 분열시킨다), 새로운 정체성의 시대는 차이를 진지하게 받아들이고 차이에 대해 관하며 차이가 존엄하다는 점을 인정한다. 새로운 상황은 새로운 언어를 요구한다. 소수자 운동은 소수자들이 자신의 주변적인 정체성을 자각하고 그것을 바꾸려는, 미드(George Herbert Mead)의 언어에 따르면 me-identity를 자각하고 I-identity에 기반해 새로운 me-identity를 만들어 나가는 운동이며, 호네트(Axel Honneth)의 언어에 따르면 인정투쟁(Kampf um Anerkennung)이다[George Herbert Mead(나은영 역), 정신 · 자아 · 사회 (한길사, 2010) 참조; Axel Honneth(문성훈 · 이현재 역), 인정투쟁(사월의 책, 2011) 참조].

Ⅲ.

필자는 자유주의 내에서도 공익에 기초한 법규범과 정책이 정당화될 수 있는 (롤스의 이상적인 이론구성과는 다른) 현실적인 이론구성이 절실히 필요하다고 생각한다. 예컨대 킴리카(Will Kymlicka)는 특정 종교나 생활방식에 기반한 두터운 국민정체성이 아닌 지역적이지 않으면서 공유된 선관에 기반하지 않는 연대성의 원천으로서 얇은 공동의 국민정체성을 주장한다[Will Kymlicka(장동진 外 역), 현대 정치철학의 이해(동명사, 2005), 368면 이하 참조]. 이는 자유주의가 받아들일 수 있는 엷은 선 개념(thin conception of the good)에 해당되며, (더 논란의 여지가 있고 널리 공유되지도 않는) 공동체주의가 주장하는 두터운 선 개념(thick conception of the good)의 단점을 피할 수 있게 한다. 필자가 주장하는 '개인의 자기실현의 전제조건 충족' 개념은 '소득과 부의 재분배'를 정당화할 수 있을 뿐 아니라, 공동체주의와 의무론적 자유주의에 대한 비판을 피할 수 있다는 장점이 있다. '개인의 자기실현의 전제조건 충족' 개념은 "개인의 자기실현"이라는 "구체적이고 현실적인" 내용을 통해서, 공동체주의에 제기되는 비판, 즉 공공선의 실체가 여전히 모호하다는 비판을 피할 수 있을 뿐 아니라, 의무론적 자유주의자인 롤스의 이론에 제기되는 비판, 즉 무지의 베일을 두른 채 원초적 상황에서 이루어지는 원초적 계약은 비현실적이라는 비판을 피할 수 있다.

필자는 개인이 자기실현을 할 수 있는 전제조건을 법규범과 정책을 통해 마련하는 것이 원칙으로서의 사회권과 밀접하게 관련되어 있다고 본다. 사회권은 결코 프로그램적 권리가 아니며, 국가에게 적극적인 의무를 부과하는 구체적인 권리이다. 다만 '규칙'으로서의 성격을 띠는 '자유권'에 비해, 사회권은 '원칙'으로서의 성격을 더 띤다. 이때 '원칙'이라는 것은 법적 · 실제적 가능성을 감안하여 가능한 최대한의 수준에서 실현해야 할 규범을 뜻한다. 하지만 사회권은 '최적화요청' 이외의 플러스 요소가 더 있다. 이는 사회권이 실현가능한 최소한의 기준을 지체 없이 충족시킬 의무를 국가에게 부과시킨다는 점이다[Sandra Fredman(조효제 역), 인권의 대전환 (교양인, 2008), 210면 이하 참조]. 이처럼 사회권은 '원칙'으로서의 특징뿐만 아니라 '규칙'으로서의 특징을 가지고 있다. 여기서 원칙은 '최적화명령'을 뜻하고, 규칙은 '최종명령'을 뜻한다. 사회권은 개인의 자기실현을 증진시키는 정책의 도움이 항상 필요하며, 사회권은 현실적으로 정책의 도움이 없이는 '으뜸패'로서 제대로 작동할 수 없다. 사회권은 그 자체로 권리로서의 으뜸패로 작용하는 것이 아니라, 인정의 정치를 필요로 한다. 최적화실현뿐만 아니라 최소한의 것을 충족할 것을 요구하는 사회권은 그때그때의 경제상황이나 정치상황에 따라 권리로서의 성격을 박탈당하기도 한다. 사회권을 '권리'로서 주장하는 사람에게는 '인정의 정치'를 펼칠 것이 요구되며, 이는 관용 이상의 것을 요구한다. 빈곤자를 약자로서 보호할 대상으로서가 아니라 자기 목소리를 낼 수 있는 정체성의 주체로서 인정할 때 '사회적 기본권'은 제대로 된 기본권으로서의 역할을 감당할 수 있다. 필자는 자유주의 내에서도 공익에 기초한 법규범과 정책이 정당화될 수 있는 (롤스의 이상적인 이론구성과는 다른) 현실적인 이론구성이 절실히 필요하다고 생각한다. 예컨대 킴리카(Will Kymlicka)는 특정 종교나 생활방식에 기반한 두터운 국민정체성이 아닌 지역적이지 않으면서 공유된 선관에 기반하지 않는 연대성의 원천으로서 얇은 공동의 국민정체성을 주장한다[Will Kymlicka(장동진 外 역), 현대 정치철학의 이해 (동명사, 2005), 368면 이하 참조]. 이는 자유주의가 받아들일 수 있는 엷은 선 개념(thin conception of the good)에 해당되며, (더 논란의 여지가 있고 널리 공유되지도 않는) 공동체주의가 주장하는 두터운 선 개념(thick conception of the good)의 단점을 피할 수 있게 한다. 필자가 주장하는 '개인의 자기실현의 전제조건 충족' 개념은 '소득과 부의 재분배'를 정당화할 수 있을 뿐 아니라, 공동체주의와 의무론적 자유주의에 대한 비판을 피할 수 있다는 장점이 있다. '개인의 자기실현의 전제조건 충족' 개념은 "개인의 자기실현"이라는 "구체적이고 현실적인" 내용을 통해서, 공동체주의에 제기되는 비판, 즉 공공선의 실체가 여전히 모호하다는 비판을 피할 수 있을 뿐 아니라, 의무론적 자유주의자인 롤스의 이론에 제기되는 비판, 즉 무지의 베일을 두른 채 원초적 상황에서 이루어지는 원초적 계약은 비현실적이라는 비판을 피할 수 있다.

Ⅳ.

필자는 사회권을 통해 개인의 자기실현을 최대한 증진시키며 여기에는 '인정의 정치'가 필요하다고 주장하는 반면에, 전체 사회를 조종하는 개념으로서의 '복지국가' 개념은 타당하지 않다고 본다. 왜냐하면 전체 사회를 조종하는 개념으로서 '복지' 개념을 상정하면, 복지국가는 기술적으로는 그 능력의 한계 지점에, 그리고 도덕적으로는 국가 개입의 정당성 문제에 봉착하기 때문이다[Niklas Luhmann(김종길 역), 복지국가의 정치이론 (일신사, 2006), 14면 이하 참조]. 전체 사회를 조종하는 개념으로서 복지개념은 기능적으로 분화된 현대사회의 새로운 조건을 무시한다. 복지국가의 작용수단으로는 '법'과 '화폐'가 있는데, 복지국가는 고도로 복잡화되고 기능적으로 분화된 현대사회의 특징을 알지 못하고 분화된 세계를 중앙에서 통제하려다 보니 역효과가 발생한다. 전체 사회를 조종하는 개념으로서의 경제개념을 상정하는 것 역시 타당하지 않다. '신자유주의'에 따라 경제가 모든 것을 결정하며, 보이지 않는 손이 복지를 자동적으로 이룰 것이라는 또 다른 유토피아는 현실과는 거리가 멀다. 전체 사회를 조종하는 복지국가가 '逆효과'를 낳는 반면에, 전체 사회를 조종하는 신자유주의의 경제는 '反효과'를 낳는다. 이처럼 전체 사회를 조종하는 '총체적인' 개념도구는 적절하지 않다. 전체 사회를 조종하는 개념도구는 개념도구가 표방하는 기능(예컨대 '복지국가에서 복지'나 '신자유주의에서 경제')과 이를 담당하는 기관(예컨대 국가나 시장)이 하나의 기능과 하나의 기관에 집중된다. 이는 무엇보다도 현대사회가 자기준거적으로 작동하는 여러 기능체계로 분화되었다는 점을 무시한다. 현대사회에서 중앙통제식 해결방식은 역효과나 반효과를 가져오며(이는 '시장의 실패'나 '정부의 실패' 개념으로 설명된다), 기능적으로 분화된 사회의 여건에 알맞은 해결방식을 찾는 것이 중요하다.

여기서는 복지'국가' 개념 대신에 복지'체계' 개념을 기능적으로 분화된 현대사회의 여건에 알맞은 해결방식으로 제안한다. 전체사회를 조종하는 '복지국가' 개념은 능력의 한계를 드러내지만, 사회의 부분체계를 조종하는 '복지체계' 개념은 능력의 한계를 오히려 그 개념요소로 한다. 복지체계는 자신의 의미기준에 따라 스스로 작동하고, 자기생산을 하게 된다. 따라서 무엇보다도 '경제를 규율하는 복지'나 '경제에 종속되는 복지'가 아닌 '스스로를 중심으로 작동하는 복지체계'를 갖추는 것이 중요할 것이다. 복잡하고 기능적으로 분화된 현대사회에서 전체 사회를 조종하는 규범적 이념으로서 '복지'는 정의나 추상적인 원리로 정당성을 부여받을 수 있을지는 몰라도 실효성을 확보할 수는 없다. 반면에 현대사회에서 자기준거적 체계로서의 복지체계는 기능적으로 분화되지 않은 도덕의 기능을 어느 정도 받아들이지만, 체계가 갖는 한계를 고려하며, 자신의 한계를 인식하는 데에서 실효성이 나온다.

인용된 저술목록

(2007a) "근본이익, 정체성과 인권—예비적 고찰,"「법철학연구」제10권 제2호.

(2007b) "상호승인의 결과로서 인간존엄,"「법철학연구」제10권 제2호.

(2008a) *Menschenwürde und Biostrafrecht bei der embryonalen Stammzellenforschung* (Peter Lang, Frankfurter kriminalwissenschaftliche Studien 108).

(2008b) "생명윤리에서 인간존엄 '개념'의 총체성,"「법철학연구」제11권 제1호.

(2008c) "기초법의 교수방법론,"「법철학연구」제11권 제2호.

(2009) "자기준거적 체계로서 복지체계—예비적 고찰,"「법철학연구」제12권 제1호.

(2010) "연명치료중단에서 이익형량의 구조와 내용,"「법철학연구」제13권 제2호.

(2011) "현대 인권론에서 '정체성'의 의미—차이, 정체성, 인권,"「법철학연구」제14권 제1호.

(2012a)『법철학강의』(제주대학교출판부).

(2012b) "국가의 보호의무와 낙태규범,"「법철학연구」제15권 제1호.

(2012c) "재분배, 사회권, 인정,"「법철학연구」제15권 제3호.

(2013a)『판례 법학방법론』(한국학술정보).

(2013b)『BT · 생명윤리와 법』(한국학술정보).

(2013c)『생명윤리법』(4인공저, 박영사).

김나경

김나경은 고려대학교 법과대학 및 동 대학원을 졸업하고, 2006년 독일 Frankfurt 대학교에서 법학박사학위(Dr. jur.)를 취득하였다. 이후 영국 Edinburgh 대학교 SCRIPT 센터 객원연구원을 거쳐(Post-doc.), 2007년부터 성신여자대학교 법과대학 조교수로 재직 중이다.

Ⅰ.

김나경의 법철학은 '삶(Lebensgeschichte)'에 대한 관심에서 출발한다.

이러한 관심이 싹튼 것은 생명윤리 영역의 다양한 문제를 해결하기 위해서는 '생명(Leben)'을 '삶(Lebensgeschichte)'으로 개념화하여 이해할 필요가 있다고 본 박사 학위 논문(2007a)에서부터다. 단순한 생물학적 기체를 넘어서는 '삶으로서의 생명'에 대한 이해는 삶에 대한 성찰적 결정을 내리는 법적 절차의 필요성 및 중요성을 근거짓는 기초가 된다(아래의 Ⅱ 단락 참조).

이러한 이해는 법적 문제에서 서로 대립하는 상이한 이념들을 분석하면서 법실무 또는 법정책적 문제들에 대한 해결의 실마리를 제시하는 방법론의 기초가 되기도 한다. 이러한 방법론은 —생명

개념과의 친화성에 기인하여— 지금까지는 특히 보건의료 및 복지 분야에 대한 연구에서 중점적으로 전개되어 왔다(아래의 Ⅲ, Ⅳ 단락 참조).

Ⅱ.

삶이라는 생명의 본질에 대한 이해는 우선 생명윤리의 법적 규율에서 등장하는 '임신 목적'의 법정책적 의미를 다시 바라보게 한다. 다양한 생명공학적 행위들이 만들어내는 시퀀스는 —착상전 유전자 진단에 대한 독일 법원의 논증이 보여주는 것처럼— 해석학적 선(先)이해에 따라 차별적으로 확정된다(2012a, 137 이하). 하지만 임신 목적이 절차적 정당성을 담보하도록 하는 법제도를 마련한다면, 임신목적이라는 주관적 표지를 통해 일련의 생명공학적 행위시퀀스를 통합할 수 있다(2007e, 794). 더 나아가 생명의 본질에 대한 관심은 의료의 본질에 대한 관심으로 확장될 수 있다. 의료 패러다임의 분석에 기초해서 볼 때 의료의 본질은 '몸과 삶의 이해'라고 할 수 있으며 그렇다면 의료의 궁극적 목표는 단순한 고통의 제거가 아닌 전인적 관점의 치유가 된다(2010c, 86 이하; 2010a, 177 이하).

Ⅲ.

다른 한편, 앞서 언급했듯, 삶에 대한 이해는 법적 문제 해결을 위한 다양한 이념 또는 개념들을 철학적 · 사회학적으로 분석하면서 구체화된다. 이러한 방법론이 전개된 것은 우선은 생명윤리의 영역에서이다. 생명윤리의 고전적 문제인 착상전 유전자 진단 및 임신 중절과 관련해서는 '장애', '손상', '해(害; Harm)'의 개념을 장애에 대한 '의료적' (또는 '개인적') 그리고 '사회적' 모델과의 관련 속에 분석하면서(2007b, 132 이하) 다양한 삶의 이익들의 형량구조와 가능성을 탐색할 수 있다(2007b, 137 이하). 다른 한편 신생아 치료중단의 문제 해결을 '참을 수 없는 정도의 고통', '의학적 무용성' 그리고 '삶의 질', '최선의 이익' 또는 '복리'라는 가치의 의미 분석에 기초한다면(2008, 96 이하) 아이와 부모의 삶의 문제가 복합되어 있는 경우 가치 판단의 통일성이나 비재량성을 고집할 수 없음을 인지할 수 있으므로, 다각적 결정이 내려질 수 있는 절차의 정형화를 요청할 수 있다(2008, 103-104). 아울러 연명치료 중단 문제와 관련해서는, 우리나라 법원 판결에서 등장했던 논증들 간의 차이를 후견주의 이념을 수용, 변형하거나 거부하는 방식이 보여주는 삶 이해의 차이로 설명할 수 있다(2010b, 144 이하).

Ⅳ.

더 나아가 이러한 방법론은 의료와 복지의 영역에서 '자율성'의 이념을 인식하고 재구성하며 공공적으로 실현하는 것에 대한 관심으로 이어진다. 자율성의 문제는 전인적 삶에 대한 성찰적 결정의 필요성과 연결되어 있다. 의료에서 자율적 결정의 문제는 설명의무의 영역에서 가장 두드러지는데(2007b), 설명의무에 대한 이해는 이른바 전단적 의료행위의 문제에서 구성요건 개념의 기능을 분석하고 법 해석과 정책의 기준을 제시하는 기초가 되기도 한다(2007c).

특히 국가적 통제와 후견이 강조되기 쉬운 '보건'의 차원에서는 자율성의 개념을 또 다른 각도에서 재구성할 필요가 있다. 정신보건법의 영역에서는 '치유'의 이념이 '사회통제' 이념과 일으키는 갈등을 해소하면서 정신질환자와 그를 둘러싼 세계 사이의 지속적 소통이 보장되는 공간을 확보해야 한다(2011, 30-33). 아울러 전염성 질환에 대한 법적 규제도 치료와 예방의 이념이 대립하는 전형적인 영역이다. 예를 들어 후천성 면역결핍증 예방법에서 '치료적 예방'이 가능하기 위해서는, 무엇보다 동법상의 강제 검진제도를 상이한 주체들에 대해 강제 검진의 재량 여부와 상담 요청을 단계적으로 판단하고 실현하는 방향으로 변화시킬 필요가 있다(2009a, 331 이하).

자율성 이념을 새롭게 구성할 필요성이 등장하는 또 다른 영역은 사회복지국가 이념에 기초한 공공의료보험의 영역이다. 임의비급여의 문제가 보여주듯 국민건강보험의 입법과 해석 과정에서는 평등 이념이 극대화되는 경향이 종종 등장한다(2009b). 그러나 국민건강보험법체계의 합리성은 의료적 자율성을 기초로 공공성을 재이해함으로써 비로소 확보할 수 있으며, 여기서는 '법적 안정성'의 이념 역시 의료 임상의 차원에서 재해석할 필요가 있다(2012c, 261 이하).

국가에 의해 보장되는 삶의 이익들에 대한 관심은 특히 사회적 소외 계층을 포섭하기 위해 사회보장적 법에서 자율성을 실현할 가능성을 확보하는 것에 대한 관심으로 이어질 수 있다. 예를 들어 국민건강보험법상 보험료 체납에 대한 법적 제재의 경우 사회보장적 법이 갖는 정당성의 한계를 메울 수 있도록 빈곤 계층의 주체성을 실현하는 장치를 확보할 필요가 있다(2012b).

V.

김나경의 지금까지의 법철학 연구는 '삶 개념 분석 —다양한 이익의 배후가 되는 법 이념 분석— 법철학(기초법)의 고전적 논의의 심화'가 변증적으로 지속되는 과정으로 요약할 수 있다. 삶 개념과 법이념을 구체화하는 연구는, 법철학의 고전적 논의 지평을 확대하는 데에 보탬이 되려는 기획을 갖는다. 아울러, 고전적 논의를 심화시키면서 다시금 —다양한 법학적 문제들의 중심이 되는 개별 이익들의 복합체로서— '삶'의 의미 그리고 '생명 철학 및 복지'의 근본 이념에 대한 이해가 더욱 풍부해질 수 있을 것이다. 법철학이 법정책 실현의 기초가 되고, 구체화된 법정책이 법철학으로 다시금 회귀하면서, 현실과 이상이 지속적으로 순환하는 것이다.

(2007a) *Leben als Lebensgeschichte und subjektives Tatbestandsmerkmal bei der Präimplantationsdiagnostik*, Peter Lang Verlag.

(2007b) "태아의 장애를 이유로 하는 임신중절: 사회학적 구조와 형법정책," 「형사법연구」 제19권 제1호.

(2007c) "전단적 의료행위의 형법이론 구성," 「형사법연구」 제19권 제2호.

(2007d) "의사의 설명의무의 법적 이해," 「한국의료법학회지」 제15권 제2호.

(2007e) "'주관적 구성요건표지'를 매개로 하는 생명공학의 규율원리 모색—'착상전 유전자 진단(PGD)'의 문제를 중심으로," 「형사법연구」 제19권 제3-하권.

(2008) "신생아 치료중단의 법적 문제," 「고려법학」 제51호.

(2009a) "후천성 면역결핍증(AIDS)의 문제구조와 법정책 —'치료'와 '예방'이념의 대립과 조화—," 「저스티스」 제109호.

(2009b) "의료행위의 규범적 통제 방식에 대한 소고(小考) —독일의 의료보험체계에 비추어 본 임의비급여 통제의 정당성—," 「인권과 정의」 제392호.

(2009c) "의료보험체계에서 이념의 갈등과 조화—의료보험에서 경쟁의 억제와 유인—," 「의료법학」 제10권 제2호.

(2010a) "의료의 철학과 법정책: 양방-한방의료의 경계설정과 무면허 의료행위의 규율," 「법철학연구」 제13권 제1호.

(2010b) "한국 의료법에서 후견주의 이념의 수용, 변형 그리고 거부—치료중단에 대한 법원 판결을 중심으로—"(공저: 김나경/Shawn

Harmon),「발생과 생식」 제14권 제2호.
(2010c) "의료 개념의 다층적 이해와 법,"「의료법학」 제11권 제2호.
(2011) "'정신질환자 강제입원'의 법적 문제,"「인권과 정의」 제418호.
(2012a) "착상전 유전자 진단에 대한 독일 법원의 논증 분석 — 형법적 가벌성의 인정여부에 따른 해석학적 구조의 차별화 —,"「법철학연구」 제15권 제1호.
(2012b) "빈곤의 사회학적 이해와 법적 수용: 국민건강보험법상 보험료 체납에 대한 법적 제재의 정당성,"「법과 사회」 제42호.
(2012c) "의료보험의 법정책 — 기초법 이념과 법실무 —," 집문당.

안성조

안성조는 1974년 서울에서 출생하였다. 연세대학교 법과대학을 졸업한 후 고려대학교 대학원에서 이상돈 교수의 지도로 '의료형법'을 주제로 석사학위를 받았으며, 서울대학교 대학원에서 신동운 교수의 지도하에 『법률의 착오에 관한 연구』로 법학박사학위를 취득하였다. 그는 현재 국립 제주대학교 법학전문대학원 부교수이며 형법과 형사소송법 및 경제와 형법을 가르치고 있다.

Ⅰ.

안성조의 법철학적 관심사는 크게 세 가지이다. 첫째는 법철학의 전문화와 실용화이고, 둘째는 법의 불확정성과 해석 및 논증이론이며, 셋째는 법학과 인접학문의 융합이다. 그는 형사법을 전공한 학자지만, 형사법과 같은 실정법에도 법철학의 도움이 반드시 필요하다고 본다. 조문해석과 판결의 전제가 되는 규범적 판단기준을 가다듬는 일은 바로 법철학의 임무라고 보기 때문이다. 규범적 판단기준은 법률의 해석방법론에 관한 것부터 시대의 변화에 따라 전통적 방식을 넘어선 학제적 접근이 필요한 문제에 대한 이론적 해명과 가치판단에 이르기까지 다양한 층위로 구성된다. 여기에는 '순수법학'의 방법론만으로는 해결할 수 없는 문제양상들이 개재돼 있고, 따라서 '인접학문'의 도움이 있어야만 해결될 수 있는 경우들이 대부분이다. 예컨대 법인의 형사책임 인정여부의 문제라든지 사이코패스와 같은 반사회적 인격장애자의 형사적 처우문제 등이 바로 그러한 것들이다. 안성조는 이러한 문제의 해결이 법률전문가들의 전유물이 되는 것에 반대한다. 왜냐하면 무엇보다도 사실상 그러한 문제들은 법률전문가들의 지식만 가지고는 해결하기 어렵고, 또한 법률전문가들만 이해할 수 있는 방식이 아닌 누구나 충분히 납득할 수 있는 방식으로 해결하기 위해서는 별도의 이론적 해명이 요구된다고 보기 때문이다. 그는 "법률이 세상에 공포되어 있다고 해서 죄형법정주의가 실질적으로 구현되는 것은 아니다. 조문이 왜 그렇게 규정되었는지, 그 합리적 이유를 수범자들은 알고 싶어하고, 알아야만 한다."고 역설한다(2011b, vii). 여기에 유용한 것이 바로 철학과 사회(생물)학, (진화)심리학, 인지과학 등의 인접학문이고, 이처럼 법학의 고유한 방법론만으로는 접근하기 어려운 문제를 해결하기 위해 학제간 연구를 수행하는 것이야말로 법철학의 진정한 임무라고 본다. 이하에서는 그의 법철학적 연구수행 과정을 시간 순으로 살펴보기로 한다.

Ⅱ.

그가 박사학위 취득 후 처음으로 철학적 관심을 법학에 접목시킨 주제는 비트겐슈타인의 언어철학과 괴델의 불완전성정리에 관한 것이다. 그는 비트겐슈타인(2007)과 괴델의 연구를 통해(2008) 법의 불확정성에 관한 이해를 심화시키는 작업을 수행한다. 결론을 간단하게 말하자면 비트겐슈타인의 '규칙따르기 고찰(rule-following consideration)'을 원용해 법의 불확정을 입론하는 것은 일종의 범주오류(category mistake)로서 타당하다고 볼 수 없지만, 괴델의 '불완전성 정리'는 적어도 명제단위 법문의 불확정성을 입론하는 근거가 될 수 있다는 것이다. 안성조에 의하면 법의 불확정성은 법치의 실현가능성 및 논증이론과 관련해 중요한 의미를 갖는다. 법이 불확정적이라면 법의 지배라는 정치철학적 이념은 심각한 위협에 직면할 수 있다. 그럼에도 불구하고 우리가 법의 지배를 받고 있다고 말할 수 있는 것은 논증덕분이라고 한다. 즉 법의 불확정성이 일정부분 부인할 수 없고, 받아들여야 할 사실이라면 우리는 다른 방법으로 법치를 구현해야 하며, 그 방법은 바로 선택가능한 법적 추론의 결과들 중에서 어느 것이 최선인지 논증하게 하고 이를 제도적으로 수용하는 것이라고 주장한다. 한편 그는 이러한 법철학적 연구를 계기로 기존의 법해석이론이 지나치게 반실재론적 관점에 경도되어 있다고 진단한 뒤, 실재론적 의미론에 천착하게 된다(2009a). 특히 그는 힐러리 퍼트남이 주창한 내재적 실재론에 주목한다. 그가 실재론적 의미론에 관심을 갖게 된 것은 오늘날 형법해석상 금지되는 유추와 허용되는 해석의 경계를 구분짓는 기준으로서의 기능에 대해 회의적 시선을 받고 있는 '법문의 가능한 의미'란 표지를 실재론적 관점에서 유의미한 척도로 복원해내기 위해서이다. 이러한 일련의 작업을 토대로 출간한 첫 번째 연구서에서 법철학의 전문화와 실용화를 주장한다(2009b, vi). 법철학의 실용화란 명제는 한 마디로 실정법 및 법실무와 유리된 법철학은 공허한 것이고, 법철학은 실정법 및 법실무의 다양한 문제를 명료하게 해명하는 역할을 담당해야 한다는 것이다. 안성조가 이러한 생각을 갖게 된 것은 아마도 그가 형사법을 전공하였다는 점에서 기인한 것으로 보인다. 전술한 '법문의 가능한 의미의 실재론적 의의'란 논문도 바로 이러한 문제의식에서 탄생한 것이다. 하지만 그는 법철학의 실용화를 위해서는 오히려 법철학이 좀 더 철저하게 철학적으로나 과학적으로 전문화될 필요가 있음을 지적한다. 언어철학이나 인지과학 등의 순수철학과 과학에 정통하지 못하면 법률의 해석 및 적용과 관련된 문제의 해결에 실질적인 도움을 주지 못하는 공허한 담론을 양산하게 되어 결국 실정법학자와 실무가로부터 버림받게 될 것이고 순수철학자나 과학자들 또한 전문성이 결여된 법철학에 대해 불신과 조소를 보내게 될 것이기 때문이다.

Ⅲ.

안성조의 법철학적 관심사는 초기에는 언어철학과 논리철학 등에 집중되어 있었으나 이후 사이코패스와 같은 반사회적 인격장애자에 대해 관심을 갖게 되면서부터는 뇌과학과 심리학 및 인지과학 등으로 옮겨간다. 정신의학적으로 '이성적으로는 온전하지만 도덕적으로 미친(morally insane)' 자로 정의되는 사이코패스(다른 용어로 아네토패스)에 대한 문제의식은 그로 하여금 '인간의 마음이 작동하는 방식'에 대한 광범위한 연구에 전념하게 만든다. 이를 위해 그는 '인간의 마음의 작동기제'를 탐구하는 학문인 인지과학을 본격적으로 수용하기 시작한다. 그가 제기하는 의문은 크게 세 가지이다. 우선 "사이코패스는 어째서 정상인보다 범죄를 저지르기 쉬운가?" 둘째로 "그러면서도 왜 죄의식이나 형벌에 대한 두려움을 갖지 않는가?", 셋째는 "그렇다면 사이코패스에 대한 바람직한 형사적 처우는 어떠해야 하는가?"이다. 첫 번째 질문에 대한 답은 이미 범죄원인론적으로 다양한 각도에서 설명이 되고 있음은 주지의 사실이다. 사회 · 환경적 요인과 생물학적 · 유전적 요인이 복합적으로 작용한 결과로 보는 것이 통설적 견해다. 그 중에서도 그는 바로 (신경)생물학적 요인에 주목한다. 사이코패스의 '저항할 수 없는' 범죄충동은 바로 정상인에 비해 열악한 상태에 있는 체질적 요인에서 비롯된다는 점에 주목한 것이다. 두 번째 질문도 인지과학적으로 명확히 해명해 내고 있다. 사이코패스의 도덕적 무감각은 바로 선천적인 뇌기능의 장애에서 비롯된 공감능력의 결여에서 찾을 수 있다는 것이다. 최근의 논문에서 그는 사이코패스의 공감능력의 결여는 신경과학적으로 보면 거울뉴런(mirror neuron)의 기능장애에서 비롯된 것일 수 있다는 과감한 주장도 소개하고 있다(2013a, 42). 세 번째 질문에 대한 답으로 그는 '치료감호'라는 제도를 활용할 것을 제안하고 있다. 한국의 사법 · 교정시스템 실무상 사이코패스라는 판정은 형벌가중사유는 될 수 있어도 치료감호사유로 여겨지지는 않는다(교정당국도 그들을 수용대상으로 달가워하지 않는다). 하지만 그는 사이코패스를 책임무능력자 또는 한정책임능력자로 보고 치료감호에 처하는 것이 재범의 방지나 인도주의적 측면에서 더욱 바람직하다고 제안한다. 그러한 연구성과를 종합한 저서가 바로 '사이코패스 I —범죄충동 · 원인론 · 책임능력'이다. 이 책에서 그는 사이코패스를 형사법의 영역에서 롤스가 말한 일종의 최소수혜자로 규정하면서 이들에 대한 일정한 형사적 배려가 필요하고, 따라서 이들에게는 형벌보다는 치료적 성격의 제재가 바람직하다고 역설한 바 있다(2009c, 198).

Ⅳ.

최근 그의 관심사는 회사 등 단체에 의해 저질러지는 범죄와 단체책임의 영역으로 확장되고 있다(2011c). 소위 기업범죄라 일컬어지는 범죄현상에 대해 적절한 대처방법으로서 단체책임의 이론을 구상 중에 있으며 특히 법인의 형사책임에 관한 새로운 방식의 이론적 근거지음에 몰두하고 있다. 이는 지금까지의 전통적 논의가 법인의 형사책임을 정당화하기에는 상당히 불충분하다는 문제의식에서 비롯된 것이다. 그가 시도하는 새로운 이론구상이란 간단히 말해 마음의 작동방식에 관한 인지과학적 접근을 집단적 실체(collective entity)에로까지 응용·확장하려는 방법이다. 유비적으로 설명하자면 자연인으로서의 인간의 마음과 행동이 인지과학적 관점에서 보면 뉴런집단들과 시냅스연결의 창발적 결과물로 설명되듯이, 법인과 같은 단체나 집단적 실체의 마음과 행동도 그 단체를 구성하는 구성요소들의 상호작용에 의한 창발적 결과물로 이해할 수 있다는 것이다. 이는 흡사 오케스트라 연주가 어느 한 요소의 결정적 역할, 예를 들어 지휘자의 역할로 환원될 수 없고, 그 단원들의 협주의 결과인 것과 마찬가지라고 설명할 수 있다고 한다. 그가 이러한 방식의 단체책임이론을 구상하는 이유는 우선은 인지과학적 성과를 통해 법인과 같은 단체도 자연인과 유사한 마음을 지닐 수 있다는 사실을 누구나 보편적으로 이해가 가능하도록 해명하기 위함이고, 다음으로는 현대화된 기업조직의 특성상 기업범죄는 발생하였으나 기업 내부에서 유책한 행위자를 특정할 수 없어 발생하게 되는 '조직화된 무책임(organized irresponsibility)'이라는 형사처벌의 공백지대에 대처할 수 있는 법이론적 근거를 마련하기 위해서이다. 요컨대 그의 이론적 구상에 의하면 일정한 요건이 갖추어지면 발생한 결과에 대한 유책한 자연인 행위자가 없더라도 법인 등 단체의 형사책임을 정당화할 수 있다(2011b). 안성조에 따르면 그의 이론구성은 전통적으로 영미판례에서 발달한 '동일시원리'나 '대위책임원칙'보다 단체책임을 근거짓는 데 있어서 논리적 구성면에서 더 정치하고, 미국의 형법학자 플레처가 최근 주창한 바 있는 '집단책임론(2010)'의 이론적 결함을 보완해 줄 수 있기 때문에 훨씬 더 설득력이 있다고 한다.

V.

안성조는 2012년 '비트겐슈타인과 법철학'을 주제로 고려대학교에서 개최된 한국법철학회 추계학술대회에서 '삶의 형식과 법의 지배'라는 논문을 발표하였다. 이 논문에는 그가 지금까지 천착했던 주제 중에서 해석 및 논증이론에 관한 잘 정리된 생각이 담겨 있다고 볼 수 있다. 그는 여기서 비트겐슈타인이 말한 '삶의 형식' 개념을 독창적으로 해석한다. 비트겐슈타인에 의하면 우리가 덧셈 규칙을 비롯해 다양한 언어규칙을 규칙회의론자들처럼 다른 방식으로 해석하지 않고 모두 동일하게 따를 수 있는 것은 바로 삶의 형식의 일치가 있기 때문이다. 이러한 점에서 삶의 형식은 우리의 판단과 반응과 행동을 동일하게 유지해 주는 기능을 한다. 우리가 유아론적 회의주의에 빠지지 않고 아픈 사람을 보게 되면 곧바로 동정을 일으키고 도와주려 하는 것도 바로 삶의 형식 덕분이다. 안성조는 이러한 삶의 형식 개념을 비단 언어규칙의 사용에서뿐만 아니라 법률의 적용과 해석방식에 있어서까지 우리의 판단과 반응과 행동을 일치시켜 주는 '사회 · 문화적 및 생물학적 · 유전적으로 구조화되어 있는 인간이라는 종에 특수한(species-specific) 공통된 배경'이라고 새롭게 규정한다. 그는 이 개념을 '확장된 의미의 삶의 형식'이라고 명명한다(2011b, 475). 삶의 형식을 종-특수적 개념으로 파악한 것은 크립키나 촘스키에게서도 찾아볼 수 있지만, 이를 보다 확장해석하여, 예를 들어 인간에 대한 형사처벌이 유의미한 것으로 만들어 주는 '규범적 제약조건'으로 보는 것은 안성조의 독특한 해석이다. 그에 따르면 형사처벌의 대상이 될 수 있는 자는 비단 자연인에 국한되지 않고 법인도 포함된다고 한다(2011b, 494). 왜냐하면 법인도 자연인 행위자와 마찬가지로 우리와 인격적 상호작용을 할 수 있고, 이는 곧 우리와 삶의 형식을(최소한 중요한 일부를) 공유하고 있다고 볼 수 있기 때문이다. 즉 법인도 자연인처럼 형법적으로 유의미한 행위를 할 수 있고 —이 점에서 삶의 형식은 행위론을 보완해 주는 역할을 할 수 있다고 한다(2011b, 474)— 그에 따른 법적 책임도 질 수 있다는 것이다. 반면에 동물이나 인공지능 로봇, 혹은 (가상의) 외계인은 우리와 삶의 형식을 공유하지 못하기 때문에 형사처벌의 대상이 될 수 없다. 이해를 돕기 위해 부연하자면 자유의지의 존재여부는 철학은 물론 과학의 영역에서도 여전히 극심한 논란의 대상이지만, 자유의지를 전제하는 것은 명백하게도 우리의 삶의 형식의 일부이며, 따라서 자유의지를 전제하는 형벌이론은 더 이상의 근거를 필요로 하지 않는 확고한 규범적 제약조건에 기초한 것으로서 단지 우리가 받아들여야 할 것이 된다.

그는 법의 해석 및 논증이론과 관련해 '더 이상 논박이 불가능한 논거가 가장 보편적이고 정당한 논거'라는 명제를 제시한 바 있다(2011b, 86). 여기서 '더 이상 논박이 불가능한 논거'란 모든 가능한 논박으로부터 재반박을 통해 옹호되어 더 이상의 논박가능성이 없는 지점에 도달한 논거'를 뜻한다고 한다. 그렇다면 과연 어느 지점에서 논리적 공방이 끝나게 되느냐는 의문이 제기될 수 있는바, 이에 대해 그는 "무한이 반복되는 논리적 공방은 존재하지 않는다."고 단언한다. 왜냐하면 우리는 논거가 누구나 이해가 가능한 형태로 제시되면, 누구든지 그 논거의 질을 비교해 우위를 결정할 수 있기 때문이라고 한다. 이는 마치 우리에게 특별한 인지적 장애가 없다면 사물의 색깔과 크기를 비교할 수 있는 것과 같다. 거기에는 불일치가 존재하지 않는데, 그 이유는 논증의 질을 비교 · 평가할 수 있는 능력은 바로 우리의 삶의 형식의 일부이고, 우리는 그러한 삶의 형식을 공유하고 있기 때문이라고 주장한다. 안성조는 위의 '삶의 형식과 법의 지배'란 논문에서 자신이 제시한 명제에 대한 보충설명을 한다. 그에 의하면 '누구나 이해 가능한 형태의 논거'란 바로 '삶의 형식에 비추어 판단의 불일치가 발생하지 않는 수준으로 환원된 형태의 논거'를 뜻한다고 한다. 그러한 논거에 대해서는 우리의 판단의 불일치가 발생하지 않고, 따라서 논거의 우열을 누구나 비교 · 결정할 수 있다는 것이다. 다만 그도 모든 규범적 문제에 있어서 항상 판단의 일치가 가능하다고 보지는 않는다. 논거가 비록 '누구나 이해 가능한 형태'로 환원될 수 있다고 하더라도 논리적 설득 여부와는 별개로 각자에게 주어진 사회 · 문화 · 종교적 가치관에 따라 논거의 선택은 다를 수 있다고 보기 때문이다. 하지만 그러한 경우에도 대립하는 쌍방 당사자는 상호간의 견해차이가 왜, 그리고 어떻게 발생했는지에 대해 판단의 일치에 도달할 수 있다는 점에서는 여전히 또 다른 차원의 판단의 일치에 도달할 수 있고(그는 이를 메타판단의 일치라고 명명한다), 이를 가능하게 해 주는 것도 바로 삶의 형식의 일치가 있기 때문이라고 위 논문에서 분석해 낸다. 우리에게는 상호간의 견해 차이를 이해할 수 있는 인지적 유연성이 있고, 그것도 바로 삶의 형식의 일부라는 것이다(2013b, 27).

그의 최근 저작에서는 앞으로 전개될 새로운 연구방향을 읽어낼 수 있다. 그의 박사학위 취득 후 첫 논문은 '고대 동양에서의 법률의 착오론(2006)'이라는 흥미로운 주제의 법률의 착오와 관련된 규범적 사고방식의 원류를 탐색하는 논문이었다. 그리고 최근 발표한 "고대 근동법전의 성격(2011a)"도 우르남무법전이나 함무라비법전이 통용되던 고대 메소포타미아 사회의 규범적 관행과 문화를 현대적으로 재해석하는 비교법적 작업으로 향후에도 현대적 규범 및 형벌관 형성의 역사적 원류를 추적하는 작업을 지속적으로 수행할 것임을 엿볼 수 있다. 다음으로『현대 형법학 제1권(2011b)』에서는 사이코패스에 대한 이해와 법인의 형사책임의 이론적 구성과 관련해 인접학문과의 폭넓은 교류를 보여주고 있는바, 이러한 연구방법은 '삶의 형식과 법의 지배(2013b, 17)'에서 더욱더 확장되고 있음을 확인할 수 있다. 비록 비트겐슈타인은 삶의 형식은 우리에게 주어진 것으로 단지 받아들여야 할 것으로 더 이상의 정당화가 불필요한 것이라고 선언했지만, 그는 인간의 삶의 형식이 어째서 특정한 형태로 일치하게 되는지에 대해서 사회생물학과 진화심리학의 관점에서 이론적으로 해명해 내려 하고 있다는 점에서 새로운 학제적 탐구의 가능성을 가늠해 볼 수 있다. 그렇다! 짐작하듯이, 그의 다음 연구대상은 리처드 도킨스와 다니엘 데넷일 것이다. —하지만 기독교 신자인 그로서는 썩 내키는 작업은 아닐 것 같다.— 그는 일견 조화되기 어려워 보이는 인문학과 과학을 넘나들며 끊임없이 다변화되는 자신의 학문적 여정에 대해 다음과 같이 술회한다. "그것은 결국 우리 자신, 즉 인간에 대한 탐구이며, 이를 포기하거나 회피하는 것은 정신적 자살을 시도하는 것이나 다름없다(2011b)."

(2006) "고대 동양에서의 법률의 착오론,"「비교형사법연구」제8권 제1호.

(2007) "법적 불확정성과 법의 지배,"「법철학연구」제10권 제2호.

(2008) "괴델정리의 법이론적 함의,"「서울대학교 법학」제49권 제4호.

(2009a) "법문의 가능한 의미의 실재론적 의의,"「법철학연구」제12권 제2호.

(2009b)『기초법연구 제1권』, 경인문화사.

(2009c)『사이코패스 I —범죄충동 · 원인론 · 책임능력—』, 경인문화사.

(2010) "플레처의 집단책임론에 대한 비판적 재론,"「서울대학교 법학」제51권 제1호.

(2011a) "고대 근동법전의 성격,"「안암법학」제36호.

(2011b)『현대형법학 제1권』, 경인문화사.

(2011c)『기업범죄연구 제1권』, 경인문화사.

(2013a) "사이코패스 범죄자에 대한 인지과학적 이해,"「인간연구」제24호.

(2013b) "삶의 형식과 법의 지배,"「법철학연구」제16권 제1호.

양천수

양천수는 1971년 충남 연산에서 출생하였다. 고려대학교 법과대학과 동 대학원을 졸업하였다. 2006년 독일 프랑크푸르트대학교 법과대학에서 클라우스 귄터(Klaus Günther) 교수의 지도로 법학박사학위를 취득하였다. 현재 영남대학교 법학전문대학원 부교수로 재직하고 있다.

I.

먼저 양천수의 법철학적 기초부터 살펴본다. 양천수는 크게 세 가지의 철학을 자신의 법철학적 기초로 원용한다. 가다머(H.-G. Gadamer)의 철학적 해석학(philosophische Hermeneutik), 하버마스(J. Habermas)의 대화이론(Diskurstheorie) 그리고 루만(N. Luhmann)의 체계이론(Systemtheorie)이 그것이다. 이는 양천수가 자신의 학문적 스승으로부터 받은 영향과 무관하지 않다. 양천수는 한국의 학문적 스승인 고려대학교 법학전문대학원의 이상돈 교수로부터 철학적 해석학과 대화이론을 그리고 독일의 학문적 스승인 클라우스 귄터 교수로부터 대화이론을 사사하였다. 이외에 독일에서 만난 군터 토이브너(G. Teubner) 교수의 영향으로 루만의 체계이론에도 관심을 갖게 되었다. 양천수는 이미 법학석사 학위논문에서 가다머의 철학적-존재론적 해석학을 깊이 있게 분석하면서, 철학적 해석학 및 이를 법학영역에 수용한 법해석학(juristische Hermeneutik)을 철학적-인식론적 기초로 삼게 되었다(2000b; 2008d). 양천수는 철학적 해석학의 기반 위에서 법을 인식하는 행위는 기본적으로 법이라는 텍스트를 '이해(Verstehen)'하는 작업으로서, 이는 '이해자'가 지닌 '선이해(Vorverständnis)'로부터 자유롭지 못하다는 주장을 수용한다. 이 같은 맥락에서 양천수는 법적 텍스트를 객관적·중립적으로 인식할 수 있다는 법실증주의적 인식론을 거부한다. 이러한 기초 위에서 양천수는 전통적인 법학방법론의 한계를 밝혀내고(2009c), 형법상 법익 개념과 행위론을 새롭게 조명하기도 하였다(2006e; 2007i).

그러나 해석학적 사유는 이해자의 선이해를 강조함으로써, 해석의 공정성과 정당성을 그 어느 영역보다 강하게 요청하는 법해석 영역에서 자칫 문제를 유발할 수 있다. 이 점에서 양천수는 독일의 공법학자 크릴레(M. Kriele)의 주장을 좇아 법을 해석하는 과정은 객관적이고 중립적일 수는 없지만, 그렇다고 편파적이어서도 안 된다고 말한다(2010c). 이 같은 문제를 해결하고자 양천수가 수용한 철학이 바로 하버마스가 제안한 법의 대화이론(Diskurstheorie des Rechts)이다. 양천수는 하버마스가 강조하는 대화원칙(Diskursprinzip)에 힘입어, 한편으로는 해석학적 사유에 열려 있으면서도, 다른 한편으로는 자의적인 해석의 함정에 빠지지 않는 법해석을 추구한다. 상호주관성의 지평 위에서 형법상 법익 개념을 새롭게 조명한 자신의 박사학위논문에서 법익 개념을 예로 하여 이러한 기획이 어떻게 구체화될 수 있는지를 보여주었다(2006a). 나아가 양천수는 하버마스가 대화이론과 함께 제시한 진리합의이론을 수용하여, 이러한 진리합의이론이 형사소송과 민사소송에서 각각 어떻게 제도화할 수 있는지를 보여주기도 하였다(2008c; 2010f). 이뿐만 아니라, 양천수는 하버마스의 대화이론을 포괄하는 절차주의(Prozeduralismus)를 수용하여, 이를 다양한 법영역에서 현대 법체계가 처한 위기를 극복할 수 있는 새로운 법정책적 패러다임으로 제안하기도 하였다(2011b).

이외에 양천수는 현대사회에서 진행되는 법체계와 경제체계 그리고 이를 포괄하는 사회체계의 구조변동을 분석하기 위해 부분적으로 루만의 체계이론을 받아들인다. 이를 통해 양천수는 오늘날 법도그마틱은 무엇을 지향해야 하는지(2006c), 법체계와 경제체계가 어떤 가능성과 위험을 안고 있는지를 분석하였다(2011b). 물론 이러한 시도에 대해서는 비판이 있을 수 있다. 무엇보다도 이론적 지평이 다른 하버마스의 대화이론과 루만의 체계이론을 동시에 수용하는 것이 이론적 정합성을 유지할 수 있는지에 관해 비판을 제기할 수 있다. 양천수는 한편으로는 이 같은 비판이 타당하다고 생각한다. 그러나 다른 한편으로는 이 두 이론을 양립시키고자 했던 이론적 시도가 이미 독일에서 이루어진 적이 있다는 점, 하버마스의 대화이론과 루만의 체계이론은 현상학과 구성주의를 이론적 출발점으로 하고 있다는 점에 비추어볼 때, 이러한 두 이론을 양립시키고자 하는 시도가 전혀 불가능하지만은 않다고 생각한다. 이는 양천수가 앞으로 지속적으로 탐구해야 할 이론적 과제라고 말할 수 있다.

한편 이렇게 보면 양천수가 바탕으로 삼는 철학적 기초는 다음과 같은 이론으로 귀결된다. 훗설(E. Husserl)의 현상학과 구성주의가 바로 그것이다. 이 때문에 양천수는 앞으로 현상학과 구성주의에 대해서도 지속적으로 관심을 기울일 생각이다.

Ⅱ.

양천수는 법철학자로서 순수 법철학적인 문제에도 관심을 기울이고 있다. 본격적으로 학문활동을 시작하던 시기에는 독일의 법철학자 마이호퍼(W. Maihofer)의 관계존재론에 관심을 쏟기도 했다(2006b). 여기에는 크게 두 가지 이유가 있다. 첫째는 양천수가 공부했던 고려대학교 법과대학의 법철학적 초석을 놓은 심재우 선생의 법철학적 사유가 마이호퍼로부터 비롯한다는 점이고, 둘째는 마이호퍼의 관계존재론이 해석학적-구성주의적 사유와 연결된다고 판단하기 때문이다.

그러나 양천수가 최근 가장 관심을 기울이는 부분은 바로 '처분불가능성(Unverfügbarkeit)'에 관한 문제이다. 양천수는 자연법사상이 점점 힘을 잃어가고 있는 오늘날 자연법사상과 밀접하게 관련을 맺는 처분불가능성을 새롭게 복원하기 위해 노력하고 있다. 이에 대한 관심은 이미 양천수의 박사학위논문에서 찾아볼 수 있다(2006a). 박사학위논문에서 양천수는 형법상 실질적 범죄 개념의 기준이 되는 법익 개념(Rechtsgutsbegriff)을 새로운 이론적 지평 위에서 분석하였는데, 이러한 법익 개념이야말로 형법도그마틱체계 이전에 존재하는 것으로서, 독일의 형법학자 하쎄머(W. Hassemer)의 용어로 바꿔 말하면, '체계초월적인 개념(systemtranszendentaler Begriff)'으로서 이론적인 측면에서 처분불가능성과 동일한 연장선상에 있다고 말할 수 있기 때문이다. 박사학위논문에서 양천수는 하버마스의 대화이론에 힘입어 '참여자역할(Teilnehmerrolle)'을 새로운 상호주관적 법익 개념으로 제안하였는데, 이러한 시도는 이후 자연법의 유산인 처분불가능성을 상호주관성의 지평 위에서 새롭게 근거짓는 데 중요한 출발점이 되었다. 박사학위논문 이후 양천수는 처분불가능성을 법문화에 의지해 논증하려는 하쎄머의 시도를 비판하면서, 상호주관적인 대화이론의 지평 위에서 처분불가능성을 새롭게 근거짓는 작업을 시작하였으며(2006f), 이는 현재 진행 중이다(2013). 마이호퍼의 관계존재론에 대한 양천수의 관심 역시 이러한 연장선상에서 이해할 수 있다.

Ⅲ.

처분불가능성에 보인 양천수의 관심은 자연스럽게 인권에 대한 법철학적 관심으로 이어진다. 물론 양천수가 처음부터 인권이론에 관심을 기울인 것은 아니었다. 여기에는 다소 우연적인 계기가 있었다. 양천수는 2007년 영남대학교가 인권교육연구센터를 창립하는 데 관여하여 인권교육연구센터의 비전 등을 설계하였고(2007h), 이후 2009년부터 2012년까지 인권교육연구센터의 센터장을 역임하면서 영남대학교 법학전문대학원의 인권 특성화를 실현하는 데 중요한 역할을 수행하였다. 그 결과로 영남대학교 인권교육연구센터는 2011년 대한민국 인권상을 수상하기도 하였다. 양천수는 이 과정에서 인권교육연구센터가 발간하는 인권저널「인권이론과 실천」에 매년 꾸준하게 인권 관련 논문을 발표하였다. 주로 인권철학에 관한 논문을 발표하였는데, 여기서 양천수가 가장 역점을 기울인 문제는 '인권의 보편성'에 관한 문제였다. 흔히 인권은 보편적인 인간의 권리라고 일컫지만, 이러한 주장은 오늘날 여러 측면에서 이론적 도전에 직면하고 있다. 이러한 상황에서 양천수는 구성주의적 관점과 대화이론의 기반 위에서 인권의 보편성을 새롭게 정초하고자 노력하였다(2007b). 이러한 이론적 노력은 '다문화시대와 인권조례정책'(2010e), "다문화적 인권의 가능성"(2011c), "동아시아적 인권구상의 가능성"(2012d) 등에 대한 연구로 지속적으로 이어졌다. 이외에도 양천수는 "인권으로서 시민불복종"(2008g)이나 "양심에 관한 인권"(2009h) 등과 같은 인권법철학에 관한 다양한 문제들을 다루었는데, 이러한 연구는 앞으로 『인권법철학』(가칭)이라는 이름의 연구저서로 발전시킬 예정이다.

Ⅳ.

양천수는 법이론(Rechtstheorie) 영역에서도 다수의 연구를 수행하였다. 이는 양천수가 자신의 법철학적 기초로서 철학적 해석학을 수용하고 있다는 점과 무관하지 않다. 양천수는 철학적 해석학과 법해석학의 기반 위에서 법관이 법을 어떻게 해석하고 적용하는지를 비판적·반성적으로 접근하였다. 이러한 맥락에서 양천수는 기존의 지배적인 법학방법론인 삼단논법적 법률해석론에 어떤 이론적 문제점이 있는지를 검토하였고(2009c), 형법해석의 한계에 대한 새로운 기준을 제시하기도 하였다(2008d). 물론 그렇다고 해서 양천수가 기존의 지배적인 법학이 강조한 법도그마틱이나 삼단논법적 법학방법론을 전혀 무가치한 것으로 파악한 것은 아니다. 양천수는 개념법학이 지닌 학문적 장점에 주목하였으며(2007c), 루만의 체계이론적 법도그마틱 구상에 힘입어 법도그마틱의 의미와 방향을 새롭게 복원하고자 하였다(2006c). 같은 맥락에서 양천수는 삼단논법적 법학방법론이 여러 측면에서 이론적 문제점에 봉착하고 있기는 하지만, 오늘날 여전히 유효한 법학방법론이라고 진단한다(2012a).

나아가 양천수는 이렇게 법이론 영역에서 발전시킨 사유를 법학교육 전반에도 적용하였다. 지난 2009년 법학전문대학원 체제가 새롭게 출범하게 되면서, 양천수는 우리에게 생소한 이 제도를 성공적으로 안착시키고자 여러 측면에서 노력하였다. 이러한 맥락에서 양천수는 법학교육과 법학방법론이 어떻게 유기적으로 연결될 수 있는지를 영국과 독일의 사례로써 보여주고자 하였고(2006g), 새롭게 출범하는 법학전문대학원 체제에서 필요한 법학교육방법은 무엇인지에 관해 법이론적 기초 위에서 이를 분석하고 그 방향을 제시하기도 하였다(2008b).

V.

그러나 양천수가 그 동안 가장 역점을 두어 수행한 연구주제는 법진화론에 관한 문제라고 할 수 있다. 법진화론에 관한 문제는 현대사회에서 지속적으로 진행되고 있는 변화과정에 법체계가 어떻게 대응하고 있는지, 어떻게 구조변동을 겪고 있는지, 이를 통해 법체계가 어떻게 진화하고 있는지를 다루는 문제라고 할 수 있다. 양천수는 본격적으로 학문활동을 시작하던 당시부터 이러한 법진화론에 관해 지속적으로 관심을 기울였다. 이는 '현재 있는 법'이 무엇인지를 냉철하게 분석해야만 비로소 '앞으로 나아가야 할 법'이 무엇인지를 알 수 있다는 인식관심을 배후근거로 한다. 이러한 인식관심에서 양천수는 먼저 한국의 법체계가 오늘날 어떤 상황에 처해 있는지를 이상돈 교수의 선행연구에 힘입어 분석하였다. 이에 따르면, 오늘날 한국 법체계에서는 '전근대'와 '근대' 그리고 '탈근대'가 동시에 병존하는 '비동시성의 동시성'을 발견할 수 있다(2007j). 이를 출발점으로 하여 양천수는 오늘날 법체계가 어떻게 구조변동을 경험하고 있는지를 지속적으로 분석하였다. 이를 위해 양천수는 주로 토이브너의 법진화론을 수용하였다(2006d; 2012c). 토이브너는 지난 1980년대에 체계이론과 대화이론에 기반을 둔 유명한 '삼단계 법진화론'을 그리고 지난 2000년 이후에는 초국가적 법다원주의를 수용한 새로운 법진화론을 제시한 바 있는데, 이러한 토이브너의 법진화론은 양천수의 작업에 큰 영향을 미쳤다. 토이브너와 마찬가지로, 양천수는 루만의 체계이론적 사유를 토대로 하여 현대사회에서 합리성 개념이 분화되고 있고(2006h), 각각의 법이 관할하는 영역이 현대사회의 구조변동에 발맞추어 새롭게 확장・충돌・혼융되고 있다고 진단하였다(2011a). 이는 대륙법의 판덱텐체계에 바탕을 둔 전통적인 기본육법체계가 오늘날 해체되고 있다는 점을 시사한다. 이에 따라 양천수는 현대 법체계 안에서 <판덱텐법 ➪ 전문법 ➪ 자기규범생산 레짐>으로 이어지는 새로운 법적 진화가 진행되고 있다고 진단한다. 이를 검증하기 위해 양천수는 무엇보다도 이상돈 교수가 제시한 전문법 구상을 적극 수용하여 도산법, 인권법, 환경법 영역 등에서 전문법이 등장하고 있다는 점을 보여주었다(2007m; 2007g; 2007k). 나아가 양천수는 법적 진화에 관한 연구를 더욱 진척시켜, 토이브너가 새로운 법적 진화의 단계로 제안한 자기규범생산 레짐의 출현을 증명할 수 있는 법적 현상이 최근 초국가적 영역에서 등장하고 있음을 지적하였다. 이에 대한 한 예로서 양천수는 초국가적 법다원주의 현상을 분석하였다(2008i). 특히 양천수는 초국가적 영역에서 작동하는 스포츠법을 살펴봄으로써 초국가적 법다원주의, 더 나아가 초국가적인 자기규범생산 레짐이 어떻게 오늘날 현실로 자리매김 하고 있는지를 보여주었다(2008h). 양천수는 이렇게 법진화론에 관해 지금까지 수행한 연구를 더욱 보완하여, 이를 독자적인 연구단행본으로 발전시킬 계획을 갖고 있다.

Ⅵ.

양천수는 국가철학 분야에도 관심을 기울여서 이에 관해 다수의 논문을 발표하였다. 이러한 관심은 양천수의 법철학적 기초를 이루는 하버마스의 대화이론이 민주주의이론 및 법치국가이론과 밀접한 관련을 맺는다는 점과 무관하지 않다. 이 같은 관심에서 양천수는 일찍이 대학원 시절에 하버마스의 민주주의이론을 '대화적 민주주의'라는 이름 아래 분석한 논문을 발표하기도 하였다(2000a). 또한 양천수는 현대 민주적 법치국가 및 주권론의 이론적 원형을 찾기 위해, 가히 악마적인 매력을 갖고 있다고 말할 수 있는 독일의 공법학자 칼 슈미트(C. Schmitt)의 국가철학에 관심을 갖기도 하였다(2007f). 그러나 동시에 양천수는 현대사회가 구조변동을 겪으면서 국가의 패러다임이 어떻게 변화하는지 역시 연구시야에서 놓지 않았다. 이러한 맥락에서 오늘날 현대국가가 어떻게 변화하고 있는지, 이에 따라 전통적으로 경찰법이 목표로 하는 '예방(Prävention)'과 형사법이 목표로 하는 '억압(Repression)'이 현대국가에서 어떻게 혼융되고 있는지도 고찰하였다(2009b). 이외에도 양천수는 독일의 공법학자이자 칼 슈미트의 제자인 포르스트호프(E. Forsthoff)가 현대 사회국가 패러다임에서 핵심적인 역할을 하는 '생존배려(Daseinsvorsorge)' 개념을 어떤 국가철학적 배경에서 제안했는지를 분석하였고(2008e), 오늘날 국가보훈법의 의미와 기능을 어떻게 정립해야 하는지(2007a), 국가가 수행하는 경제정책에 대해 사법부는 어느 범위에서 어떻게 개입할 수 있는지 등과 같은 개별적인 문제에도 관심을 기울였다(2010c). 양천수는 이렇게 국가철학에 관해 그 동안 축적한 연구성과 역시 앞으로 연구단행본으로 발전시킬 계획을 갖고 있다.

Ⅶ.

마지막으로 양천수가 집중적으로 관심을 기울이고 있는 분야로서 법철학과 개별 실정법이 접점을 이루는 '응용법철학' 또는 '중간법철학' 분야를 언급할 필요가 있다. 양천수는 학문적 스승인 이상돈 교수의 영향으로 그 누구보다도 법철학적 관점과 실정법학적 관점을 통합하는 응용법철학 영역에 깊은 관심을 보여 왔다. 여기에는 법철학을 포함한 기초법학과 실정법학 사이에 존재하는 '전공의 벽'이 그 동안 너무 높았다는 학문적 반성과 오늘날 법적 문제는 통합과학적·융합적 사유를 필요로 한다는 문제의식이 배후근거로 깔려 있다. 헌법학자인 정종섭 교수가 일찍부터 강조했던 '통합과학적 방법론' 역시 이러한 양천수의 작업에 큰 영향을 미쳤다. 이러한 맥락에서 양천수는 그 동안 응용법철학적 분야, 다시 말해 실정법의 법철학적 기초를 밝히는 데 상당한 노력을 기울였다. 이는 크게 두 영역에 집중되었다. 형사법의 법철학적 기초와 민사법의 법철학적 기초가 그것이다.

법철학자가 형사법 문제에 관심을 기울이는 것은 양천수가 공부했던 고려대학교 법과대학 대학원의 학문적 전통 그리고 독일법학의 전통에서 볼 때 새로운 것은 아니다. 독일 법과대학과 고려대학교 법과대학에서는 법철학과 형사법학을 함께 공부하고 수련하는 것이 자연스러운 학문적 전통에 속하였다. 물론 지금은 학문체계에서도 불고 있는 전문화 덕분에 양자가 분화되고 있지만, 양천수가 학문적 수련을 쌓던 당시까지만 해도 이 전통은 유지되고 있었다. 무엇보다도 양천수의 학문적 스승인 이상돈 교수와 클라우스 귄터 교수가 법철학과 형사법학 모두에 학문적 관심을 쏟고 있다는 점이 큰 영향을 미쳤다. 이러한 이유에서 양천수는 형사법학에서 근원적인 역할을 수행하는 기초개념들, 이를테면 행위 개념이나 책임 개념 등을 법철학적으로 파고들어가는 작업을 하였다. 또한 법철학적-법이론적 사유를 필요로 하는 법인의 형사책임 문제나 치료중단 문제에 관해 독자적인 견해를 제시하기도 하였다(2007d; 2007l). 무엇보다도 양천수는 박사학위논문에서 형법상 법익 개념이 어떤 역할을 하는지, 현재 어떤 이론적 위기에 처해 있는지, 이를 극복하기 위해서는 법익 개념을 어떻게 새롭게 정립해야 하는지에 관해 집중적으로 연구하였다(2006a).

그러나 그 동안 양천수가 더욱 비중 있게 연구한 분야는 민사법의 법철학적 기초를 탐구하는 것이었다. 여기에는 크게 세 가지 이유가 있다. 첫째, 민사법은 거시적으로 말해 경제체계의 작동과정을 규율하는 법이라고 할 수 있는데, 오늘날 자본주의체제에서 경제체계가 차지하는 비중이나 역할에 비추어 볼 때 민사법은 그 무엇보다도 비중이 있고 또한 방대하다는 점이다. 둘째, 이렇게 민사법이 현대사회에서 차지하는 비중이 크고 그 범위가 방대한 만큼, 민사법에서 다루어야 할 문제 역시 다양하고 방대하며, 무엇보다도 민사법은 현대사회의 구조변화에 민감하게 반응한다는 점이다. 셋째, 이는 일종의 개인적인 이유라고 할 수 있는데, 19세기에 번성했던 독일의 개념법학이 주로 로마법을 연구하는 민사법학자들에 의해 발전했다는 역사적 사실이 보여주는 것처럼, 민사법에서는 개념과 체계 그리고 법적 논리가 그 어느 법영역보다도 강하게 요청된다는 점이다. 법학에서는 개념과 체계 및 법적 논리가 여전히 중요하다고 보는 양천수는 바로 이러한 이유에서도 개인적으로 민사법에 많은 관심을 보이고 있다.

그런데 여기서 주의해야 할 점이 있다. 양천수가 민사법의 법철학적 기초를 탐구한다고 해서 오직 법철학적 관점에만 의지하는 것은 아니라는 점이다. 오히려 양천수는 법철학적 관점을 토대로 하면서도, 통합과학적 방법론에 입각해 헌법, 형법, 상법, 경제법 등과 같은 다양한 실정법학의 관점뿐만 아니라, 법사회학이나 법정책학 등과 같은 기초법학의 관점 역시 동원하여 개별 민사법의 쟁점에 접근하고 있다. 이러한 예로서 부동산 명의신탁, 기업의 사회적 책임과 법준수프로그램, 서브프라임 금융위기 등을 언급할 수 있다. 먼저 양천수는 민법과 형법 그리고 법철학의 시각을 통합적으로 사용하여 한국법학의 고유한 문제라고 할 수 있는 부동산 명의신탁에 관한 법적 문제를 치밀하게 다루었다(2010a). 이어서 루만의 체계이론, 한스 요나스(H. Jonas)의 책임이론, 하버마스와 토이브너의 절차주의를 원용하여 기업의 사회적 책임과 법준수프로그램을 어떻게 파악해야 하는지, 이를 어떻게 정책적으로 추진해야 하는지를 분석하였다(2010b). 또한 양천수는 역시 루만의 체계이론과 각종 경제이론 그리고 하버마스식의 절차주의에 기반을 두어 서브프라임 금융위기가 어떻게 발생하여 전 세계적으로 확산될 수 있었는지, 이 같은 금융위기를 효과적으로 규제하기 위해서는 어떤 규제모델이 필요한지에 대해 치밀하게 고찰하였다(2011b). 이외에도 양천수는 민사소송법학자인 우세나 교수와 협력하여 민사소송법이 규율하는 기본제도나 원리를 법철학의 토대 위에서 분석하기도 하였다(2008f).

법철학과 실정법을 가교하는 작업은 일종의 '사이를 걸치는 작업'이라는 점에서 각 전공영역에서 모두 소홀히 할 우려가 있다. 바로 그 때문에 이러한 영역에 존재하는 다양한 법적 문제들이 간과되고 있다. 양천수는 이러한 근거에서 앞으로도 이렇게 법철학과 실정법 사이에 존재하는 법적 문제에 대한 관심을 놓지 않고 지속적으로 연구를 수행할 계획이다.

(2000a) "대화적 민주주의론," 「호원논집」 제8집.

(2000b) 『해석학의 법철학적 수용 —독일의 철학적 해석학과 법해석학을 중심으로 하여—』, 고려대학교 법학석사 학위논문.

(2006a) *Konzeption einer intersubjektiven Rechtsgutslehre*, Diss. Frankurt/M.

(2006b) "법존재론과 형법상 행위론 —베르너 마이호퍼를 통해 본 형법철학의 가능성—," 「법철학연구」 제9권 제1호.

(2006c) "개념법학과 이익법학을 넘어선 법도그마틱 구상 —루만의 법도그마틱 구상을 중심으로 하여—," 「성균관법학」 제18권 제1호.

(2006d) "1980년대 이후 전개된 독일 법사회학의 현황 —도이브너의 이론을 중심으로 하여—," 「법과 사회」 제30호.

(2006e) "형법상 법익 개념의 새로운 근거설정 필요성과 가능성," 「고려법학」 제47호.

(2006f) "법문화와 처분불가능성 —법문화를 통한 처분불가능성의 논증가능성—," 「중앙법학」 제8집 제3호.

(2006g) "법률가 양성교육 체제 정립기의 법학방법과 법학교육 —독일과 영국을 예로 하여—," 「법철학연구」 제9권 제2호.

(2006h) "합리성 개념의 분화와 충돌 —독일의 논의를 중심으로 하여—," 「법과 사회」 제31호.

(2007a) "법정책의 측면에서 본 국가보훈기본법의 의미," 「사회과학연구」 제26집(2007.2).

(2007b) "인권의 보편성에 대한 철학적 논증 가능성," 「인권이론과 실천」 제1호.

(2007c) “개념법학: 형성, 철학적 · 정치적 기초, 영향,” 「법철학연구」 제10권 제1호.
(2007d) “법인의 범죄능력 ―법 이론과 형법정책의 측면에서―,” 「형사정책연구」 제18권 제2호.
(2007e) “상호주관적 법익구상의 이론적 전개과정과 현황 ―독일과 한국의 논의를 중심으로 하여―,” 「형사법연구」 제19권 제2호.
(2007f) “합법성과 정당성 ―칼 슈미트의 이론을 중심으로 하여―,” 「영남법학」 제25호.
(2007g) “인권법의 통합과학적 성격,” 「인권이론과 실천」 제2호.
(2007h) “영남대학교 법학전문대학원의 특성화 목표 ―목표 및 교육과정을 중심으로 하여,” 「인권이론과 실천」 제2호.
(2007i) “법해석학을 통해 다시 바라본 사회적 행위론,” 「안암법학」 제25호.
(2007j) “한국 법체계에 대한 ‘비동시성의 동시성’ 테제,” 「법철학연구」 제10권 제2호.
(2007k) “전문법의 책임으로서 환경책임과 환경민사책임 ―환경책임에 대한 법이론적 · 법사회학적 접근―,” 「환경법연구」 제29권 제3호.
(2007l) “안락사의 정당화 구조―형법철학의 측면에서―,” 「형사법연구」 제19권 제4호.
(2007m) “*私法* 영역에서 등장하는 전문법화 경향 ―도산법을 예로 본 법사회학적 고찰―,” 「법과 사회」 제33호.
(2008a) “공익과 사익의 혼융현상을 통해 본 공익 개념 ―공익 개념에 대한 법사회학적 분석―,” 「공익과 인권」 제5권 제1호.
(2008b) “이상과 현실 사이에 선 법학전문대학원 교육방법론 ―기초법학을 예로 하여―,” 「사회과학연구」 제27집.
(2008c) “형사소송법상 실체진실주의와 적정절차원칙에 대한 비판적 고

찰—법철학의 관점에서—,"「경남법학」 제23집.
(2008d) "형법해석의 한계—해석논쟁을 중심으로 하여—,"「인권과 정의」 제379호.
(2008e) "생존배려 개념의 기원—법철학의 시각에서 본 포르스트호프(E. Forsthoff)의 사회보장법체계—,"「영남법학」 제26호.
(2008f) "민사소송법상 증명책임분배론에 대한 법이론적 고찰 —레오 로젠베르크의 규범설을 중심으로 하여—,"「중앙법학」 제10집 제3호(공저).
(2008g) "인권으로서 시민불복종? —낙천・낙선운동을 예로 하여—,"「인권이론과 실천」 제3호.
(2008h) "스포츠법에 대한 법이론적 접근,"「스포츠와 법」 제11권 제4호.
(2008i) "초국가적 법다원주의—개념적 차원과 규범적 차원을 중심으로 하여—,"「법철학연구」 제11권 제2호.
(2009a) "인격적 법익론—의미와 한계 그리고 재구성 가능성—,"「성균관법학」 제21권 제1호.
(2009b) "예방과 억압의 혼융 —'집회 및 시위에 관한 법률'을 예로 본 법이론적 분석—,"「공법학연구」 제10권 제2호.
(2009c) "삼단논법적 법률해석론 비판—대법원 판례를 예로 하여—,"「영남법학」 제28호.
(2009d) "법의 근대성과 탈근대성—하버마스와 투렌의 기획을 중심으로 하여—,"「법학연구」(부산대) 제50권 제1호.
(2009e) "철학적 해석학과 법해석학—해석학의 법철학적 수용과 관련한 시론—,"「동아법학」 제44호.
(2009f) "책임구상의 다양한 지평—한스 요나스의 책임원칙을 예로 하여—,"「안암법학」 제30호.

(2009g) “의사의 자유와 인권—형사책임을 중심으로 한 시론—,”「영남법학」 제29호.

(2009h) “양심에 관한 인권—준법서약서에 관한 헌법재판소 결정을 예로 본 우리 인권상황의 한 측면—,”「인권이론과 실천」 제6호.

(2010a)『부동산 명의신탁: 민법과 형법의 관점에 중점을 둔 통합과학적 접근』, 영남대학교출판부.

(2010b)『기업의 경제활동에 관한 형사법제 연구(II)—기업의 사회적 책임(CSR)과 법준수프로그램(CP)에 관한 연구—』, 한국형사정책연구원.

(2010c) “경제정책에 대한 사법심사 가능성, 기준 및 한계—헌법재판을 예로 본 법이론적 분석—,”「공법학연구」 제11권 제1호.

(2010d) “민주적 법치국가에서 본 법규범의 효력근거: 법철학의 관점에서,”「법과 사회」 제38호.

(2010e) “다문화시대의 인권법정책—대구경북지역의 인권조례정책을 예로 하여—,”「영남법학」 제31호.

(2010f) “민사소송에서 바라본 진실 개념—법철학의 관점을 겸하여—,”「민사소송」 제14권 제2호(공저).

(2010g) “차별금지법과 사적자치—일반적 차별금지법에 대한 법철학적-국가철학적 고찰—,”「인권이론과 실천」 제8호.

(2011a)『현대사회와 민사법의 구조변동』, 경인문화사(공저).

(2011b)『서브프라임 금융위기와 법』, 한국학술정보.

(2011c) “다문화적 인권의 가능성—기초법학의 관점에서—,”「법과 정책연구」 제11집 제2호.

(2012a)『법철학: 이론과 쟁점』, 박영사(공저).

(2012b) “의미창조적 확장해석—법이론의 관점에서—,”「안암법학」 제37호.

(2012c) “새로운 법진화론의 가능성,” 「법철학연구」 제15권 제2호.
(2012d) “동아시아적 인권구상의 가능성,” 「고려법학」 제67호.
(2013) “현대 사회에서 ‘처분불가능성’의 새로운 논증 가능성,” 「법학논총」(국민대) 제25권 제3호.

오정진

오정진은 1970년 대구에서 태어났다. 서울대학교 법과대학 및 동 대학원을 졸업하였으며, 2000년 법학박사학위를 취득하였다. 한국여성개발원을 거쳐 2004년부터 부산대 법학전문대학원 교수로 재직하고 있다.

Ⅰ.

학부시절 오정진에게 있어 법철학은 어려운 과목이었다. 칸트나 헤겔은 물론, 웬만한 철학자들의 사상을 두루 익히 알지 못하면 감히 전공할 수 없는 분야라는 생각이 들었고, 한편으론 뭔가 있어 보이기는 하되 누가 무슨 말을 했다는 것이 지나치게 강조되는 까닭에, 별 수 없이 현학적인 학문으로 여겨졌다. 그에 비해 법사회학은 사회와 법이 관련되는 것이라면 무어든 취미에 맞게 자유롭게 다루어도 될 것 같았고 좀 더 직접적으로 삶과 맞닥뜨리는 느낌이었으며, 세상살이의 부당함에 대한 감각이 발달하면서는 특히 법여성학적 접근방법이 와 닿았다.

때문에 대학원에서의 오정진의 연구는 가정폭력(1995)과 낙태

(1997), 성희롱(1998), 포르노그라피(2000) 등 법여성학적 테마를 중심으로 진행되었고, 그때 이후 지금에 이르기까지 섹슈얼리티(2002)와 젠더에 관한 규범적 담론(2003; 2011c)과 실제의 작동에 대한 비판적인 분석(2007b; 2007c)은 여전히 오정진의 가장 주요한 연구주제라고 할 만하다. 그녀는 그간 법이 내세워 온 것처럼 진정으로 보편적이고 누구에게나 평등하려면 여성의 삶에 대한 이해가 더 필요하다고 지적하고(2006c), 코넬(Drucilla Cornell)과 입장을 같이하여 다양한 성적 존재의 자유를 지향하는 가운데, 여성주의를 "자기다움과 사랑의 정치"로서 개념화한다(2010a).

Ⅱ.

한국여성개발원에서 여러 영역에 걸쳐 법여성학적 정책과제를 수행했던 오정진은 대학에 온 후 법사회학과 법여성학 외에 법철학을 강의하고 공부하면서 급속도로 법이론에 매료되고 있다. 체계도 순서도 없이 끌리는 대로 이런저런 책을 읽는 그녀는 어떤 사상가나 그의 이론'에 대한' 글을 쓰기보다는, 좋아하게 된 이론가의 영향을 받고 공감하면서 법에 관한 자신의 사유를 전개하고 있다. 들뢰즈와 가타리(Deleuze & Guattari)와 함께 스피노자(Spinoza)를 만나 욕망을 긍정하고 법이 그것을 담기를 소망했으며(2006a), 네그리(Negri)를 좇아 존재의 공동성에 기대어 사랑의 정치성을 복원하고자 한다. 아렌트(Arendt)의 세계사랑을 늘 마음에 품고 보편성에 관한 바디우(Badiou)의 고집에 새삼 감동하면서 블랑쇼(Blanchot)와 낭시(Nancy)의 통찰을 보태어, 영토에 기반하기보다는 삶에 기반한 주권, 경계 없는 무위의 공동체를 추구하고 있다

(2012a; 2013b).

아울러 오정진은 라캉(Lacan)과 지젝(Žižek), 가라타니 고진의 눈으로 칸트를 다시 읽으면서 급진적 윤리를 도모하고, 오히려 법의 형식성에서 전복성을 이끌어낼 수 있으리라 생각한다. 나아가, 어차피 법이 있을 수밖에 없다면 그간의 무거운 이미지를 벗어버리고 친구처럼 있기를 바라고(2011b), 아감벤(Agamben)이 얘기하듯이 무용하게 법과 함께 놀기를 바란다.

Ⅲ.

그런가 하면, 오정진은 동성혼(2006b; 2009b)이나 다문화가족(2012d)의 법적 인정에서 보듯 외관상 인권의 신장으로 보이는 경우도 실은 루만(Luhmann)이 말하는 법체계의 자체생산의 일환일 수 있음을 지적하고, 친밀한 관계에 대한 다양한 존재양식이 종래의 법체계에 편입되어 정치적 급진성이 퇴색되기보다는 가족(2007e)제도의 본질을 파악하고 법률혼 자체를 해체할 것을 주장한다.

오정진은 나아가 포스트모던 법이론과 니체(Nietzsche)의 자장 아래에서, 법은 어떤 사회적·역사적·정치적 상황에서 우연히(2006d) 자리잡게 된 허구적 장치(2007f)라는 점에 착안하고, 그렇지만 '공정성'에 대한 기대에서 보듯이 동시에 그와 같은 허구에는 유용한 점 역시 있음을 인정한 후, 그렇다면 차라리 그 허구적 선언이 제대로 실천으로 이어질 것을 주장한다(2010b).

그녀는 푸코(Foucault)와 부르디외(Bourdieu)의 도움으로, 권력이 특정한 방식으로 신체와 정신을 길들이고 법지식이 자연스럽게 특권화되는 과정을 비판적으로 고찰하는 한편, 랑시에르(Rancière)가 갈파한 것처럼 당연한 전제로서의 평등(2012c)이라는 맥락에서, 실은 모든 사람이 법을 안다고 생각한다. 그래서인지, 언제부터인가 법철학은 전혀 어려울 게 없는, 삶의 이야기라고 느끼게 되었다. 때문에 누구든지, 특히 그간 주변화된 삶이 스스로 법을 말하고 써야 함을 역설한다(2004; 2013a).

Ⅳ.

버틀러(Judith Butler)가 얘기했듯이 살 만한 삶(livable life)을 위해 법은 삶의 통역자로서 나름대로의 역할을 수행해야 하는데(2010c), 종종 법은 한계와 무능을 드러낸다. 그런데 오정진은 이 지점에서 그와 같은 법의 실패를 어쩔 수 없는 법의 속성으로 이해한다(2007a). 사회적 변화가 절실할 때 법은 긍정적인 기능을 할 수도 있고 응당 자신의 몫은 다해야 하겠지만, 법이 삶을 다 담아낸다는 것은 불가능하며 바람직하지도 않다고 생각하기 때문이다. 때문에 그녀는 법에 많은 권한을 부여하는 것은 위험하며 법이 모든 것을 틀어쥐려는 자세는 온당치 않다고 생각한다.

물론 오정진은 답을 내려야 하는 상황이 있고 법에게 그 임무가 맡겨지는 경우가 있음은 안다. 그래도 그 때조차 데리다(Derrida)가 말하는 아포리아적 상황을 법이 인식하기를, 그래서 자신감에 차서 결단을 내리기보다는 오히려 궁싯거리고 헤매며 주저하기를 바란다. 그럴 때 비로소 부족한 성찰이나마 가능해질 것이고, 진리에 조금 더 다가설 수 있을 것이라고 생각한다. 그녀 역시 자신만의 법의 창으로는 다른 이들의 삶들을 제대로 느끼기에

턱없이 부족함을 알기에, 영화(2007d)와 문학의 도움을 받아 그나마 삶의 총체성에 접근하려고 노력하고 있다.

V.

법의 본질은 폭력이라는 벤야민(Benjamin)의 생각에 동의하지만 법이 폭력성을 감추려고도 하지 않고 노골적으로 오히려 당당하게 고통을 외면하거나(2012b) 심지어 법의 지배라는 이름으로 부조리(2008)가 횡행하는 모습에 분노를 느끼고 종종 우울해하는(2009a) 오정진은, 그럼에도 불구하고 정의에 대한 고갈되지 않는 믿음을 지니고 언제나 다시 법에 호소하는 목소리와 몸짓들이 있다는 점에 가히 감탄과 경외를 느낀다. 바로 그런, 보잘 것 없지만 무구한 생명력이 있기에 희망이라는 이름을 잃지 않으면서 세상이 버티고 있는 것이 아닌가 한다. 그러한 진정성에 법이 제대로 응답할 것을 촉구하며(2011d) 그녀는 오늘도 시민의 자격으로, 정치적 공간인 법정(2011a)에 가서 재판을 보고 삶을 호흡할 것이다.

(1995)『가정폭력의 원인과 대책에 관한 연구』, 서울대 법학석사학위논문.

(1997) "법에 나타난 낙태 문제,"「여성과사회」제8호.

(1998) "성희롱의 법적 개념,"「여성과사회」제9호.

(2000)『포르노그라피에 관한 규범적 담론 연구』, 서울대 법학박사학위논문.

(2002)『오늘, 청소년의 性을 읽다』(공저), 지식마당.

(2003) "性에 관한 법적 담론의 전개와 전망,"「법철학연구」제6권 2호.

(2004)『한국의 소수자, 실태와 전망』(공저), 한울.

(2006a) "욕망의 법을 찾아서,"「법과 사회」제30호.

(2006b) "동성결합과 결혼체계의 자체생산,"「성균관법학」제18권 2호.

(2006c) "삶을 이해하는 헌법 잣기,"「법제」제584호.

(2006d) "법과 우연성,"「법과 사회」제31호.

(2007a) "페미니즘이 법에게 법이 페미니즘에게," 신라대「여성연구논집」제18권.

(2007b) "한국 최고재판소 판결에 대한 여성주의적 분석,"「법철학연구」제10권 1호.

(2007c) "여성주의철학과 법의 만남,"「한국여성철학」제7권.

(2007d) "영화와 법의 만남," 부산대「법학연구」제48권 1호.

(2007e) "가족픽션과 그 대가," 부산대「코기토」제62권.

(2007f) "법적 허구와 실체,"「경희법학」제42권 2호.

(2008) "법의 지배의 당착과 법 달리 말하기,"「법과 사회」제34호.

(2009a) "법에서의 우울과 행동," 부산대「법학연구」제49권 2호.

(2009b) “동성혼으로 말해 온 것과 말해야 할 것,” 「가족법연구」 제23권 1호.
(2010a) “여성주의 평등 개념: 자기다움의 동등권,” 「젠더법학」 제3호.
(2010b) “법의 공정성: 허구적 당위에서 실천으로,” 부산대 「법학연구」 제51권 2호.
(2010c) “여성주의법학의 지형,” 「법과 사회」 제38호.
(2011a) 『東アジアにおける市民の刑事司法參加』(공저), 國際書院.
(2011b) 『왜 아직도 젠더인가? 현대사회와 젠더』(공저), 부산대학교출판부.
(2011c) 『법여성학』(공저), 세창출판사.
(2011d) “자연공간에 대한 법의 말과 책임 —4대강 재판을 중심으로,” 경북대 「법학논고」 제36집.
(2012a) “주권개념의 변환을 위한 시론,” 「법철학연구」 제15권 1호.
(2012b) “재개발 관련 헌법재판소 결정에 대한 비판적 고찰: 공익이라는 전제 對 定住에의 권리,” 부산대 「법학연구」 제53권 2호.
(2012c) 『여성의 눈으로 본 대학사회와 젠더정치』(공저), 오름.
(2012d) “가족법에 있어서의 ‘당신도’라는 코드의 작동과 그에 대한 도전: 다문화가족과 동성혼,” 「가족법연구」 제26권 3호.
(2013a) 『주변의 법』, 부산대학교출판부.
(2013b) 『공간주권으로의 초대』(공저), 한울.

윤진숙

윤진숙은 1969년 경남 고성에서 출생하였고, 연세대학교 법과대학 및 동 대학원에서 석사를 졸업한 후 김정오 교수의 지도로 박사학위를 취득하였으며, 미국 Washington 대학에서 Laura Rosenbury 교수의 지도로 법학박사(JSD)를 취득하였다. 현재 그는 숭실대학교 법학과 교수이다.

Ⅰ.

윤진숙의 법철학은 현대법철학 중 여성주의 법학에서 시작하여 법사회학과 법과 종교로 그 관심의 범위를 넓히고 있다. 여성주의 법학을 연구하게 된 계기는 대학원에서 Michael Freeman의 Lloyd's Introduction to Jurisprudence와 Robert L. Hayman, Jr.와 Nancy Levit의 Jurisprudence를 공부하다가, 여성주의 법학이 특히 마음에 가깝게 느껴졌기 때문이다. 기존의 법철학에서 다루었던 '법이란 무엇인가'에 대한 철학적 고찰에서 사회적 소수자인 여성이 겪는 억압적 상황과 불평등한 권리가 조명을 받아오지 못했다는 점이 윤진숙에게 문제시되었다. 이러한 문제의식은 한국과 미국에서 박사학위를 받을 때까지 지속되었다.

여성주의 법학에 대한 관심은 대학에서 법철학 강의를 시작하면서 보다 거시적인 철학의 장으로 눈을 돌리게 된다. 플라톤, 아리스토텔레스, 칸트, 롤스, 샌델에 이르는 철학의 거장들의 사상에 새롭게 매료되어 그들의 국가, 정치, 자유, 정의, 평등관을 여성과 남성을 아우르는 시각에서 바라보게 되었다. 그리고 법사회학자의 아버지인 베버의 광범위한 연구에도 압도되어서 그의 저서 중 법사회학과 관련된 책들을 읽고 연구하기도 하였다.

베버는 법사회학에 관한 비교적 짧은 연구 이외에 대부분의 저술이 고대 유대교, 불교, 유교, 기독교와 같은 세계의 종교사회학이 차지하고 있다. 합리화와 탈주술화를 중요시한 그의 기본적 입장답게, 종교에 관해서도 합리적으로 종교 특징과 사회의 관계를 분석한다. 베버의 종교에 대한 관심에 영향을 받고, 또한 재직하고 있는 숭실대학교의 기독교 정신에 영향을 받아서 법과 종교에 대해 관심을 가지게 되었다.

법과 종교에 대한 관심은 다시 종교와 여성주의에 대한 관심으로 회귀하게 되었다. 이 부분에 대해서 본격적인 연구 결과물을 내놓지 못했지만, 다시 기존의 남성과 여성을 법철학과 법사회학에서 여성주의 법학으로 다른 시각에서 주목하는 계기가 되었다. 즉 플라톤과 여성주의, 칸트와 여성주의, 롤스와 여성주의, 종교와 여성주의, 여성과 사회 등으로 다시 여성주의를 재조명하면서도 법사상사적 시각이 포함된 여성주의로 그 관심이 확대되게 되었다. 이에 대한 관심은 앞으로 윤진숙의 연구과제이기도 하다. 또한 여성 철학자들의 연구가 남성 철학자들의 연구와 어떻게 다른가도 한나 아렌트를 통해서 보다 절실히 깨닫게 되었다. 칸트의 사상을 연구하더라도 남성철학자와 여성철학자의 관심과 이해방식은 달랐고, 여성철학자는 상대방 독자를 고려한 보다 소통을 중시하는 글쓰기 방식을 택한다는 것을 깨닫게 되었고, 여성인 독자의 시각에서는 여성철학자의 목소리가 더 잘 이해되는 것을 발견하게 되었다. 더 나아가 여성문제는 소수자의 문제이면서도 인권의 문제임을 인식하고 포르노그라피, 낙태와 같이 보다 구체적으로 여성의 착취받는 상황과 권리에 주목하게 된다.

Ⅱ.

윤진숙은 박사학위논문에서 지난 60여 년 동안 변화되어 온 여성주의의 이론적 쟁점을 시기별로 구분하여 연구를 진행하였다. 한국에서의 여성주의 이론은 서구의 여성주의 이론과 궤를 같이한다는 점에서 서구의 이론을 한국 여성운동과 결합하려고 노력하였다.

호주제 헌법불합치 결정에 대한 긍정적인 의견 제시(2005a)는 자유주의 이론에 바탕을 둔 것이었다. 법의 객관성과 중립성을 신뢰하는 자유주의 여성주의 이론은 양성평등을 강조하고, 이는 재산상속에 있어서 남녀에 대한 동등한 상속분, 민법상 동등한 혼인연령, 호주제 폐지의 이론적 기반으로서 적극적으로 주장되었던 것이다.

여성의 고유한 특성에 대해 긍정적으로 주목하는 문화적 여성주의인 페미니즘은 양성에 대한 동등한 기준을 적용함으로써 오히려 대부분의 여성이 심각한 불이익을 입게 되는 경우에 설득력 있는 이론이다. 예컨대 임신과 출산을 한 여성에 대해서도 특별한 보호가 필요한 이유를 이 이론에서 이론적 근거를 제시해 줄 수 있다. 이러한 문화적 여성주의와 한국 징병제의 현실을 바탕으로 여성의 병역의무에 관해 다소 유보적인 입장(2007a)을 취하게 되었다.

포르노그라피에서 남성지배의 성격을 지적(2011)하게 된 이론적 배경은 법의 남성성에 주목하고 폭력이나 성희롱 범죄에 있어서 법의 남성성을 발견하는 급진적 여성주의에 있었다. 포르노그라피의 주된 구매자도 남성이고, 성폭력이나 성희롱 범죄를 판단하는 경우에도 남성적 기준이 적용되기 때문에 급진적 여성주의는 이에 대한 이론적 배경을 제공해주게 된다.

여성의 차이를 중시하는 포스트모던 페미니즘은 여성도 계급이나 인종, 문화적 배경 등 여러 측면에서 서로 다르다는 점을 주목한다. 우리나라 기업에서 근무하는 외국인 노동자나 국제결혼으로 한국에 거주하는 외국여성들의 인권은 그들의 특수한 문화와 상황을 이해한 이후에 보다 확실히 보호될 수 있으며, 서로 다른 환경 속에서 자라 온 한국여성의 인권구제문제를 포스트모던 페미니즘의 입장에서 이해할 수 있다. 변화하는 시대에 맞게 이에 대한 사례연구를 앞으로 할 예정이다.

Ⅲ.

법과 종교에 대한 관심은 베버(M. Weber)를 접하면서부터 시작되었다. 베버의 저서 중 종교사회학과 법사회학적으로 고찰하기 가장 적합한 저서는 「프로테스탄티즘의 윤리와 자본주의의 정신」이었다. 베버는 수많은 종교에 관한 연구 중 특히 루터의 종교개혁 이후 프로테스탄티즘의 윤리가 현대 경제사회에 큰 영향을 미쳤다고 생각했다. 특히 자본주의 정신의 기초로서 칼빈의 프로테스탄트 윤리를 조명하여, 근대 자본주의와 합리주의의 기초를 발견하였다.

베버는 "근대산업에 있어서 자본소유나 기업경영의 담당자들을 살펴볼 때 그들이 현저하게 프로테스탄트적인 색채를 지니고 있다"는 연구를 발표하면서, 금욕적 프로테스탄티즘이 자본주의의 정신이라고 주장하였다. 윤진숙은 인간의 이성과는 거리가 있다고 여겨지는 종교의 영역에서도 사회학적 관심사를 찾아내는 이러한 베버의 이론적 연구방식에서 그의 학문적 열정을 배울 수 있었다.

오랫동안 전통으로 고착되어 권위화되었던 종교에 도전한 종교개혁은 포괄적인 정신혁명으로서 종교의 합리화의 전폭적인 계기가 되었고 사회 전반에 큰 영향을 미치게 되었다. 베버는 캘빈의 기독교사상 중에서 특히 직업관에 주목하였는데, 이는 캘빈의 사상 중 극히 작은 부분을 차지하는 영역이었다. 캘빈의 직업관으로서 "신이 인간을 위해 존재하는 것이 아니라 인간이 신의 목적을 위해 존재한다"는 교의는 인간은 신의 의도를 알 수 없기 때문에 신의 뜻에 부응하기 위해 합리적인 삶을 살아가는 근대적 인간형을 형성하게 된다. 사람의 구원여부는 신이 미리 정해 두었다는 예정설도 현실 속에서 직업적 성공여부에 따라 간접적으로 구원여부를 확인할 수 있는 계기로 작용하였다고 베버는 해석한다. 금욕적 프로테스탄트 윤리는 의도하지는 않았지만 근대자본주의의 근본이 되는 합리적 인간형 형성에 기여하였다는 베버의 해석은 독창적이면서도 여러 경험적 자료에 의해서 뒷받침되는 이론이었다.

베버의 '자본주의의 정신'에 대한 독창적 학문적 성과에도 불구하고, 그의 학문은 객관화와 합리화로 종교와 인간을 평가하는 한계를 가지고 있었다. 그래서 윤진숙은 그의 종교사회학을 연구할수록 풀리지 않는 종교에 대한 의문을 가지게 된다.

아마도 법과 종교에 대한 현대의 새로운 시도들이 법의 본질

뿐만 아니라 종교의 본질을 더 잘 드러내고 있다고 평가될 수도 있을 것이다. 초기 그리스도교, 카톨리시즘, 종교개혁의 시기로 법의 종교철학을 논의하는 라드브루흐(G. Radbruch)의 종교철학이 더 설득력 있게 와 닿는 것도 그와 같은 이유에서일 것이다.

라드브루흐와 동시대를 살았던 볼프(E. Wolf)의 법신학은 종교와 법의 조화를 가장 잘 드러내주고 있을 것이다. 볼프는 신 앞에서의 인간의 책임적 존재를 의미하는 '인격성 속의 그리스도적 실존'과 이웃과의 관계에서의 '연대성 속의 그리스도적 실존'으로 나누어 고찰하고, 선린법(이웃의 법)으로서 이웃의 생명이나 재산에 대한 보호인 '법 안에 서기', 동등한 법적 수단을 강조하는 '서로 법을 주기', 이웃에 대한 법강제를 자제하는 '그의 법을 기다리기'를 이론화하였다. 윤진숙은 법의 종교철학으로서 볼프의 견해에 가장 동의한다.

하지만 현대 국가에서 법과 종교의 분리는 당연한 전제조건으로 다루어지고 있고, 종교의 자유에 대해 법적 강제가 제한되는 권리의 영역이 있다. 종교의 자유와 그 한계(2010)를 논의하면서, 미국에서는 정교분리의 원칙에 관한 사례들을 고찰하였는데 이는 현실 속에서 종교와 법적 강제의 한계의 사례를 살펴보려는 시도에서 시작한 글이다. 우리나라에서도 문제되고 있는 양심적 병역거부와 관련해서 미국에서는 전면부정, 부분긍정, 전면긍정의 단계로 변화하여 왔는데, 우리나라에서는 이에 대한 학문적 연구가 미흡한 편이다. 미국에서 정립된 레몬테스트와 같이 법적 강제를 허용한다면 그 기준을 정립하는 것이 필요하다.

Ⅳ.

지금까지 연구의 내용과 주제는 변경되어 왔고, 앞으로 연구 계획도 최초보다는 변경되었지만 연구의 주된 주제는 역시 여성에 관해서였고 앞으로 범위를 확장한다면 소수자의 인권 보호에 관해서일 것이다. 구체적으로 여성과 소수자에 대한 이론적 연구, 법사상사적 연구, 법제사적 연구, 법사회학적 연구를 지속할 것이다. 그래서 필연적으로 법철학적으로는 '정의'와 '인권', 특히 '여성과 소수자를 위한 정의론과 인권'을 연구하게 될 것이다.

현대 정의론을 정립한 롤스(J. Rawls)의 '평등한 자유의 원칙,' '공정한 기회균등의 원칙'은 전제의 추상성이라는 한계 때문에 여성을 위한 정의론과는 거리가 멀다고 비판하기도 했었지만(2005), 이 원칙을 구체적으로 차별받고 기회가 박탈된 여성과 소수자에게 적용하는 또 다른 차원의 추상적이면서도 구체적 힘을 가진 새로운 차원의 시도와 결합할 수도 있을 것이다. 고립된 인간이 아닌 공동체에 위치지어진 인간 속에서 공동체의 유지와 존속을 위한 미덕에 대한 강조는 한편으로 조화와 타협 속에서 공평한 정의를 실현할 수도 있지만 한편으로 소수자에 대한 보호를 간과할 수 있다는 점에서 자유주의적 정의론보다 더 위험할 가능성도 있다. 그래서 윤진숙은 현대 정의론으로 정립되어 왔던 남성적이고 보수적인 정의론을 수정하는, 구체적이면서도 새로운 성격의 정의론을 여성과 소수자의 시각으로 재해석하는 일을 앞으로 학문적 과제로 삼고자 한다.

(2005) "페미니즘 입장에서 본 정의론에 관한 비판적 고찰," 「법철학연구」, 한국법철학회.

(2005a) "헌법재판소의 호주제 헌법불합치결정에 대한 법여성학적 분석," 「연세법학연구」, 연세법학연구회.

(2006) "동성 간의 혼인에 관한 판례연구—미국 매사츠세츠주 굿리지 사건을 중심으로—," 「법과 사회」, 법과사회이론연구회.

(2007) 『페미니스트 법이론』, 한국학술정보.

(2007) "마이클 왈쩌의 다원적 정의론," 「법학논총」, 숭실대학교 법학연구소.

(2007a) "베버와 하버마스의 합리성이론," 「법학논총」, 숭실대학교 법학연구소.

(2007b) "여성의 병역의무에 대한 법이론적 고찰," 「공법학연구」, 한국비교공법학회.

(2007a) "기업윤리의 기본이론에 관한 소고," 「상사법연구」, 한국상사법학회.

(2009) "평등권이론의 발전과 현대적 의의," 「법학논총」, 숭실대학교 법학연구소.

(2009a) "동성애에 대한 사회적 · 법적 고찰," 「법학연구」, 연세대학교 법학연구.

(2010) "종교의 자유와 그 한계," 연세대학교 법학연구소.

(2010a) "막스 베버의 프로테스탄트 윤리와 자본주의 정신에 관한 연구," 숭실대학교 법학연구소.

(2011) "포르노그라피와 그 문제점," 「젠더법학」, 한국젠더법학회.

(2012) "낙태법제에 대한 이론적 고찰," 「법조」, 법조협회.

이계일

이계일은 연세대학교 법과대학 및 동 대학원을 졸업하였으며, 독일 Düsseldorf 대학에서 법학박사학위(Dr.jur.)를 취득하였다. 현재 그는 원광대학교 법학전문대학원 조교수이며, 한국법철학회 저널이사를 맡고 있다.

I.

아직 초학자에게 자신의 확립된 법철학이 무엇인지 물을 경우 그에 대한 온전한 답의 제시를 기대한다는 것은 가당치 않을 것이라고 생각된다. 아마도 이러한 물음은 당신이 앞으로 지향해 가고, 또 연구해 가고자 하는 법철학은 어떤 방향인지에 대한 답변을 기대한 것이리라. 그런 각도에서 필자가 지금까지 법철학을 공부하게 된 배경과 문제의식을 간단히 이야기하고 앞으로 수행하고자 하는 연구의 기본방향에 대해 서술하는 방식으로 글을 전개해 볼까 한다.

필자가 법철학을 시작하게 된 시대적, 사상사적 배경은 다음과 같다. 필자는 1990년대 학번이다. 당시는 사회주의권의 몰락과 함께 마르크스주의 사상의 한계에 대한 논의가 분출되던 시점이었으며, 대안적 고민의 산물로서 포스트구조주의 등 제반 새로운 이념적 모색들이 다채롭게 소개되기 시작함과 동시에 동양학에 대한 관심이 새롭게 대두되던 시점이기도 했다. 나의 법철학 공부 시작은 그런 사상사적 혼돈기와 결부되어 있었고 이는 필자가 어떤 특정 사조에 빠지지 않고 꽤 개방적인 자세 속에서 여러 입장의 법철학 저서들에 접근할 수 있었던 계기가 된 것 같기도 하다. 특히, 첫 정권교체 이후로 제기된 과거사 청산 문제나 여러 특별법 관련 문제들은 실정법적 법리 다툼 근저에 근본적 물음들이 존재하며 이는 법철학과의 대결을 요구함을 서서히 인식하게 해 주었다. 그런 과정 속에서 필자는 학부시절 법철학 수업을 들으며 가까워진 지도교수님의 배려로 지속적으로 대학원 세미나에 참석하며 법철학을 전공하는 선배들과 여러 공부를 같이 할 수 있는 기회를 얻었으며 그런 과정 속에서 어느새 그 길을 원래부터 내게 정해진 길인 양 생각하게 되었던 듯하다.

대학원에 진학해서는 지도교수님께서 당시 연구하시던 비판적 법이론의 흐름이 필자가 법에 대한 여러 시각들을 좀 더 개방적 각도에서 바라보는 데에 호의적인 배경이 될 수 있었고, 교환학점이 가능했던 인근대학에서 참여했던 오병선 교수님과 박은정 교수님의 세미나는 이 분들의 학자적 인품에 대한 매료와 아울러 다양한 관점에서의 법철학 연구에 대한 시각을 넓혀 주었다. 비판적 법이론들이 빈번히 수행하던 계보학적 접근법은 필자가 기존의 규범주의나 윤리주의적 입장이 아닌, 분석적이면서 상대주의적 입장을 견지하되, 다른 한편으로 쉽사리 실증주의적 관점에도 빠지지 않는 그런 태도를 가지게 해 주었다. 하지만 법에 있어 포스트구조주의의 흐름이 던져주는 통찰과 별개로 이들에게서 미진하게 드러나는 점에 대한 문제의식 역시 있었으니 '단지 회의주의적 태도에 머물러서는 안 되지 않겠는가, 뭔가 아직 구체화되지 않았으나 그 구체화를 수행해 가야 하는 윤리적이고 실천적인 측면의 중요성을 놓쳐서는 안 되지 않겠는가' 하는 점이었다. 그런 고민들을 해 갈 수 있는 이론적 디딤돌을 찾다 보니, 관심을 갖게 된 이론이 둘 있었는데, 그 중 하나가 하버마스(Habermas)의 논의이론적 법이론이었고, 다른 하나가 잭 볼킨(Balkin)이라는 학자의 법이론이었다. 선택의 고민 중에 전자의 경우 그것이 취한 '급진민주주의의 법이론적 구체화'라는 문제의식에 공감은 하되, '아직 너무 근대적인 일원적 합리성 관념에 묶여 있는 것 아닌가'라는 의구심을 떨굴 수 없었고, 결국 선택하게 된 것은 미국의 비판법학 2세대이자 주요한 포스트모던 법이론가인 볼킨의 이론적 작업이었다(2003). 볼킨은 포스트구조주의나 비판법학의 입장을 취하면서도 '해체(deconstruction)' 자체에 매몰되지 않고, 법률가들이 실제 행하는 규범적 작업의 현상 자체를 이론에 포괄시킬 수 있는 학문적 작업을 수행하고자 했으며, 그러면서도 분석의 차원에 머물지 않고 항상 민주주의적이고 개혁적인 사회변동의 가능성을 자신의 이론적 문제의식에 담고자 했다(2003.9; 2012, 276). 볼킨의 법이론과의 대면은 필자가 여전히 견지하고 있는 중요한 법철학적 연구관심인 "상대주의적이고 구성주의적 관점을 유지하면서도 규범적 지향을 놓치지 않고 동시에 그것을 가능하게 법이론이 기획될 수 있을지, 동시에 그러한 국가법질서의 구체화 방향이란 있을 수 있을까" 하는 물음에 대한 중요한 초석이 되고 있다. 김정오 교수님은 기억하실지 모르겠지만, 언젠가 차속에서 석사논문 주제와 관련해서 그런 말씀을 드리니, "매우 중요한 주제이긴 한데, 평생 연구해야 할 과제가 될지 모르겠다"고 하신 말씀이 아직도 기억에 남아 있다.

박사과정에 들어가면서 필자는 법철학이 추상적 담론에 머물지 않고 구체적인 실정법 문제들과 유리되지 않은 법철학을 할 수 있는 가능성에 대해 고민하기 시작했으며, 그런 고민 속에 우리 법체계와 보다 맞닿아 있는 독일에서 우리 법질서의 근본문제를 공부해 볼 가능성을 고려하기에 이르렀다. 한편으로 한국에서 영미법철학을 주로 연구하시는 교수님 아래에서 그 쪽 문헌을 많이 접했으니, 유학을 가서 독일법철학을 공부하면 좀 더 큰 틀의 통합적인 법철학을 시도해 볼 수 있지 않을까 하는 욕심도 없지 않았다. 하지만, 그렇더라도 한국에서 가지게 된 법철학적 문제의식을 계속해서 견지해 가며 그에 접맥 가능한 공부를 하고 싶었다. 그 결과 법철학적으로는 문제변증론과 구성주의 철학, 그를 위한 사회이론적 기반으로서 현상학적이고 해석사회학에 입각한 연구를 전개하는 마르틴 몰록(Morlok) 교수 아래에서 학위를 하기에 이르렀다. 김정오 교수는 비판적 법철학의 문제의식이 오스틴 새럿(Sarat) 등의 법에 대한 해석사회학적인 연구에 의해서 현실적인 지지를 받을 수 있다고 보았는데, 몰록 교수는 해석사회학에 기반한 법사회학적 연구결과를 문제변증론, 제도주의 그리고 구성주의 철학에 기반한 법철학과 법학방법론으로 발전시켜 가고자 하는 연구를 수행하고 있었기에 몰록 교수 아래에서의 공부는 나의 그간 공부과정, 그리고 법철학적 문제의식과 들어맞았다. 그러한 새로운 현실주의 법철학 수행을 위해 당시 몰록 교수가 수행하고 있던 독일학술연구재단의 'Recht als soziale Praxis' 프로젝트에는 여러 박사급 연구원들이 같이 참여하고 있었다. 문제변증론이나 언어철학, 구성주의의 각도에서 접근하던 법철학 연구자들이 있었는가 하면, 해석사회학이나 현상학적 사회이론의 차원에서 질적 사회연구를 직접 수행하던 법사회학 연구자들도 있어서 필자가 학위과정에 있는 동안 실로 다채로운 연구방법론과의 조우를 통해 학문적 폭을 넓히는 기회가 될 수 있었다.

그러한 가운데 필자는 박사학위논문의 주제로 구성주의 철학의 관점에서 사법판단의 구조를 해명하는 연구를 택하게 되었다. 이는 현대의 다양한 구성주의 이론들 중 유의미한 흐름들을 유형화하고 그 함의를 언어이론, 커뮤니케이션 이론의 차원에 적용시켜 이를 사법판단구조의 규명과 그 법이론적 함의 분석에 활용하고자 한 것이었다. 이는 특히 현대 법철학의 제반 흐름들 중 구성주의적 방향과 접근한다고 보여지는 연구들과의 대결에 기반하여, 그것이 '포스트실증주의적, 제도론적 법이론'의 함의를 가진다는 점을 이끌어내었다. 이 논문이 법철학과 법학방법론에 대한 새로운 접근에 주요한 자극이 될 수 있을 것이라는 심사자들의 긍정적 평가와 함께 부족한 점이 많았지만, Mohr Siebeck의 기초법 연구총서 시리즈에 발간될 수 있는 기회를 얻게 되기도 하였다(2010a).

Ⅱ.

필자는 학위가 끝난 후 크게 세 가지 방향에서 법철학 연구를 수행해 오고 있다.

첫째는 사법판단의 구조와 관련된 법학방법론의 영역을 계속해서 탐구하는 것, 둘째는 법학방법론의 영역에 대한 엄밀한 탐구는 국가행위의 정당성에 관한 문제와 결부된다는 문제의식과 함께 그에 관련된 여러 주제군들을 탐구하는 것이다. 전통적 분류방법에 따를 경우 첫 번째 주제가 법이론적 연구영역이라고 한다면, 두 번째 주제는 법이념사적, 국가철학적 연구영역이라고 할 수 있겠다.

필자는 법이론적 연구의 기본틀로서 앞서 언급했던 문제의식을 여전히 견지하고 있다. 즉, '법률가들의 법적용, 해석의 실제 모습을 포괄해 낼 수 있는 분석적이고 현실주의적 측면을 유지하면서도, 동시에 사법판단의 법윤리적 측면을 포기하지 않는 이론구성이 가능할는지', 동시에 '법윤리적 추구가 다원적일 수 있음을 고려에 넣으면서도 다시 실증주의로 회귀하지 않을 수 있는 이론적 구성이 가능할는지'라는 틀이 그것이다. 이러한 문제의식 속에 필자는 학위과정에서 천착한 구성주의 철학의 범위를 넘어서서 위의 문제의식 구체화에 도움이 될 수 있는 기존의 여러 법이론적 입장(예컨대 규범구조화 이론이나 실용주의 법철학, 현실주의 법이론, 수사학적 법이론, 현상학적 사회이론, 법문학 이론들)의 계속된 분석에 기반하여 사법판단의 포스트실증주의적 모형의 세부적 틀을 획득해 가는 데 현재 연구의 주안점을 두고 있다(2007b; 2010c, 7; 2009, 277; 2010b, 41; 2010d, 145; 2010e, 1).

법관의 사법판단이 법구체화이면서 동시에 법산출적 측면을 가지고 있다는 포스트실증주의의 통찰은 그러한 법산출의 가능영역이 예컨대 논의이론적 합리성이나 가치윤리학 등에 의해 수렴될 수 있다는 입장 역시 견지하지 않기 때문에(2010c, 11) 그러한 가능영역이 법관의 결정으로 좁혀지는 데에 영향을 미치는 제반 법적, 법외적 요소에 대한 분석적, 비판적 고찰을 지향한다. 하지만 규범학적 측면을 간과할 수 없는 법철학 연구에서 그러한 분석과 비판의 법철학은 법관의 결정행위에 대한 또 다른 정당화 형식에 대한 탐구로 이어져야 하며, 그것은 민주적 헌정국가에서 여타 국가권력의 정당화와 마찬가지로 민주적 정당화의 두 가지 차원인 인적 정당화와 내용적 정당화의 차원에 대한 환기를 요구하게 된다는 것이 필자의 생각이다(2012a, 312; 2012b, 283). 물론 이는 국가행위

정당화의 또 다른 원칙들, 예컨대 권력분립, 법치국가원칙들과의 긴밀한 결합 속에 보완되어야 할 것이다. 그간 사법판단의 정당화가 주로 '법률의 올바른 해석에 입각했는지', 혹은 '법률 해석으로부터 남은 불확정 공간이 추가적인 윤리적(초실정적) 기준을 통해서 상호주관적으로 수렴될 수 있는지'를 중심으로 논의되어 왔다면, 이제 그러한 한정된 시각에서 벗어나 '사법이라는 국가권력의 작동이 어떻게 정당화될 수 있는지', 즉 민주적 헌정국가에서 국가행위의 정당화라는 차원으로 시각을 확대시켜 검토해 볼 필요가 있음을 강조하는 것이다. 이는 사법 역시 하나의 '권력'임을 직시한다는 차원에서 그간 포스트구조주의적 법철학자들의 '사법의 권력성'에 대한 통찰을 간과하지 않는 것이자 동시에 그것이 결단주의적 법이론의 암묵적 수용에로 나아가지 않게, 그것의 민주적 정당화가능성을 궁구하는 것이다(2011d, 259, 2012a, 306; 2012b, 273).

민주적 정당화가능성에 대한 탐구는 두 가지 방향을 포괄한다. 하나는 결정권력자에 대한 인적 통제가 가능한지의 문제이다. 즉 사법에 대한 민주적 통제 문제. 다른 하나는 올바른 법이해의 방향을 둘러싼 여러 중첩적 논의들(법정의 논의+법률가들의 논의+시민사회의 논의) 속에 법해석 · 법적용의 가능한 대안들이 —물론 '논증적 정당화 가능성에 의해 창출(erzeugen)되는 법문의 범위 안'이라는 조건의 충족을 전제로— 시간의 전개와 함께 공식적 법이해에 반영될 수 있는 제도적 틀의 확보가 가능한지와 관련된 문제이다. 전자는 법원의 인적 구조 형성에 대한 헌법이론적 물음과 결부되어 연구되어야 하는 주제이자, 동시에 법조사회학의 실제적 연구를 통해서 보완되어야 하는 주제이기도 한데(2012b, 285; 2009, 317), 필자는 현재 한국연구재단의 지원과 함께 이 부분에 대한 연구를 추진해 가고 있다. 후자(즉, 법해석 · 법적용의 가능한 대안들이 시간의 전개와 함께 반영될 수 있는 제도적 틀 마련)와 관련해서, 필자는 우선 법률의 해석과 형성이 자신이 속한 공동체에 대한 구성원들의 자기이해 문제와 결부되어 있다는 점에 대한 인식이 필요하다고 본다(2012a, 309; 2011d, 259). 공동체에 대한 자기 이해는 불가피하게 공동체가 지향하는 가치에 대한 문제를 포함하고 있는데, 필자는 판결과 직간접적으로 결부되는 그러한 가치판단이 논의이론적 대화에 의해 (혹은 보편적 원리에 입각한 불편부당성 확보 노력에 의해) 상호수렴적으로 이루어지는 데에 한계가 있다고 보기 때문에(2012a, 301; 2012b, 282), 중요한 것은 그러한 가치판단들이 구성되는 제도적 맥락 자체가 일방적으로 사회구성원을 규정짓지 않고, 거꾸로 사회구성원들 역시 그러한 제도적 맥락을 탄력적으로 바꾸어갈 수 있게끔 법질서의 재구성이 가능한지 여부가 중요하게 고려되어야 한다고 본다. 그것은 또한 사회구성원이 왜 법질서를 구속적인 것으로 받아들여야 하는지의 물음과도 긴밀히 결부되는 문제이기도 하다. 이로써 필자는 논의이론적 법치국가의 방향이 아닌, 법에 있어 제도주의 이론의 개혁적 재구성이 가능한지의 방향으로 나아가는 셈인데, 이는 지금 유권적으로 이루어진 (헌)법해석이 개인의 법이해를 구성해 가는 측면 못지않게 추후의 사회적 논의과정 속에서 그에 동의하지 않는 (현재는 소수일) 개인들이 자신들의 목소리를 피력하고 여러 사회적 논의과정 속에서 이들 법이해가 다시 공식적 법이해가 될 가능성이 있는 메커니즘의 확보에 대한 고민으로 이어진다(2011d, 275). 이는 재차 구성원 다수가 현재 자명하게 여기고 그에 대한 대안적 구성을 고려하지 않는 법리적 전제들이 실제 역사적 구성의 산물로서 그렇게 자명한 것이 아닐 수 있음에 대한 인식을 전제하는 것이기도 한데, 필자는 이 부분이 개혁적 제도주의 이론이 자신의 중요한 부분으로 고려해야 하는 '비판적이고 계보학적 연구'의 몫이라고 생각한다. 즉, 고착화된 제도의 재구성 가능성을 위해 비판을 시도하되, 동시에 비판을 위한 비판이 아닌, 새로운 재구성과 그것의 민주적 정당화 가능성을 같이 고려하는 변증적 법이론을 모색하는 것이다.

이렇듯 개인에 의한 제도의 탄력적 구성 가능성이 민주주의 이론의 차원에서 중요하게 간주되어야 한다고 보면, 현재 헌법상 국가구조 원칙 중에 민주주의 원칙의 내용에 대한 그러한 방향으로의 재구성과 아울러, 동시에 민주주의 원칙의 실현의 전제조건으로서 여타 법적 원칙들, 특히 기본권 조항들의 재이해 역시 이루어져야 한다고 본다. 즉, 헌법상 여타 주요 국가구조 원칙들을 민주주의 실현의 전제조건으로 설정하여 법치국가나 기본권, 사회국가 원칙과 민주주의 원칙의 갈등을 해소하고자 하는 이론적 구상이라고 할 수 있겠다. 이러한 이론적 구상은 사법이론과 민주주의 원칙에 대한 공화주의적 재구성이라는 문제의식과도 결부되는데(2012a, 306; 2011b, 39), 이를 위한 기반 마련이라는 차원에서 필자는 블킨의 최근 주요 지적에 디잡아 '살아 있는 원본주의'의 함의에 천착한 바 있고(2012a, 271; 2012b, 251), 동시에 독일의 법철학자인 헤벌레(Häberle)의 '공적 과정으로서의 헌법이론', '법해석자들의 개방사회론'의 재구성을 시도한 바 있다(2011d, 255). 또한 최근에는 제도에 대한 개인의 탄력적 재구성 가능성 확보를 위한 헌정주의 재구성이라는 차원에서 웅거(Unger)의 민주주의이론에 대해 천착하고 있기도 하다(2007a, 182; 2013, 271, 284). 앞으로 유사한 문제의식 속에 바인베르거(Weinberger)나 크라비츠(Krawietz) 등 여러 신제도주의 법이론이 전제하는 국가정당성에 대한 연구 역시 진행될 것이다.

Ⅲ.

그간 우리 법학계는 주요 법원칙에 대한 고전적 법이론가들의 해명에 머물러 있었다. 예컨대, 헌법학계를 보면 헌법이론적 주요 틀로 바이마르 공화국 당시의 켈젠(Kelsen)/슈미트(Schmitt)/스멘트(Smend) 헌법이론의 도식이 여전히 고수되고 있으며 그에 입각해 제반 법원칙의 내용 파악이 이루어지고 있다(2011e, 90). 하지만 국외의 연구들을 보면 새로운 법철학적 흐름에 맞추어, 제반 헌법원칙에 대한 재해석 역시 끊임없이 시도되고 있음을 확인할 수 있다. 그럼에도 우리 헌법학계는 기존의 이론들에 여전한 헌법학적 권위를 부과하면서 안주하고 있는 실정이다. 아마 이것은 헌법학과 법철학의 명확한 인적 분리에 기반한 우리 학계의 한계라고 볼 수도 있겠는데, 필자가 그간 연구해 왔고 앞으로 더욱 연구해 가고 싶은 분야가 바로 새로운 법철학적 연구 성과에 터 잡아 아직 화석화되어 이해되고 있는 제반 국가구조원칙을 이념적으로 재구성해 보는 것이다. 앞서 말한 필자 나름의 새로운 민주주의이론적, 새로운 제도주의이론적 관심에 입각한 재구성이 꼭 아니더라도, 법철학과 사회/정치철학의 현대적 전개와 함께 재구성된 국외의 연구 성과들에 대한 다채로운 소개만으로도 그 자체 법인식의 지평을 넓힌다는 차원에서 의미 있는 작업이 될 수 있을 것이라고 생각된다(이는 선택가능성을 넓힌다는 차원에서 법학의 민주주의적 확장이 아닐는지!).

이러한 접근은 구체적 내용으로 들어가면 매우 중요한 법철학적 주제들과 결부된다는 점에서 연구의 의미가 크다고 보는데, 예컨대 헌법상 인간의 존엄 원칙에 대한 이념사적 재구성을 시도할 경우, 이는 그 세부문제에 있어 다시금 생명의 시작이나 고문의 허용가능성 등 생생한 법철학적 문제들과 마주치게 되는 것이다. 필자는 이미 그런 관점에서 인간 존엄 문제에 대한 연구들을 시도한 바 있다(2010c, 157; 2011c, 27).

또한 공화국 원칙에 대한 이념사적, 법이론적 재구성을 시도한 논문들 역시 그러한 연구관심의 구체화라고 볼 수 있으며, 해당 논문을 통해 필자는 무엇보다 현재 법학계의 공화국 원칙 이해가 여러 가능한 다른 방식이 있을 수 있음에도 불구하고 매우 비생산적 형태로 고착되어 있음을 해명한 바 있다(2011a, 67; 2011b, 39). 동시에 필자는 실정법상 공화국 원칙의 구체화를 고려한 법이념적 탐구(독일의 법철학자 그뢰쉬너는 이를 '도그마사적 법철학'이라고 명명한 바 있다!)를 그를 고려하지 않은 순수한 정치철학적/사회철학적 공화주의 연구와 구분하면서 전자의 연구는 후자와 법질서 사이의 매개고리가 되어야 하는 독립적 가치와 방법론을 지닌다는 점을 견지한다(2011a, 98; 2011b, 53). 즉, 법질서 내에 실정법적 권위를 가지고 존재하는 법원칙들에 대한 이론적 해석이 실정법질서와 무관하게 자유롭게 이루어지는 이념 해석과 분리되는 영역임을 진지하게 고려하는 것이다. 물론 공화국 원칙에 대한 탐구는 앞서 언급한 '개인에 의한 제도의 탄력적 재구성가능성', 그리고 '민주주의 이론의 재구성' 차원과 밀접히 결부된 연구관심에서 이루어지고 있기도 하다.

유사한 관점에서 필자는 앞으로 국민주권원칙(최근의 연구로 2013, 233), 법치국가원칙, 사회국가원칙 그리고 (인류의 오랜 노력의 산물들이라고 볼 수 있는) 여러 개별 기본권들에 대한 법이념사적 탐구를 계속해 갈 것이다. 특히 기본권의 성격에 관한 지속적인 재구성은 독일의 경우 실제 법철학을 아울러 전공하고 있는 헌법 교수들에 의해 이루어지고 있는데, 그것은 실제 이 부분이 국가철학, 분석법철학, 그리고 헌법철학의 교차점에 놓여 있는 분야라는 점에 대한 방증이기도 하다. 필자는 이 부분을 무엇보다 체계이론, 뮐러 학파의 이론, 비판이론의 기본권 이해를 매개로 하여 새롭게 모색해 보고자 한다. 이는 다시 고전적인 법이론적 문제라고 할 수 있는 민주주의와 법치국가 원칙의 관계의 문제, 위헌심사의 법철학적 정당화가능성 문제에 대한 종합적 고찰로 이어질 것이다(예컨대 2011d, 271; 2012b, 269).

Ⅳ.

지금까지 아직 초학자로서 기술한다는 것이 부끄럽기 그지없는 나의 법철학에 관하여 공부를 시작하게 된 동기, 학위과정에서의 문제의식, 이후 연구를 수행하고 있는 주요 분야, 그리고 앞으로의 연구방향을 중심으로 조악하게나마 서술해 보았다. 미약하나마 앞으로의 연구에 있어 하나의 개인적 소망을 들자면, 현실을 운용하는 기반이 되는 법질서의 주요 이념과 원리적 틀을 탐구하는 법철학자로서 한편으로 현실의 부침에 휩쓸리지 않으면서도(학문은 정치 자체가 되어서는 아니 될 것!), "학자란 자신이 살고 있는 시대의 문제에 대하여 정치가 아닌 학문의 방법을 통해서 대답해야 하는 과제를 안은 지식인"이라는 누군가의 언명에 충실한 자세로 묵묵하고 성실하게 연구해 갈 수 있었으면 한다는 점이다. 아주 재기발랄하고 영특한 그런 자질을 갖추고 있지 못함을 스스로 잘 알기에, 다만 학자로서 요구되는 성실함과 묵묵함의 가치나마 나이가 들어가면서도 잊지 않고 실천해 갈 수 있다면 내 능력에서 볼 때 자기직분에 대한 최소한을 해나갈 수 있는 유일한 가능성이지 않을까 싶다.

> 비록 행복했을, "별이 빛나는 창공을 보고 갈 수가 있고 또 가야만 하는 길의 지도를 읽을 수 있던 시대 … 별 빛이 그 길을 훤히 밝혀 주던 시대"(루카치, 소설의 이론)는 더 이상 존재하지 아니함을 알지만, "헤아릴 수 없는 우연성 속에 살면서도 인생을 주재하려는 노력"을 결코 잃지 않고 "자신의 유한성으로 명을 받아들이거나 세우면서", "스스로 굳세게 서서 비관하거나 속을 태우지 않는", 그야말로 주체적으로 "명을 알고 명을 세우는"(리쩌허우, 논어금독) 내재적 초월의 굳건한 학자가 될 수 있기를 희망해 본다.

(2003) 『포스트구조주의의 법이론적 변용: J. Balkin의 법이론을 중심으로』, 연세대학교 대학원 석사학위논문.

(2007a) *Rechtskritik und Konstruktivismus, Archiv für Rechts- und Sozialphilosophie Beiheft* 114, Stuttgart 2007, S. 179-192.

(2007b) Legal Realism and Constructivism, Joint Annual Meeting of the Law and Society Association (LSA) and the Research Committee on Sociology of Law (RCSL of ISA), Humboldt University(25-28, July, 2007 Berlin).

(2009) "해석사회학의 관점에서 본 법실무의 구조," 「법철학연구」 제12권 제2호.

(2010a) *Die Struktur der juristischen Entscheidung aus Konstruktivistischer Sicht*, Tübingen.

(2010b) "수사학적 법이론의 관점에서 본 법적 논증의 구조," 「법철학연구」 제13권 제1호, 한국법철학회.

(2010c) "포스트실증주의 법사고와 법효력론," 「법철학연구」 제13권 제2호, 한국법철학회.

(2010d) "'실제 속의 법'관념을 중심으로 본 현실주의 법이론의 변천," 「법학연구」 제20권 제1호, 연세대학교 법학연구원.

(2010e) "법학의 문제변증적 성격을 둘러싼 법철학적 논의와 법학교육의 방향에 대한 소고," 「법학논총」 제23집, 숭실대학교 법학연구소.

(2010f) "인간의 존엄은 형량가능한가?," 「원광법학」 제26권 제1호, 원광대학교 법학연구소.

(2010g) “Die Rechtsfolge der verfassungsgerichtlichen Unvereinbarerklärung mit Weitergeltungsanordnung,” *WLS Law Journal*.

(2011a) “공화국 원리의 함의에 대한 이념사적 고찰: 고전적 공화주의 이론의 유형화와 그 법적 구체화의 상관관계를 중심으로,” 「법학연구」 제21권 제2호, 연세대학교 법학연구원.

(2011b) “공화국 원리의 도그마틱적 함의에 관한 연구: 공공선, 공직제를 둘러싼 독일 헌법학계의 논의를 중심으로,” 「헌법학 연구」 제17권 제1호, 한국헌법학회.

(2011c) “인간의 존엄은 생명공학에 관한 입법형성권을 어느 정도나 제한할 수 있는가?: 인간의 존엄과 생명권의 상호견련관계에 관한 논의를 중심으로,” 「의생명과학과 법」 제5권.

(2011d) “헤벌레(P. Häberle)의 ‘공적 과정으로서의 헌법이론’에 대한 법철학적 고찰,” 「공법학연구」 제12권 제4호.

(2011e) “변화된 법학교육체제 하 법철학 교육의 현황과 과제,” 「법사학연구」 제43권, 한국법사학회.

(2012a) “볼킨(J. Balkin)의 ‘살아있는 원본주의’: 헌법을 예로 살펴본 법의 안정성과 역동성,” 「법철학연구」 제15권 제1호.

(2012b) “헌법해석에 있어 법과 사회의 상호작용: 볼킨(J. Balkin) 법이론에 있어 헌법해석주체의 다원적 확장과 위헌심사의 민주적 정당성 기초,” 「법과 사회」 제42호, 법과 사회이론학회.

(2013) “주권론의 위협상황과 국민주권론의 재구성가능성에 대한 고찰—이 시대 주권론은 가능한가? 가능하다면 어떠한 조건하에서?—,” 「법철학연구」 제16권 제1호.

이정훈

이정훈은 1974년 서울에서 출생했다. 1993년 동국대학교 불교학과에 종립학교장학생으로 입학했다. 그 다음 해 출가하여 조계종 승려가 되었다. 승려로 수행하던 시기 불교철학과 주자학의 관계, 율곡이 불교를 버린 이유, 다산에게 영향을 끼친 토마스 아퀴나스와 마테오 리치의 신학에 대해 고민하다가 자신도 불교를 버렸다. 이후 환속하여 법철학을 공부했다. 2003년 성균관대학교 대학원에서 최봉철 교수님의 지도로 법학석사를 취득했다. 2008년 서울대학교 대학원에서 김도균 교수님의 지도로 법학박사를 취득했다. 현재 울산대학교 법학과의 조교수로 재직하고 있다.

Ⅰ.

이정훈의 법철학은 한국법의 역사를 철학화하는 도정(道程)에 있다. 법의 역사철학을 다양한 법철학적 논의들을 배후에 두고 구성해 나가는 것을 추구한다. 법철학은 철학적 논의를 배경으로 법의 근본문제를 고민하는 것만으로 사명을 다하는 것이 아니라, 현재 우리에게 주어진 현실적인 문제들을 해결하는 데 그 존재의의가 있다. 현재의 문제를 해결하기 위해 가장 먼저 해결해야 하는 것이 문제에 직면해 있는 '우리'를 역사적으로 이해하는 일이라고 보았다. 자신이 누구인지도 모르는 자가 자신 앞에 있는 문제들을 해결하면서 앞으로 나아갈 수는 없다.

"인간사를 기술(記述)하는 이론적인 작업과 무엇이 옳고 바른 행동일까를 고민하는 인간의 여러 가지 선택을 평가하는 작업 간에는 비록 대칭적은 아닐지라도 상호의존성이 존재한다. 평가는 결코 기술로부터 도출되지는 않는다. 그러나 인간이 처한 사실에 대한 지식이 부족한 사람은 기본적인 가치의 실천적 의의를 잘 분별하여 판단하지 못할 것이다(John Finnis, 1989)." 사실기술과 가치평가 간의 문제가 화두가 되어, 먼저 하트계열의 법실증주의 이론을 중심에 두고 "법이란 무엇인가?"에 대한 논쟁에 뛰어들었다.

이정훈이 대학원에서 수학하던 시기에 조선시대 법에 관한 선행연구들은 유교적 법과 법체계를 설명하기 위해 유교경전이나 사료들을 나열하고, 분석 없이 나열된 내용들을 편면적으로 해석하는데 머물러 있었다. 가령 '법(法)'이라는 단어가 경전이 편찬된 시기의 중국인들이 사용하던 '법'인지, 조선시대 사람들이 사용하던 '법'인지, 현재 연구자 자신이 사용하고 있는 '법'인지조차 분석하지 않고 '禮와 法'을 비교해서 '유교는 법치(자신이 사용하고 있는 [법치]라는 개념이 한비자의 것인지, rule of law의 [번역어]인지 조차도 밝히고 있지 않았다)와 거리가 멀다' 또는 '대명률=형사일반법, 경국대전=형사특별법'이라고 성급하게 규정하는 일이 다반사였다. 연구자 자신이 "법이란 무엇인가?"에 대해 일정한 입장을 제시하지 않고서는 조선시대 법과 법체계를 설명하는 것은 불가능한 것이었다.

조선시대에 존재했던 법전(法典)이 우연히 사용한 한자가 동일하다고 해서 대륙법계 근대 법전의 번역어인 '법전'과 개념이 같을 수 없다. 오히려 조선의 법체계에서 지금의 법률과 유사한 법적 지위와 효력을 가졌던 수교(受敎)는 판례법의 성격이 강했다. 수교가 쌓이면(일종의 판례법이 축적되면), 이 중 중요한 것들을 발췌하여 '록'을 편찬하고, '록(錄)'에서 중요한 것들을 발췌하여 '전(典)'을 편찬했다. 당률과 대명률 등의 법전을 조선시대에는 '율학의 경서'라고 지칭했다. 선행연구들이 표현한 것과 같은 대륙법계 근대 법전과 유사한 법전은 조선에 존재하지 않았다. 일본에 의해 대륙법계 근대법을 계수하기 이전 조선의 법은 판례법 중심의 법체계를 형성하고 있었다. 오히려 보통법(common law) 체계와 유사했다. 지면의 한계상 수많은 문제점들은 일일이 열거할 수조차 없었다. 서구의 개념과 이론을 사용하여 분석하지 않고서는 전통시대 법연구가 불가능하다는 것을 연구자들 스스로 입증하고 있었던 것이다.

하트에서 콜만(Jules Coleman)으로 이어지는 포용적 법실증주의 이론은 존재하는 법을 사실적으로 기술한다는 차원에서 조선시대의 법을 분석하는 데 매우 유용했다. 법실증주의를 연구하는 과정에서, 포용적 법실증주의와 배제적 법실증주의 진영 간의 입장 차이에 대해 선행연구들이 오해하고 있는 측면들을 발견해 내었다. 영어권 법철학에서 '관행(Convention)'의 철학적 의의를 확인하는 과정이었다. 이러한 연구를 통해 완성된 『포용적 법실증주의 법개념 연구: 조선시대 법개념 분석을 중심으로』라는 논문으로 법학박사 학위를 취득했다. 이후 이러한 문제의식의 연장선에서 율곡과 다산 등 조선사상가의 법사상을 연구했다.

포용적 법실증주의 이론은 존재하는 법에 대한 분석과 사실적 기술을 가능하게 해준다. 따라서 조선시대의 법을 존재했던 사실에 가장 근접하게 기술할 수 있는 이론적 유용성을 제공해 주었다. 이 이론은 '조선의 유교적 법'뿐만 아니라, '이슬람'과 '유대-기독교 문화권'의 역사적 존재로서의 법을 사실적으로 묘사할 수 있는 이론적 장점을 지니고 있다. 포용적 법실증주의는 도착지가 아니라, 한국법의 역사를 철학화하고자 하는 도정의 출발점이었다.

Ⅱ.

이정훈의 연구는 한국법의 역사에서 "근대성과 근대화란 무엇인가?"를 설명하기 위해 조선시대 법연구를 토대로 일본의 영향으로 서구법을 계수하는 과정을 분석하는 작업으로 진행되고 있다. '식민지수탈론' 또는 '식민지근대화론'이라는 이념적 틀에 메여 있는 역사학의 한계를 탈피하기 위해 '우리' 안의 '타자'를 냉정하게 발굴하고자 노력한다. '우리'를 미화하거나 긍정적으로 강화하는 것 또한 철저하게 부정한다. 보편성에 매몰되어 사료와 사실(사건)을 퍼즐 맞추기 식으로 해석하거나 분석 없이 어떤 이념에 부합하기 위해 사실을 왜곡하는 것을 경계한다.

오리엔탈리즘과 식민주의를 경계한다고 하면서도, 한국의 전통시대에서 서구적인 것을 발굴해서 일본보다 '빨랐다' 또는 '더 많았다'라는 주장 등을 통해 '우리'를 미화하고 긍정적으로 강화하는 것이 주류가 되어 버린 역사학의 오리엔탈리즘과 식민주의의 역설을 철저하게 비판하고자 한다. 또한 현재 한국사회의 문제들의 연원을 모두 일제의 식민통치와 한국전쟁으로 환원시킴으로써 사회과학 자체를 잠식시켜 버리는 거대한 민족주의 우상의 동굴을 파괴하는 것을 목표로 하고 있다.

고종과 민비를 계몽군주로 미화하거나 일본의 영향 이전을 이상적 철인통치 시대로 표현하려는 역설과 모순이 결합된 '우리'에 대한 긍정적 강화 노력들을 비판해서 해체하는 것이 주요한 과제이다. 근대일본이 서구에 대한 콤플렉스로 인해 일본의 역사에서 서구적인 것을 발굴해 중국, 한국 등과 차별화하려고 했던 일본적 오리엔탈리즘의 아류가 되어 한국사에서 서구적인 것을 발굴하거나 '우수성'의 근거들을 찾아내려는 노력들을 역설적으로 탈오리엔탈리즘과 탈식민주의 역사학이라고 칭송하는 한국적 모순을 비판하며 "근대법=서구법"을 인정하면서도 일본의 영향을 부정하는 비역사적 역사학을 경계한다.

근대에 대한 탐구는 보편성에 매몰되어 근대의 원형을 발굴하는 것도 아니고, 근대적 징후들을 나열해서 '우리'를 강화하기 위한 것도 아니다. 역사적 현존재에 대한 비판적 성찰을 통한 자기이해와 해석의 과정이 바로 근대 탐구의 의의라고 보았다. 비판과 부정을 통해 자기이해 과정으로 나아가서 현재의 법원과 검찰의 문제들을 해결하는 길을 모색하는 것이 연구의 목적이다. 영미와 독일로부터 이론을 수입하여 소개하는 행위를 학문이라고 부를 수 없다. 자기 이해의 맥락에서 수용하는 것이 의미가 있는 것이지, 수용 자체가 의미를 가질 수 없다.

'보편성'에 매몰되지 않는다고 하였지만 '보편성'을 부정하는 것은 아니다. 성찰적 자기이해 과정이 선행되어야 현존재의 문제들을 해결하는 실마리를 찾을 수 있기 때문에 비판하고 부정하는(보편성 자체에 대한 부정이 아니다) 것이다. 실마리를 찾아서 다시 나아가야 하는 도정의 방향은 인간이기 때문에 부정할 수 없는 궁극의 본원적 가치일 것이다. 부정을 통해서 포기해야 하는 '보편'이 아니라 부정과 비판을 통해 이해하고 찾아가는 '보편'을 의미한다.

이정훈은 한국의 법과 법체계의 연원을 역사적으로 기술하는 부정과 비판의 작업과 함께, 다산 정약용이 그러했던 것처럼 토마스 아퀴나스를 연구한다. 아퀴나스와 연결하여 존 피니스(John Finnis)의 자연법론에 관한 연구를 진행시키고 있다. 일제의 치안유지법과 한국의 국가보안법으로 상징되는 '우리'를 비판적으로 기술하는 것을 기초로, 인권의 존재와 가치를 규명하고 한국의 법과 법체계가 나아가야 할 길을 모색해야 하기 때문이다. 평가는 기술로부터 나오지 않는다. 그러나 사실을 기술하지 못한 자는 올바른 평가는 물론 가야할 길을 모색할 수 없다. 기술은 평가로부터 나오지 않는다. 그러나 평가하지 않는 자는 기술하기 위해 필요한 주요한 관점을 상실할 수 있다.

인용된 저술목록

(2006) “조선시대 禮의 법적 특성에 관한 연구,” 「법사학연구」.

(2007) “조선시대 유교적 법치의 법해석론: 조선의 목적중심적 법해석론의 규명,” 『동양정치사상사』.

(2008) “흠흠신서를 통해 본 정약용의 양형론,” 「성균관법학」.

(2008) “자연법론적 승인율 이론에 관한 재고,” 「아시아여성법학」.

(2009) “공법(貢法) 개혁안을 통해 본 율곡 이이의 법개념과 입법론,” 「경희법학」.

(2010) “조선전기 형벌의 목적 : 대명률 형률의 분석,” 「법철학연구」.

(2010) “한국 법체계에서 자유주의의 의의: 종교의 자유를 중심으로,” 「법철학연구」.

(2011) Japan’s Influence on Korea’s Judicial Modernization: Examining the Reality of Judicial Modernization by Analyzing Legal Cases in the Late Nineteenth Century, XXV. World Congress of Philosophy of Law and Social Philosophy, Goethe-University Frankfurt am Main.

(2011) 『조선시대 법과 법사상』, 도서출판 선인.

(2012) “明治欽定憲法의 成立과 韓國開化派의 追從,” 「법철학연구」.

(2013) 『한국사법의 근대성과 근대화를 생각한다: 신화와 우상을 넘어선 성찰적 법의 역사를 위하여』(5인 공저), 세창출판사.

제4장 | 한국의 법철학자

권경휘

권경휘는 1978년 경남 마산에서 출생하였다. 연세대학교 법과대학과 동 대학원을 졸업하였다. 2011년 연세대학교 법과대학에서 김정오 교수의 지도로 법학박사학위를 취득하였다. 현재 영산대학교 법과대학 조교수로 재직하고 있다.

1997년 연세대학교 법과대학에 입학하였지만, 법학과 수업에 크게 흥미를 갖지 못하였다. 법학수업이 상상했던 것과 너무 달랐기 때문이었다. "왜 이렇게 다양한 학설이 존재하는가?" 하는 의문이 끊임없이 들었다. 법학을 배우기 전에는 한 번도 사용해 본 적이 없는 "다수설", "소수설", "유력설"이라는 표현이 범람하고 있는 법학서적을 보면서 왜 이렇게 학설이 나누어져야만 하는가에 대한 의문을 가졌었다. 당시 나는 법을 완벽하게 만들면 이러한 소모적인 논쟁이 해결될 수 있을 텐데 왜 모호한 법을 만들어서 이렇게 혼란스럽게 하는 것인지 이해할 수 없었다.

이 시기에 내가 관심을 가졌던 것은 비트겐슈타인(L. Wittgenstein)이었다. 처음에는 번역된 비트겐슈타인의 저서들(특히 『논리철학논고』와 『철학적 탐구』)을 마치 어린 시절에 『천자문』, 『추구』

등을 배울 때처럼 몇 번이고 반복해서 읽었다. 그런 작업이 어느 정도 진행되자 비트겐슈타인의 다른 책들도 읽고 싶다는 생각이 점차 더 강해졌고 그래서 당시에 번역되어 있지 않았던 『청갈색책』과 같은 책들을 도서관에서 빌려서 사전을 들고 모르는 단어를 찾아가며 문장을 해석하는 작업을 시도하였다. 그러나 돌이켜보면 이 도전은 참으로 무모한 일이었고 그렇게 성과가 많은 일은 아니었던 것 같다.

비트겐슈타인에 대한 공부는 나로 하여금 인문학에 더욱 관심을 가지게 하였다. 그래서 나는 법학과의 전공수업뿐만 아니라 철학과와 사학과의 전공수업도 함께 들으면서 학부시절을 보냈다. 그러던 중 김정오 교수님께서 강의하시는 법학과 전공수업인 법사상사와 법철학 수업을 듣게 되었고, 그 과목들을 들으면서 나는 일생동안 공부할 것을 찾았다는 느낌을 받았다. 다행히도 김정오 교수님께서도 수업시간을 통하여 나를 좋게 봐주셔서 대학원에 진학하여 법철학을 전공할 것을 권유하셨다. 그래서 법철학을 전공하기 위하여 김정오 교수님을 지도교수님으로 연세대학교 대학원 법학과에 진학하게 되었다.

대학원에 진학하자 지도교수님께서는 나에게 법학과에서 법철학과 공법이론 수업을 듣는 것 외에도 철학과의 대학원 수업 역시 수강할 것을 권유하셨다. 그래서 철학과에서 분석철학, 현상학, 메타윤리학 등의 수업을 들었다. 특히, 나는 윤리학을 가르치시는 김형철 교수님(연세대 철학과)과 분석철학을 가르치시는 이승종 교수님(연세대 철학과)을 통하여 현대 영미권의 철학이론들을 배울 수 있었다. 그 외에도 법학과와 철학과에서 이루어지는 다양한 스터디들, 지금은 교원대에 재직하고 있는 정필운 교수님이 이끌었던 연세대 법철학 스터디와 철학과 김형철 교수님의 스터디 등에 참석했었다. 이화여대 김현철 교수님의 스터디에도 참석하였었는데 선친(先親)께서 위독해지시는 바람에 얼마 참석하지 못하였던 것이 아쉬움으로 남아 있다.

어느 날 지도교수님께서 석사학위 논문주제로 무엇을 생각하고 있는지 물어보셨다. 나는 두 가지 주제를 생각해두고 있었다. 하나는 법치주의와 민주주의의 갈등이라는 문제를 아펠(K.-O. Apel)의 논의를 발전시켜 해결해보려고 하는 것이었다. 당시 나는 아펠 교수님의 허락을 받아 그의 논문을 번역하여 소개하였었고(2006a), 이후로도 이 문제에 대해서는 다른 논문을 통하여 다루었다(2007a). 이 시기에 나는 아펠의 입장에 대체로 동조하는 편이었지만 현재는 그렇지 않다. 다른 하나는 비트겐슈타인의 관점에서 법의 비결정성의 문제를 논의해보는 것이었다. 지도교수님은 "석사 때에는 비트겐슈타인에 대한 논문을 쓰고, 박사는 그것을 넘어서서 다른 것을 쓰는 것이 나을 것 같다"고 말씀하시면서 후자를 권유하셨다. 그래서 분석철학의 관점, 특히 비트겐슈타인의 관점에서 법의 비결정성 문제를 검토하려는 기획을 가지고 "법해석에 있어서 언어적 비결정성"이라는 주제로 석사학위논문을 제출하였다(2006b).

이 논문을 쓰면서 나는 지도교수님을 포함하여 많은 분들께 도움을 받았다. 특히 이철우 교수님(연세대 법학과)은 심사지도 외에도 개인적인 만남을 통하여 학자가 글을 쓰는 자세에 대해서 가르쳐주셨고, 이승종 교수님은 자신이 직접 번역하신 『철학적 탐구』의 미간행 번역본을 참고할 수 있게 해주시고 학위논문에 나타난 비트겐슈타인의 해석과 관련하여 여러 차례 논의를 해주셨다. 그 외에도 미국 미네소타 주립대의 빅스(B. Bix) 교수님은 나를 한 번도 만나본 적이 없음에도 불구하고 내가 이메일을 통하여 질문하는 것들에 대하여 상세히 답변해주고 나의 주장들을 검토해주셨다.

그러나 결론들을 어떻게 내릴지, 특히 다른 사람들의 의견을 조심스럽게 검토하는 것에 머무를 것인지 아니면 조금 더 모험적인 결론을 내릴 것인지 결정하는 것은 누구에게 의논할 수 없는 나 혼자만의 몫이었다. 그 무렵에 나는 김재권 교수님(미 브라운대학교 석좌교수)이 자신의 논문집인 『수반과 심리철학』 머리말에서 젊은 시절의 글들을 회고하면서 "좀 더 대담하고 모험적이었더라면" 더 좋았을 것이라고 술회하시는 것을 읽게 되었고 그래서 다소 강압적일지라도 자신의 주장을 개진해 보자고 마음먹었다. 지금도 그 때의 강압적인 주장들을 보면 얼굴이 붉어지곤 한다. 다행히도 이 논문은 좋은 평가를 받아서 연세대학교 대학원에서 수여하는 우수논문상(사회과학부문)과 연세법학회에서 수여하는 학술우수상을 수상하였다.

이후로도 비트겐슈타인과 언어철학에 대한 관심을 꾸준하게 가지고 있어서, 그 때의 논의들을 보완하거나 혹은 그것들을 발전시켜서 다른 문제들을 해결하려는 시도를 계속해서 해오고 있다 (2007b; 2009a; 2011b; 2013). 처음에는 법의 비결정성의 문제가 법학에 대해 오해를 하게 만들었지만, 지금은 법학에 대하여 관심을 가지게 만드는 문제가 되었다고 말할 수 있을 것이다.

석사학위논문을 통하여 법의 비결정성에 관한 문제를 검토하면서 나는 "법이 판결을 얼마나 결정하는가"라는 문제가 법의 범위를 어디까지로 볼 것인가라는 문제를 내포하고 있다는 것을 깨닫게 되었다. 그래서 점차 법의 개념에 관한 문제에 관심을 가지게 되었고, 그 중에서도 특히 법의 개념에 관한 법실증주의의 입장에 흥미를 가지게 되었다.

그래서 나는 법실증주의의 관점에서 법을 이해하는 방식에 관하여 연구하기로 결심하였다. 우선 나는 이러한 문제를 심도 있게 다루고 있는 미국 컬럼비아 대학교의 라즈(J. Raz) 교수님의 논문들을 번역하여 국내에 소개하였다(2007c; 2009b; 2010; 2012a). 이후 계속해서 법실증주의의 논의를 공부하면서 나는 법실증주의가 법을 설명함에 있어서 수범자들이 법을 행위의 근거로 삼는 이유 그리고 효력의 문제를 설명하는 것에 어려움을 겪는다는 것을 알게 되었고, 이러한 문제들을 해결할 방법을 모색해 보고자 노력하게 되었다.

나는 전자의 문제, 즉 법실증주의는 수범자들이 법을 행위의 근거로 삼는 이유를 어떻게 설명해야 하는가를 검토하는 것을 주제로 하여 2011년 8월에 박사학위논문을 제출하였다(2011a).

이 논문에서는 대부분의 법실증주의자들이 법의 규범성에 관련된 3가지 질문들을 서로 혼동하거나 이들 중 일부를 간과함으로써 법의 규범성에 관하여 체계적인 이론을 제시하는 데 실패하였다고 주장하였다. 그러한 3가지 질문이란 (1) 수범자들이 법을 행위의 근거로 삼는 이유는 무엇인가, (2) 법이 사람들의 행위를 지도하는 방식에는 어떠한 유형들이 있는가, (3) 법실증주의자는 법이 가지는 규범성을 표현하기 위하여 어떠한 유형의 법적 진술을 사용해야 하는가이다. 각각의 질문에 대하여 법실증주의의 대가들인 켈젠(H. Kelsen), 하트(H. L. A. Hart), 라즈의 논의를 검토함으로써 법실증주의가 취해야 할 올바른 답변을 찾고자 하였다.

이 논문 역시 지도교수님을 포함하여 많은 분들의 도움을 받아서 작성되었다. 특히 이화여대 장영민 교수님께서는 연구실로 부르셔서 한 줄씩 같이 읽으시면서 내용과 표현을 검토해 주셨다. 또 연세대 함재학 교수님 역시 여러 가지 귀중한 조언들을 해주셨는데, 특히 논문의 전체적인 구성을 새롭게 고쳐주셨다. 연세대 김종철 교수님은 논리적 전개에 대해서 많은 지적을 해주시고 장시간 동안의 토론도 해주셨고, 원광대 이계일 교수님은 내가 주관적인 주장에 빠지지 않고 객관적인 입장을 취할 수 있도록 많은 도움을 주셨다. 이 분들의 도움이 없었다면 나의 박사학위논문은 지금보다 훨씬 더 서툰 형태로 제출되었을 것이다.

박사학위 제출 후 1년 동안 연세대학교 법학연구원에서 연구교수로 근무하였고, 2012년 9월 영산대학교 법과대학에 임용되었다. 이후 수행해 보고 싶은 연구는 다음과 같다.

첫째, 학위논문에서 제대로 다루지 못하였던 것들을 보완하는 작업을 하고 싶다. 특히 규범 일반에 관한 연구, 권한 부여적 규범의 성격에 관한 분석 등을 해 보고 싶다.

둘째, 법실증주의가 곤란을 겪는 후자의 문제, 즉 법의 효력에 관한 문제를 연구해 보고 싶다. 이를 좀 더 심도 있게 고찰하기 위하여 켈젠의 이론으로부터 시작하여 하트, 라즈의 논의를 다시 공부해보려고 생각하고 있다. 현재 나는 켈젠을 공부하고 있는 중이며, 그 결과물 중 일부를 논문으로 발표하였다(2011c; 2012b).

셋째, 나는 이전부터 관심을 가지고 있었던 법치주의와 민주주의의 관계에 관한 연구를 해보고 싶다. 이를 위하여 나는 두 개념을 개념사적으로 고찰해보고, 또 두 개념이 상호보완적으로 해석될 수 있는 것임을 밝히는 작업을 수행해보려고 생각하고 있다.

끝으로 이러한 연구들의 기초가 되는 저술들을 번역하여 국내에 소개하는 작업을 해보고 싶다. 현재는 가천대학의 안준홍 교수님과의 공동작업으로 라즈 교수님의 『The Authority of Law』를 번역하는 중이다. 이 책은 라즈 교수님에게 저작권 허락을 받아놓은 상태이다. 이 작업이 순조롭게 마무리가 되고 나면, 대학원 시절에 여러 차례 가졌던 공동 번역작업들이 다시 재개되어 결과물을 출판할 수 있었으면 한다.

(2006a), K.-O. Apel(권경휘 옮김), "도덕, 법, 민주주의의 관계에 관하여: 선험화용론의 관점에서 하버마스의 법철학(1992)에 관하여," 「연세법학」 제12집 제2권.

(2006b) 『법해석에 있어서 언어적 비결정성: 모호성의 문제를 중심으로』, 연세대학교 대학원 석사학위논문.

(2007a) 권경휘・김정수, "최종적인 근거지움의 문제에 관하여: 선험화용론의 관점에서," 「법학연구」 제17권 제4호(연세대학교 법학연구소).

(2007b) "비트겐슈타인의 규칙-따르기 고찰과 법이론," 「법철학연구」 제10권 제1호.

(2007c) J. Raz(권경휘 옮김), "법의 본성에 관한 문제," 「법철학연구」 제10권 제2호.

(2009a) "법철학에 있어서 언어철학의 기여와 그 한계," 한국법철학회 여름캠프.

(2009b) J. Raz(권경휘 옮김) "권위, 법 그리고 도덕," 「법철학연구」 제12권 제1호.

(2010) J. Raz(권경휘 옮김) "법적 효력," 「법철학연구」 제13권 제2호.

(2011a) 『법실증주의에 있어서 법의 규범성: 켈젠, 하트, 라즈의 논의를 중심으로』, 연세대학교 대학원 박사학위논문.

(2011b) "하트의 '개방적 구조'에 관한 연구," 「법학논고」(경북대학교 법학연구원).

(2011c) "켈젠의 규범 일반 이론: 효력 이론을 중심으로," 「법철학연구」 제14권 제3호.

(2012a) J. Raz(권경휘 옮김) “켈젠의 근본규범 이론,” 「법철학연구」 제15권 제1호.

(2012b) “순수법학에 있어서 법과학의 개념,” 「법학논총」 제29권 제3호(한양대학교 법학연구소).

(2013) “법해석론에 있어서 언어철학의 잘못된 적용에 대한 비판: 후기 비트겐슈타인의 관점에서,” 「법철학연구」 제16권 제1호.

민윤영

민윤영은 고려대학교 문과대학에서 영어영문학과 심리학을 전공하고, 고려대학교 일반대학원에서 법학석사학위와 법학박사학위를 받았다. 석사논문은 니체의 법이론에, 박사논문은 법학과 정신분석학의 학제적 연구에 중점을 두었다. 박사 후 영국 University of Oxford에서 법학석사학위(M.Jur)를 받으면서 영미법철학과 인권법에 대한 관심을 심화하였고, 미국 Yale Law School에서 법학석사학위과정(LL.M)을 하던 중 귀국하여, 현재 단국대학교 법과대학에 재직하고 있다.

Ⅰ.

민윤영의 법철학에 대한 관심은 인문학에서 시작되었다. 영어영문학과 심리학을 공부하면서 개인의 심리와 개인들이 모여 형성하는 인간사회에 대한 인문학적 관심을 키웠고, 이 관심은 사회의 질서와 개인의 실존을 구성하는 근본구조인 법에 대한 호기심으로 이어졌다. 특히 문학비평이론들과 심리치료이론 등을 통하여 접한 정신분석학이 인도하는 무의식의 세계는 의식중심주의 또는 이성중심주의가 선명하게 구체화된 사회제도인 근대이성법에 대한 의문들로 그녀를 이끌었다. 욕망, 환상, 충동, 감정, 미학적 체험 등은 이성과 논리만큼이나 인간의 본질을 이루지만, 법의 합리화를 추구하는 근대법학에서 인간의 비이성적 영역들은 배제되어 왔다.

민윤영의 법철학은 정신분석학의 힘을 빌려 그러한 근대법의 그림자를 의식화하고자 한다. 이러한 그녀의 법철학에 있어서 지도교수인 이상돈 교수와 공동으로 저술한 『법정신분석학입문』(2010)은 법정신분석학이라는 아직은 낯선 학문분과의 가능성을 다각도로 확인하고 그 초석을 놓는 중요한 작업이었다. 이 책은 한국영화들을 정신분석학 이론을 통해 분석하고 그 분석에서 얻어진 성찰들을 법학에 적용해보는 방식을 띤다. 여기서 법은 아름다움과 추함, 선과 악, 이성과 비이성의 '사이'에 존재하는 것으로서 재해석되고, 기존의 법철학 담론에 부재하였던 법의 무의식이 트라우마나 의식의 전일성 등의 정신분석학 개념들을 통해 논의되었다. 또한 젠더와 섹슈얼리티에 대한 정신분석학적 이해, '자기자신이 될 권리'와 같은 정신분석학적 인권개념도 새롭게 제안되었다. 이 책에서는 영화가 이론의 예시를 위한 단순한 소재로 이용되는 것이 아니라, 법학이나 정신분석학과 마찬가지로 자신의 고유한 목소리를 내는 동등한 파트너로서 등장한다. 이렇게 영화라는 예술장르를 법을 인식하고 이해하는 중추적인 관점 중 하나로 끌어들이는 것 또한 근대법학의 이성중심주의의 한계를 극복하려는 그녀의 학문적 관심의 연장선에 있다.

법정신분석학을 발전시키려는 노력은 박사학위논문 『법정신분석학의 형성과 법적 권위의 구성적 해체』(2011)로 이어졌다. 이 논문은 특히 법이 합리주의적 관점에서 인간을 불균형적으로 이해하고 있다는 점을 정신분석학 이론을 통해 비판적으로 고찰하고 새로운 법적 인간상을 제안하며, 인간의 비이성적 차원에 주목하는 법철학이 가져올 수 있는 새로움을 특히 전통적인 법철학적 주제인 법의 권위의 문제와 자연법론이나 사회계약론 등 이성법철학의 주요 사조 등을 재해석함으로써 고찰하였다. "에로스와 타나토스 사이의 법"(2010) 또한 『법정신분석학입문』의 출간 이후 발표한 법정신분석학에 중점을 둔 단행논문으로, 법에 대한 무의식중심적 이해를 전면으로 제기해 본 글이다. 성충동을 의미하는 에로스와 죽음충동을 의미하는 타나토스라는 프로이트의 핵심 개념을 응용해서 법의 심층심리적 의미를 분석한 글로서, 법이라는 매우 복잡한 사회체계를 두 개념으로 단순화하여 분석한다는 점에서 환원주의적 한계를 가지지만 동시에 이성법학의 전통에서 부재한 정신분석학 개념들을 전면에 내세운다는 점에서 법철학적 사유의 가능성을 넓히는 유의미한 시도라고 볼 수 있을 것이다.

Ⅱ.

법정신분석학은 이처럼 민윤영의 법철학적 사고의 중심을 이루지만, 그녀의 법철학은 정신분석학적 사유로 한정되지 않는다. 민윤영이 공저자로 참여한 『문헌연구. 포스트모더니즘과 법』(2006)은 그녀가 법미학, 법문학, 법여성학, 법인류학 등 이성법학의 전통과 결을 달리하며 법정신분석학과 소통지점을 가지는 여러 포스트모던 기초법학분과들을 자신의 법철학적 사유를 전개하는 또 다른 학문적 영역들로 만드는 계기가 되었다. 정신분석학이 법철학적 관점으로서 정교하게 작동할 수 있는 지점인 법의 무의식은 법의 근대화와 함께 진행된 법의 합리화와 마치 동전의 양면과도 같은 관계에 놓인다. 법의 근대화, 법의 이성화는 합리화되기 어려운 아름다움과 감정, 충동 등의 차원들을 법의 의식에서 배제하여 법의 무의식으로 억압하는 결과로 이어지기 때문이다. 따라서 법정신분석학은 필연적으로 법미학이나 법여성학과 소통지점을 갖는다. 민윤영의 석사학위논문『니체의 법이론: 법에서 모더니즘의 해체』(2008)가 니체 철학을 법미학, 법여성학, 법심리학의 발흥지로서 고찰하고 있는 것은 이 세 분과의 발생사적 공유점과 소통가능성을 잘 보여준다. 니체 철학은 정신분석학만큼이나 민윤영의 법철학의 토대를 이루는데, 아직 법철학 담론에서 그 존재가 미미한 니체를 법철학자로서 재조명하는 것은 그녀의 법철학적 목표이기도 하다. "드워킨의『법의 제국』에 대한 니체 철학적 의문"(2012)은 그러한 그녀의 노력의 한 예이다. 한편 예술적, 심층심리학적 개념인 페르소나(persona)를 중심으로 성매매와 낙태라는 전통적인 법학적 문제들과 첨단 과학기술이 야기한 새로운 문제영역인 정보인권을 이해하고 분석하는 새로운 관점을 제시하고자 한 논문인 "다형적 페르소나로서 법"(2011)도 그녀의 법철학이 분과의 경계를 넘나드는 것임을 보여준다. 이 논문은 특히 융의 분석심리학과 니체 철학이 낙태나 성매매 등 전통적인 법여성학의 주제들과 교차되는 지점에 주목하고, 신화적, 원형(archetypus)적 설명을 논의의 장으로 끌어들임으로써 이성과 합리에 기대어서는 해결되지 못했던 오랜 법적 문제들을 바라보는 낯선 관점을 제안하고자 하였다. 이 논문에서 전개된 '잊혀질 권리(the right to be forgotten)'에 대한 고찰은 "인터넷 상에서 잊혀질 권리와「개인정보보호법」에 대한 비교법적 고찰"(2011)이라는 논문으로 발전되었다.

Ⅲ.

민윤영의 법철학은 포스트모던적 에토스를 가지지만, 그녀의 주요 논문들인 "다형적 페르소나로서 법", "법의 새로운 기초로서 동물권 담론”(2011), “안티고네 신화의 법철학적 이해”(2011) 등을 보면 신화 연구와 같은, 원시성과 전근대성에 대한 관심을 동반함을 알 수 있다. 그녀는 근대성을 해체하는 탈근대적 이론들뿐 아니라, 근대가 넘어서고자 했던 전근대를 새로운 시선으로 되돌아봄으로써 근대법의 균형적 발전을 모색하고자 한다. 근대화 이전의 법들에서 큰 힘으로 작용했던 충동, 감정, 미학적 판단 등 비이성적 영역들은 법이 근대화되기 위해서 극복해야만 하는 부정적인 요소로 평가되어 왔다. 하지만 근대이성법이 다 해결하지 못하는 한계점들이 계속 등장하는 현실은, 근대법이 제거해 온 전근대성 속에 지금의 법이 가지는 한계를 치유할 씨앗이 숨겨져 있을 가능성을 돌아보게 한다. 문명화를 통해 다듬어지기 이전의 인간 본성의 원형들을 전근대성, 원시성 속에서 더 생생히 찾아볼 수 있기 때문에, 민윤영에게 있어 전근대성과 원시성은 근대이성법의 증상들을 치유할 원천을 길어내는 법철학적 탐사지점이 되는 것이다. 인간 심리의 원시적 차원들은 근대화 과정에서 야만으로 치부되고 근대화된 의식의 저편으로 억압되었지만, 인류학자 레비나스가 말했듯이 원시적 사고는 근대적 사고와 다른 것일 뿐 결코 열등한 것이라 볼 수 없다. 이러한 믿음과 문명화되지 않은 근원적 생생함을 보여주는 원시성에 대한 매혹은 그녀의 논문들을 관통하는 주제이기도 하다. “다형적 페르소나로서 법”, “안티고네 신화의 법철학적 이해”, “법의 새로운 기초로서 동물권 담론” 등의 논문들은 정신분석학을 토대로 하여 원시적, 신화적 사유를 법의 균형을 실현하는 핵심적인 파트너로서 도입하는 글들로, 법의 비이성적 원천, 인간 정신의 원시적 원형과 교류하는 새로운 법적 정의 개념, 무의식의 세계와 소통하는 정신분석학적 인권 개념, 동물권 운동의 신화적, 심층심리적 분석을 통한 인간중심적 법인격 개념의 비판적 이해

등을 제안하고 있다. “민주적 법치국가에서 시민운동으로서 기독교 사회참여”(2011) 또한 종교라는, 원시적 뿌리를 가지지만 여전히 강력한 힘을 발휘하는 인간 정신의 영역을 현대사회를 발전시키는 합리적이며 사회통합적인 힘으로 조화롭게 전환시킬 수 있는 방법을 법사회학적으로 모색해 본 논문으로, 인간 이성의 배후에 있는 비이성적 정신영역을 연구의 중심에 두고 다양한 학제적 접근을 취하는 그녀의 법철학의 특징을 보여준다.

Ⅳ.

마지막으로 논의하고 싶은 점은 민윤영의 학문적 관심이 근대법의 이성중심주의를 비판하고 해체하는 것에 머물지 않는다는 점이다. 그녀가 지향하는 것은 ‘사이성(inbetweenness)’과 ‘역동적인 균형’이다. 그녀는 법철학을 통해 이성과 비이성이 조화롭게 공존하고 상호작용함으로써 역동적으로 균형을 형성해가고, 법 또한 이성과 비이성의 사이에 자리하면서 인간과 사회를 더욱 자유롭고 아름답게 만들 수 있도록 기여하기를 추구한다. 이성은 인간을 자유롭게 하였지만 또 다른 억압의 원천이 되었고, 역사가 보여주듯이 이성의 독주는 이성의 광기로 변모되어 많은 비극을 낳았다. 이 현실은 그간 외면되었던 비이성을 재평가하고 적절한 자리를 찾아주어야 한다는 것을 말해주며, 민윤영은 그간 법 안에서 비이성성의 적절한 자리를 찾으려는 노력을 해 왔다. 그러나 그러한 노력은 이성에 대한 포기가 아니라, 균형을 회복하여 진정한 이성의 가치를 강화하고자 하는 것임을 밝히고 싶다. 그녀는 법이 이성과 비이성을 이분법적 대항관계가 아니라 조화롭게 상호작용하는 균형관계로 이해할 때, 인간 정신의 건강성과 균형 있는 정의의 실현을 도모하는 사회제도로서 더욱 발전할 수 있을 것이라 믿기 때문이다.

인용된 저술목록

(2006) 이상돈 · 이소영 · 민윤영 · 정채연, 『포스트모더니즘과 법』, 세창출판사.

(2008) 『니체의 법이론: 법에서 모더니즘의 해체』, 고려대학교 석사학위논문.

(2010) 이상돈 · 민윤영, 『법정신분석학입문』, 법문사.

(2010) "에로스와 타나토스 사이의 법," 「법학논문집」 제34집 제1호.

(2011) 『법정신분석학의 형성과 법적 권위의 구성적 해체』, 고려대학교 박사학위논문.

(2011) "다형적 페르소나로서 법," 「고려법학」 제61호.

(2011) "안티고네 신화의 법철학적 이해," 「법철학연구」 제14권 제2호.

(2011) "민주적 법치국가에서 시민운동으로서 기독교 사회참여," 「법학논총」 제24권 제2호.

(2011) "법의 새로운 기초로서 동물권 담론," 「법과 사회」 제41권.

(2011) "인터넷 상에서 잊혀질 권리와 「개인정보보호법」에 대한 비교법적 고찰," 「고려법학」 제63호.

(2012) "드워킨의 『법의 제국』의 니체 철학적 의문," 「중앙법학」 제14집 제3호.

심우민

심우민은 1976년 마산에서 출생하였고, 한국외국어대학교 법과대학을 졸업하였으며, 연세대학교 대학원에서 김정오 교수의 지도로 석·박사 학위를 취득하였다. 그는 현재 국회입법조사처에서 입법조사관으로 연구 및 조사 업무를 수행하고 있다.

Ⅰ.

심우민의 법철학은 현대적 입법학의 새로운 모색에 초점을 맞추고 있다. 그의 이론적 논의는 로베르토 웅거(Roberto Unger)를 주축으로 하는 미국의 비판법학운동(Critical Legal Studies Movement)으로부터 시사받은 바가 크다. '법은 정치다' 또는 '모든 것은 정치다'라는 비판법학적 관점은 자유주의 법질서 및 그 규범 형성적 측면에서의 의미를 한국사회의 특수한 역사적·사회적 맥락 속에서 재성찰할 수 있는 계기를 마련해 준다(2006). 이러한 전제 속에서 그는 이미 주어진 법규범의 해석문제보다는, 그것의 동적인 형성과정과 정치적 속성에 대해 천착한다.

심우민의 법철학 연구는 한국사회가 21세기 초입에 직면하고 있는 현실 상황과 괴리되어 있지 않다. 그 기저에는 정치·경제·사회 체제적 고려와 같은 다소 광범위하고 추상적인 국가-사회론적 전제가 존재한다. 그는 특히 다음과 같은 두 가지 변화에 초점을 맞추고 있다.

첫째, 1987년 민주화운동을 중심적인 계기로 하여 한국사회는 지속적인 민주화 과정을 거쳐 오면서 이제는 민주주의의 공고화 단계에 접어들고 있다. 그러나 이러한 사실만으로 민주주의의 발전이 완결된 것이라고 보기는 어렵다. 오히려 민주화 과정 속에서 자연스럽게 형성된 주도적 다수와 배제된 소수 사이의 괴리는 또 다른 사회 담론의 폐쇄성을 현출해 내고 있다. 이는 결과적으로 법규범의 형성 및 해석에 있어서의 경직성, 즉 합리화 법분석(rationalizing legal analysis)으로 귀결된다(2007, 234). 이 지점에서 심우민은 이러한 경직성을 극복할 수 있는 제도적 상상력(institutional imagination)의 일환으로서의 입법학을 모색하고 있으며(2006, 140) 이는 급진민주주의 이론으로서의 성격을 일부 포함하고 있다(2011a, 56).

둘째, 1990년대 후반부터 한국사회는 급속히 정보화되어가고 있다. 이러한 정보화는 비단 기술적 발전만을 의미하는 것이 아니라, 국가·사회적 차원의 가치적·규범적 소통의 가능성이 증대되고 있다는 점을 보여준다(2008, 28). 그러나 이는 가능성일 뿐이지 그 자체가 사회의 전면적 소통으로 이어지지는 않으며, 오히려 정보 매체의 발전은 헤게모니적 소통의 편중현상을 발생시킬 수도 있다. 즉 법규범에 관한 가치논쟁이 현실적 차원에서 경직성을 가지게 될 우려가 분명 존재한다. 이러한 측면에서 심우민은 제도적 차원에서의 가치적·규범적 소통 영역을 확보하여 사회적 유연성을 유도해 낼 수 있는 법·제도적 대안을 연구한다(2005a).

이러한 현실 인식에 기반한 심우민의 법철학 연구는, 법학의 연구 영역으로 보자면, 이론적 측면에서의 입법학 연구와 이를 구체적 사례에 적용해 보는 실천적 측면에서의 정보법학 연구로 귀결된다. 이러한 연구는 현재 시점에서 완성된 것이라기보다는 지속적으로 보완되어야 하는 일종의 장기적 기획으로 평가할 수 있겠다. 다음에서는 이제까지의 그의 연구 내용을 개관해 본다.

II.

심우민의 법철학적 연구의 중심축인 입법학의 내용을 개관해 보면 다음과 같다. 우선 그는 입법학 연구가 비교적 최근에 대두되고 있는 것이기는 하지만, 이제까지의 그 연구 방향성에는 문제가 있다고 판단한다(2012a, 1075).

최근에 이르러서야 연구되기 시작한 입법학 연구의 배경에 관한 학계의 일반적인 설명은 다음과 같다. 그간 전통적인 법학의 논의는 법의 합리적 해석에 초점을 맞추는 것이었다. 그러나 가치적으로 다원화된 현대 사회에서 발생하고 있는 '법률 및 규범의 홍수 현상'은 소위 합리적인 법해석에 있어 문제점을 발생시켰다. 이러한 해석법학적 한계에 직면하여, 서구의 학자들은 법의 합리적 형성(입법)과 이에 기반한 체계정비에 초점을 맞추고 입법학이라는 새로운 연구 분야에 주목하기 시작하였다.

그 결과 이제까지의 입법학 연구는 법규범의 형성과 관련하여 과거의 규범학적 방법론뿐만 아니라 사회과학 분야의 사실학적 방법론을 동원하여, 법의 내용이 규범 체계성뿐만 아니라 현실적인 타당성과 효과성을 가질 수 있도록 하는 데 초점을 맞춘다(2012b,

213). 그러나 이는 현실적으로 기존에 논의되어 오던 '법사회학'의 논의 맥락과의 차별성을 보여주지 못하고 있으며, 더 나아가서는 근대 이후 강조되고 있는 사회과학적 실증주의가 가지는 객관성 및 진리관의 한계를 그대로 담지하고 있는 것이다. 이는 최근 들어 입법학의 총체적 귀결로 평가되고 있는 입법평가 연구방법론의 논의에서 극명하게 드러난다(2010a, 48).

심우민은 바로 이 지점에서 입법학 연구의 방향 재설정 문제를 제기한다. 즉 그는 입법에서 중요한 것은 특정의 진리관이나 객관적·과학적 논거가 중요한 것이 아니라, 그 형성 절차 속에서 개별적인 입법 의지의 담지자들이 자신들의 논거를 제시하고 설득해 가는 과정, 즉 '입법논증(legislative argumentation)'이라고 주장하며, 이것이 입법학 연구에서 가장 핵심적인 위치를 가진다고 주장한다(2012b, 234). 그는 박사학위 논문에서 입법과정 문제와 관련하여 하버마스(J. Habermas), 롤스(J. Rawls), 그리고 톰슨과 것만(D. Thompson & A. Gutmann) 등 정치철학자들의 절차주의 이론들을 비판적으로 분석하였다(2010b). 이를 통해 그는 입법절차 또는 논증의 최종적 근거설정(지음)에서 발생하는 무한퇴행(infinite regression) 문제를 순수절차(pure procedure)적 관념에 기반하여 해소하는 것은 특정 가치의 배제를 전제로 하는 것이기 때문에 문제가 있다고 지적한다. 이에 따르면, 입법과정을 통해 형성 및 법제화된 실정법 규범은 절차적 판단과 실체적 판단이 괴리되지 않은 헤게모니적·정치적 담론의 지속적인 논증절차 속에서 도출되는 잠정적인 성격을 가지는 결과로 이해되어야 한다(2010b, 210).

이상과 같은 입법에 관한 법철학적 연구를 바탕으로 심우민은 입법학의 체계를 입법이론, 입법정책결정론, 입법과정론, 입법기술론, 입법평가론, 입법논증론으로 세분화하여 정립시키는 작업을 수행하고 있다(2012c, 257). 물론 이들 입법학 세부 연구분야 중 그의 주된 관심사는 입법이론에 관한 것으로 입법학의 필요성, 학문적 가능성 및 한계, 그리고 이상적인 입법을 위한 전제조건의 탐구 등과 관련한 법철학 또는 법이론적 성격의 연구라고 할 수 있다. 또한 이러한 입법이론에 관한 논의는 그가 입법학 연구의 핵심적 내용으로 제시하고 있는 입법논증 논의와 연결되어 있다.

Ⅲ.

현대사회의 변화에 있어 정보화는 매우 중요한 의미를 가진다. 심우민은 '정보사회'라는 말보다는 '정보화 사회'라는 말을 다소 선호한나(2008, 37). 그 이유는 정보기술의 발전이 사회적 패러다임의 전면적 전환을 의미한다기보다는 기존 근대 산업사회 발전의 연장선상에 존재하는 것이라고 판단하기 때문이다. 정보화는 근대적인 성격을 가지는 훈육 및 감시체제를 더욱 고도화시킬 수 있는 중요한 수단이라고 할 수 있다. 그러나 이러한 정보기술의 발전은 또한 탈근대적 현상 인식을 확산시키기도 한다. 이러한 측면에서 근대 자유주의 사회의 핵심적 내용을 내포하고 있는 정보사회 법질서에 대한 근원적 재성찰이 필요하다(2005b, 267).

심우민은 그의 정보법학 논의에서 현대 정보화 사회에서의 법적 규제에 대한 고민은 과거와는 일정부분 차별성을 가지는 사고방식을 요청하고 있다고 주장한다. 즉 기술-사회 공진화론의 견지에서 법규범이 기술의 발전에 영향을 미치는 측면과 기술이 법규범에 영향을 미치는 측면의 양자가 적절하게 고려되어야 한다는 것이다. 물론 이러한 사고방식은 법규범을 둘러싼 규제환경의 측면에서 기존에도 존재해 왔지만, 기술적 환경이 과거보다 중요시 되는 현대 정보화 사회에서는 이에 대한 더욱 각별한 고려가 요구된다는 주장으로 이해될 수 있을 것이다(2008, 70).

법철학적 측면에서 접근 가능한 기술적 환경과 관련한 논의는 다음과 같이 확장 및 설명될 수 있다. 기술은 기본적으로 인간의 생산력 및 생산관계의 발전을 추동하는 성격을 가진다. 이와 더불어 기술은 인간의 행위 자체를 특정 방향으로 정향짓는 구조(architecture)를 형성하고, 이는 실질적으로 인간행위를 규제하는 규범과 유사하게 기능할 수 있다. 이러한 측면에서 기술자들(technocrats)의 규범형성에서의 주권(主權) 문제가 제기되기도 한다(2008, 131). 따라서 정보화 사회에서의 법규범 문제를 논의하기 위해서는 정보소통의 기반인 네트워크(network)의 기술적 구조에 대한 이해가 선행되어야 한다. 따라서 심우민은 그의 정보법학 연구와 관련한 기본적인 분석 구도로 네트워크의 기술적·구조적 분석을 위한 틀이라고 할 수 있는 기술적인 계층모델(layer model)을 규범적 분석을 위한 모델로 변용하여 활용한다. 즉 그는 정보소통을 위한 네트워크를 컨텐츠 층위(contents layer), 논리적 층위(logical layer), 그리고 물리적 층위(physical layer)로 구분하여, 각 층위별로 매체적 소통을 둘러싼 법적·기술적 규제논의를 체계화하고자 하였다(2005a).

이상과 같은 관점에 입각해 있는 심우민의 정보법학 논의는, 그의 입법학에 관한 이론적 연구 성과를 현실의 문제에 실제 적용해 볼 수 있는 실천적·실무적 의미를 가지는 연구영역이다. 한국의 정보화 법제는 그 기술적 현황과 비교해 볼 때, 매우 비체계적이고 복잡한 규제체계를 유지하고 있다. 그 결과 관련 규제가 매우 비효율적인 경우가 있을 뿐만 아니라, 정보 매체가 가지는 소통수단으로서의 기능을 저해하는 상황도 빈번하게 발생하고 있다. 이 지점에서 다양한 규제 논쟁이 발생하기도 한다. 최근 문제시 되고 있는 SNS, 클라우드 서비스, 망중립성, 위치정보보호 문제 등을 둘러싼 정보법학 논의들은 바로 이러한 논쟁들과 직결되어 있는 것이다. 따라서 심우민은 그의 입법학 연구의 성과를 정보법학에 관한 실무적 논의에 접목시키고자 하는 토대를 형성해가고 있다 (2011b, 2012c).

(2005a) "유비쿼터스(Ubiquitous) 사회와 그 규제구조에 관한 시론적 고찰,"「연세법학연구」제11집 제3권, 연세법학회.

(2005b) (공저) "헌법, 지적재산권법 그리고 사이버 법리학,"「연세학술논집」제42집, 연세대학교 대학원.

(2006)『Roberto Unger의 사회이론과 법이론: 대안이론으로서의 가능성을 중심으로』, 석사학위논문 연세대학교 대학원.

(2007) "제도적 상상력으로서의 법분석: Roberto Unger의 법이론을 중심으로,"「법과사회」제33호, 법과사회이론학회.

(2008) 정보사회 법적규제의 진화, 한국학술정보.

(2010a) "입법평가와 입법논증: 연계 가능성 모색을 위한 시론적 연구,"「입법평가연구」제3호, 한국법제연구원 입법평가연구센터.

(2010b)『입법절차와 절차주의: 순수절차주의에 대한 비판과 그 대안』, 박사학위논문 연세대학교 대학원.

(2011a) "급진민주주의적 사회정의와 입법: 포스트 마르크스주의를 중심으로,"「법철학연구」제14권 제2호, 한국법철학회.

(2011b) "네트워크 정치와 헌법정치: SNS 선거규제 입법평가 모델의 시론적 구성,"「법과사회」제41호, 법과사회이론학회.

(2012a) "입법학 연구의 방향 설정: 순수절차주의의 한계와 입법이론,"「법과정책연구」제12집 제3호, 한국법정책학회.

(2012b) "입법학 연구와 입법평가: 법학과 사회과학 접목의 한계지점,"「법학연구」제54호, 연세대학교 법학연구원.

(2012c) "SNS 선거운동 규제의 입법정책결정론적 검토," 언론과법 제11권 제2호.

이소영

이소영은 1979년에 서울에서 출생하였고, 1998년 고려대학교 법과대학 법학과에 입학하였다. 2003년 학부를 졸업하고 동 대학원에 입학하여 "법문학의 가능성에 대한 연구"(2005)라는 제목으로 석사논문을 제출하였다. 박사과정을 수료하고 방문연구원 장학금으로 하버드 옌칭 연구소에서 공부한 후, 근대법학 사유에서의 보호담론을 포스트구조주의 이론을 통하여 해체적으로 비평한 논문 『포스트모던적 사유의 법학적 수용: 법사회사와 법문학의 영역을 중심으로』(2010)로 동 대학원에서 박사학위를 받았다. 파리 사회과학고등연구원(EHESS)에서 박사 후 연구원으로 공부를 계속하였으며, 현재 한양대학교 비교역사문화연구소의 HK 연구교수로 재직 중이다.

I.

이소영의 연구는 "법에서 보호담론의 해체적 재구성"이라는 기획을 갖고 있다. 법적 보호의 테두리를 넓혀가는 데 지향된 근대적 인권기획이 '건강한' 사회구성원을 확보해가는 계보가 아닐지, 그리고 그러한 보호의 수사(rhetoric)가 '어디까지 테두리 내로 포섭되고 어디서부터 배제되는가'를 정당화하는 배후가 되지 않을지의 문제의식을 갖고, 포스트모던적 사유의 법학적 수용을 통해 근대법의 보호담론을 비판하는 연구들을 진행하고 있다. 과거청산, 건강가정보호, 저작권보호, 소년인권 등의 상이한 주제들에 있어

보호담론을 해체적으로 분석하는 관점들을 꿰는 사유의 고유함이 있다면 그것이 —사유의 한 방식으로서의— '포스트모던'이라고 보았기 때문이다. '보호가 또 다른 형태의 차별을 만들어내는' 문제는 조종의 트릴레마(regulatorisches Trilemma)나 차이의 정치(politics of difference)에서도 다루어진 바 있었겠지만, 이소영의 연구가 갖는 고유함은 i) 법에서 억압가설 및 진보가설을 부인하는 계보학적인 법사회사의 분석관점을 갖고, ii) 상처의 내러티브를 담은 동시대의 문학작품들에 대한 법문학비평을 통하여 이를 탐색한다는 데 있다.

이 구상의 실마리는 석사논문주제에서 마련되었다. 석사논문에서 이소영은 법문학을 독립된 기초법분과로 성립해주는 형식대상과 방법론, 그리고 그 방법론의 실천성을 논하였다. 그리고 이를 구체적 문학작품들의 예와 함께 보여준 기초법서인 "법문학"을 공저로 출간하였다. 특히 해체주의 문학방법에 주목하였는데, 이를 통해 법과 문학이 '서로를 형성'하는 내적 연관을 찾을 수 있었기 때문이다. 이렇게 해체주의와 포스트구조주의 이론들을 공부하면서 포스트모던적 사유가 법의 합리성과 보편성의 배후를 의문시하고 근대법에서 소외된 목소리들에 귀 기울이는 도구가 된다는 생각을 갖게 되었고, 여기에서 '포스트모던 법학'이라는, 범위를 확장시킨 공부 주제를 찾게 되었다.

II.

이소영의 박사논문주제는 "포스트모던적 사유의 법학적 수용: 법사회사와 법문학의 영역을 중심으로"였다. 포스트모던 이론을 공부하고 그 내용을 나누는 과정에서 직면하였던 첫 물음들은 '포스트모더니즘'에 대한 회의들이었다. "포스트모더니즘 개념은 자의적이고 불확정적이며, 너무 넓다"든가, "포스트담론이 사회적 적대나 정치경제적 모순을 '문화적인 것'으로 환원시켜 무디게 하였다"거나, "규범학이며, 실정법에서 분리될 수 없는 법학에서는 포스트모던적 사유가 진지하게 수용되기 어렵다"는 것이었다. 범주화해 본다면 포스트모더니즘의 "개념적 범주에 관한 회의"가 첫 번째이고, 두 번째는 "이데올로기 지형에 관한 회의"가 될 것이며, 마지막은 "법학에의 수용에 관한 회의"라 할 것이다. 따라서 포스트모던 법학의 가능성에 대하여 제기될 잠재적 회의들로서 이 셋을 검토하고 반박하는 데서 연구를 시작하였다.

이소영은 논문에서 포스트모더니즘을 고정된 이론이나 개념 혹은 시대구분표지가 아니라 근대법학의 빈틈을 찾아내는 사유 내지 태도라고 이해하였다. 따라서 근대법의 특징적 개념들을 정의하고, 그와 변별되는 포스트모던 법이론의 개념표지를 확립하고, 또 이에 맞추어 법현상들을 분석하는 큰 틀의 이론체계를 정립하는 것은 자가당착이라 생각하였다. 그러한 고민으로, 하나의 뿌리에서 기원하여 가지로 뻗는 나무 유형이 아닌 기원이나 중심을 갖지 않는 리좀형 접합의 방식으로 사유하고자 하였다. 그렇게 하여 포스트모던 사유가 법과 역사, 법과 정치, 법과 경제, 법과 문학 등 여러 영역들과 만나는 무수한 접속지점들 가운데서 법사회사와 법문학을 중심으로 연구하였다.

이때 다시 던져질 질문은 "어떠한 관점으로 다룰 것인가"인데, 이에 대한 답이 '보호 이데올로기 해체'였다. 즉 억압담론만이 아닌 보호담론 뒤에 숨은 이데올로기, 금지와 억압만이 아닌 생성과 장려의 방식을 통해 보호 이데올로기를 실현하는 법, 그리고 그 법과 여타 지식권력들 사이의 상호작용을 다루는 것이다. 이소영의 연구는 '보호 이데올로기 해체'라는 관점에서 포스트모던 사유가 법사회사와 법문학에 가져다주는 새로움들에 주목하였다.

Ⅲ.

법과 역사가 접속하는 대표적인 두 유형이 있다면 하나가 '역사를 복구하는 법'이고, 다른 하나는 '법의 역사'일 것이다. 여기서 '역사를 복구하는 법'은 '무엇이 진실이었나'의 역사적 사실성을 묻는 질문과 관련된다면, '법의 역사'는 '법이 어떻게 발전해 왔는가'라는, 역사의 목표지와 진보를 전제하는 질문에서 출발한다. 양자 모두 역사적 연속성, 그 연속성에서 창출되는 '민족정신', 그리고 입증을 통해 망각된 빈틈들을 메워 넣을 수 있다는 전제들에 기반을 두고 있다. 이러한 전제의 해체는 접속의 두 유형, 즉 '과거를 복구하는 법'과 '법의 역사'에 대해 다른 사유를 가능하게 해준다. 이는 법제사적 접근이라기보다는 법사회사적 접근이라고 해야 할 것이다.

'역사를 복구하는 법'의 문제로는 이행기정의를 다루었다. 과거청산담론에서 상실의 실재, 실재의 투명한 재현, 법적 배상을 통한 치유, 국가적 기념화의 네 차원을 비판적으로 검토하였다. i) 상실과 부재의 혼융이 가져오는 위험성, 즉 부재하는 노스텔지아가 피해자에게 덧입혀져 '소비'될 수 있음을, ii) 그 상처의 투명한 재현이 불가능함을, iii) 국가배상이 배제적 포섭과 정상화의 기획을 갖고 있음을, iv) 그리고 기념사업이 상처와 저항의 기억들을 '국가적인 것'으로 박제화함을 포착하고 비판하였다. 그리고 이로써 비일관성과 망각, 거짓말이 갖는 '기억으로서의 진실성'을 말하였다.

한편 '법의 역사'의 문제로는 계보학적 법담론분석을 수행하였다. 계보학은 현 시점에 서서 개념의 형성을 거슬러 올라가 지식-권력 구도를 연구하는 방법이다. 그런 의미에서 '지금, 우리사회의 법'에서 가정에 대한 지식-권력의 개입이 특히 문제시되는 현행 건강가정기본법 상의 '건강가정' 개념을 계보학적 담론분석의 예로 채택하였다. 건강가정계보를 추적함으로써 '그러한 가족상이 관습에 의한 것인가 아니면 근대성의 산물인가'의 이분화된 사고를 해체하고, 가족/인구에 대한 통제가 항상 억압과 금지로써 이루어진 것이 아니라 도리어 보호와 활성화를 통해 담론을 생산하는 방식을 취하였음을 입증하였다. 이로써 법의 후견주의적 보호가 정상화와 배제적 포섭의 의도를 보호담론 안에 숨기고 있음을 보였다.

Ⅳ.

한편 법과 문학의 접속을 두 범주로 나눈다면 '법이 문학을 다루는' 차원과 '문학이 법을 다루는' 차원으로 나뉠 것이다. 그러나 법문학을 경유할 때 법과 문학은 상호구성의 차원을 갖게 된다. 특히 포스트모던적 사유는 법문학의 네 대상영역들 —문학 속의 법, 문학으로서 법, 법의 문학에 대한 통제, 문학이론과 법학방법의 교환— 에 근원적으로 내재해 있으며, 동시에 이를 더욱 풍성하게 해준다. 이때 '문학에서의 법'은 단지 '법을 소재로 다루는 문학' 차원을 넘어서 문학작품을 통하여 법에 관한 인식과 법의 무의식을 해부하는 데까지 나아간다. 한편 '문학으로서의 법'에는 법관의 문체 스타일이나 변론에서 쓰이는 비유를 분석하는 '법정수사학'만이 아니라, 법적 은유가 숨긴 이데올로기의 생성계보를 거슬러 올라가는 비판적인 작업까지 포함된다. 또한 검열의 문제에서도, 포스트모던 법문학은 '억압적 법' 대 '억압당하는 문화'의 이항대립을 해제하고, 다양한 지식-권력들의 상호작용 속에서 검열효과를 분석한다. 더 나아가 '낯설게 하기'나 '가까이 가기'기법, 재현불가능성과 다성성, 상호텍스트성 등, 포스트모던 문학이론들은 법적 정의에 관한 다른 사유의 실마리를 제공해 준다.

'법이 문학을 다루는' 차원으로는 저작권 문제를 다루어 보았다. 근대적 저작권의 표지들인 저자의 자기동일성, 저자의 지적 자기결정권, 그리고 배타적 소유권을 비판하였다, 그리고 작품이 i) 문화 속에서 통시적・공시적으로 구성되는 차원과 ii) 독자의 독서행위와 반응에서의 상호텍스트성을 통해 창조되는 차원을 제시하면서, 근대적 저작권법의 보호담론에 문제제기하였다. 또한 이에 대한 대안적 가능성으로서 사회적 인센티브로서의 저작권, 그리고 문화형성권으로서의 패러디 등을 착안하였다. 한편 '문학이 법을 다루는' 차원으로는 현대 한국작가들의 단편소설에 대한 법문학비평을 해나가고 있다. 문학비평은 생성되지 않은 인권의 발견과 상처의 내러티브 듣기, '아버지로서의 법'을 향한 시선을 읽어내는 쓰임새를 갖는다. 상처의 내러티브를 담아내는 동시대 작가들의 고유한 서사와 시각이 인권의 고발과 발견, 그리고 실천에 가져다주는 새로움들을 구체적인 작품비평을 통하여 들여다보는 것이다. 이소영은 지난 10년 사이에 등단한 소설가들 가운데서 특히 빈곤과 소외의 문제를 주되게 다루는 작가들을 택하여, '산수로서의 법', '역시나 부재한, 보물지도로서의 법', '달아난 아비로서의 법' 등의 알레고리를 중심으로 작품분석을 하였다.

현재 이소영의 주된 연구관심 중 하나는 식민시기문학에 대한 법문학비평을 통하여 제국/민족/젠더의 중층적 검열이 내면화된 작품들 안에서 사회적 기억을 읽어내는 것이다. 검열을 매개로 이루어지는 문학텍스트와 법텍스트의 상호작용 안에서 민족주의적 이분법이나 구조주의적 규율권력으로만 포착되지 않는 식민지의 집단기억을 찾아내는 작업으로서, 이는 '법과 문학의 상호형성'이라는 법문학의 고유한 관점을 가진 법사회사 연구가 될 것이다. 또한 '법을 통한 과거청산' 담론이 초국가적 기억의 공간/공론장 안에서 어떻게 사회적 기억을 구성하는지에 대한 분석도 앞으로의 연구과제로 설정하여 공부해가고 있다.

인용된 저술목록

(2005) 『법문학』(2인 공저), 신영사.

(2006) 『포스트모더니즘과 법』(4인 공저), 세창출판사.

(2007a) "동성애혼인에 대한 법적 개입의 딜레마와 가족 이데올로기 해체," 「법철학연구」 제10권 제1호.

(2007b) "법문학비평의 개념, 방법, 이론, 실천"(2인 공저), 「안암법학」 제25권.

(2009) "포스트모던 법문학의 가능성들," 「법철학연구」 제12권 제2호.

(2011a) "법학과 포스트모던적 사유: 포스트모던 법학에의 세 가지 입론(入論)," 「성균관법학」 제23권 제1호.

(2011b) "기억의 정치와 '법을 통한 과거청산' 담론 비판," 「외법논총」 제35권 제2호.

(2011c) "법문학비평과 소수자의 내러티브: 박민규, 윤성희, 김애란의 단편소설에 대한 법문학비평," 「법철학연구」 제14권 제1호.

(2012a) "식민지 검열에서 법과 문학의 상호형성: 식민지 말기 최정희 소설에서의 중층적 검열을 중심으로," 「법철학연구」 제15권 제2호.

(2012b) "건강가정 보호의 법적 계보: 건강가정기본법의 '건강가정' 개념에 대한 계보학적 담론분석," 「가족법연구」 제26권 제3호.

정채연

1983년 서울에서 출생한 정채연은 고려대학교 법과대학을 졸업하였으며, 동 대학원에서 이상돈 교수의 지도로 법학석사와 법학박사 학위를 취득하였다. 박사학위 취득 후, 그녀는 뉴욕대학교 로스쿨(New York University School of Law)에서 LL.M. 학위를 받았고, 이후 뉴욕주 변호사 자격을 취득하였다. 현재 그녀는 고려대학교 법학연구원의 전임연구원으로 재직 중이며, 고려대학교 등에서 기초법을 강의하고 있다.

정채연의 주된 학문적 관심은 법철학, 법사회학, 법인류학 등 기초법의 이론적 연구가 국제인권법, 형사사법, 보건의료법 등 현대사회의 다양한 분야들에 제공해줄 수 있는 유의미한 관점, 곧 법학에서 학제간 연구(interdisciplinary research)의 실천적 가능성을 탐구하는 데 있다. 이러한 기초법의 이론적 · 실천적 의의(意義)를 발견하는 것이 그녀가 기초법학자로서 성장하게 된 주된 동력이 되었다.

기초법의 학제간 연구로서 정채연이 처음 접하게 된 학문 분과는 법인류학(legal anthropology)이었다. 그녀는 석사학위논문(2007)에서 법인류학이 자신의 고유한 총체론적이고 비교문화적인 관점과 민족지적 방법론을 통해 이루어 온 이론적 발전을 다섯 가지 지평으로 제시하였다. 그 중 특히 법학과 인류학이 상호변증적인 관계를 형성하게 되는 단계로 이해되는 '법인류학적 다원주의'의 관점에서, '여성할례관습과 국제인권규범의 충돌', 그리고 '대체적 · 보충적 의료체계와 근대의료체계를 기반으로 한 근대의료법의 갈등'의 바람직한 해결방안에 대해 논의하고 있다. 이러한 법인류학적 방법론에 대한 관심은 보다 거시적으로는 포스트모던 법학(postmodern jurisprudence)에 대한 방향성을 가지게 된 학문적 계기가 되었다(2006).

정채연은 박사학위논문(2010)에서 현대 법인류학의 주된 이론적 틀이라고 할 수 있는 법다원주의(legal pluralism)를 자신의 학문적 관심의 연장선에서 보다 심도 있게 다루고 있다. 이를 통해 세계화와 지역화가 전(全) 방위에서 펼쳐지고, 복잡성, 탈중심성, 중층성으로 그 속성이 설명되는 오늘날의 현대사회에서 흔한 수사적 개념이 되어 온 법다원주의를 보다 분석적 개념으로 재정립하려는 하나의 노력으로서, 법다원주의에 대한 이론적 정리를 시도하였다. 이는 법다원주의 이론의 '형성', '발전', 그리고 '역사'라는 세 가지 차원을 가진다. '형성'은 법다원주의 이론의 태동에서부터 이어져온 전반적인 이론의 스펙트럼을 —대표적으로는 포스피실(Pospisil), 토이브너(Teubner), 산토스(Santos), 무어(Moore), 타마나하(Tamanaha) 등과 같은 이론가들의 논의를— 정리하고 분석하는 것이다. '발전'은 다원주의가 본격적으로 법학에 수용되는 단계로서, 법다원주의가 법의 개념과 권리론에 있어서 가지는 이론적 의의에 대한 논의가 중심을 이룬다. 마지막으로 법다원주의의 '역사'적 지평은 오늘날의 세계화와 초국가시대를 이해하는 데 있어 법다원주의의 이론적 가능성을 검토하는 데에 중점을 두었다. 이러한 논의의 전개를 통해, 그녀는 법다원주의의 개념 표지를 '주변화', '통일화', '체계화', '통합가능성', '자율적 하부문화'로 설정하고,

이들을 단계적으로 성취해 나가는 과정이 곧 법다원주의의 이론적 발전의 역사라고 제시한다. 나아가 자신이 앞으로 논의하게 될 법다원주의 이론의 구체적인 내용을 구성하는 세 가지 요소로서 '다원성(diversity)', '관용(toleration)', '변화가능성(variability)'을 제안하고 있다. 이러한 세 가지 구성요소가 결합된 개념으로 법다원주의를 이해할 때, 보편주의와 상대주의가 내포하는 이데올로기화에 빠지지 않을 수 있으며, 보편성과 상대성을 모두 끌어안을 수 있을 것이라고 설명한다.

정채연은 법인류학과 법다원주의라는 이론적 바탕을 다양한 실천적 분야들 —예컨대 초국가적 인권, 의료, 지적재산권, 이슬람법, 회복적 사법 등— 에 적용하면서 보다 바람직한 법제화 방향을 고안하는 데 관심을 기울여 왔다. 이를 통해, 법철학 등 기초법적 연구가 '이론'임과 동시에 현대법의 '응용' 및 '실천'이 될 수 있음을 발견하는 것이 오늘날 기초법학자의 중요한 역할 중 하나인 것이다. 이는 그녀가 박사 후 연구(postdoctoral research)로서 미국 로스쿨의 LL.M. 과정을 선택하게 된 동기가 되기도 한다. 미국 로스쿨에서의 학업은 코먼로(common law) 체계를 접하면서 영미법철학을 이해하는 데 필요한 이론적 기반을 닦는 중요한 경험이기도 했지만, 무엇보다도 기초법학자로서 새로운 학문적 관심사를 발견하게 된 계기가 되기도 했다.

이 중에서도 먼저 미국의 예술법(art law)을 접하게 되면서, 현대예술(contemporary art)을 둘러싼 다양한 법적 쟁점들 —예컨대 포르노그래피, 음란물 규제, 지적재산권, 예술가의 권리 등— 을 해결하는 데 있어서 현대예술의 고유한 관점과 이에 대한 새로운 비평이론을 이해하는 것이 중요하다는 것, 그리고 나아가 현대예술이 포스트모던 법학과 만나는 접점이 있음을 깨닫게 되었고, 현재 이에 대한 연구가 진척 중에 있다.

또한 미국의 의료법(health law)에 대한 배움을 통해, 의료사회학의 의료화(medicalization) 개념을 접하게 되면서, 근대화와 의료화에 대한 푸코(Foucault)의 계보학적 논의를 기반으로 하여, 의료화의 역사와 의료의 법제화, 그리고 근대성의 관계를 탐구하고, 오늘날 생명의료화(biomedicalization)로까지 이어지는 이러한 역동적 과정 속에서 의료인문학이 기여할 수 있는 바가 무엇인지에 관심을 기울이게 되었다(2013). 이러한 연구의 한 예로서, 특히 미국사회에서 중요한 사회적 쟁점이 되고 있는 출산의 과도한 의료화(overmedicalization) 현상을 의료인류학 및 의료다원주의의 관점에서 비평하고, 출산의 문화적 의미를 복원하는 것이 갖는 중요성을 논의한 바 있다(2012a). 이에 덧붙여, 최근 Patient Protection and Affordable Care Act(PPACA)를 필두로 진행되고 있는 미국의 건강보험개혁을 둘러싼 다방면의 논의는 의료법에서 자유와 평등의 변증에 대한 보다 심층적인 연구의 필요성을 일깨워 주었다.

나아가 뉴욕대학교 국제법 로저널(Journal of International Law and Politics)에서의 에디터 활동을 통해 특히 아프리카법에 대한 관심을 갖게 되면서, 정채연은 자신의 법다원주의적 관점에 기초해, 아프리카와 같은 비서구사회의 이행기 정의(transitional justice)와 초국가적 인권문제의 해결을 위해 바람직한 국제형사사법 모델을 제시하고자 했다(2012b). 그녀는 아프리카 사회의 이행기 정의를 통한 민주화와 초국가적 인권의 실현이라는 동시적인 과제를 실천하는 데 있어서, 서구중심의 국제인권규범이 아프리카 사회의 복잡하고 중층적인 역사적 · 정치적 · 문화적 맥락에 대한 면밀한 분석 없이 적용됨으로써 초래되는 문제점에 대해 지적하고 있다. 그녀는 르완다 제노사이드와 같은 중대한 인권침해문제를 해결하는 데 있어서 법학, 역사학, 인류학, 심리학 내지 정신분석학 간의 학제 간 연구가 중요하다는 전제에서 논의를 시작하고 있다. 이에 따라 르완다 제노사이드를 둘러싼 역사적 배경과 이에 대한 인류학적 보고서들을 분석하고, 제노사이드에 대한 국제사회의 대응으로서 수립된 르완다 국제형사재판소(ICTR)가 분쟁해결절차로서 갖는 이론적 · 실천적 한계를 밝히고 있다. 나아가 전통적인 공동체 사법(community justice) 모델로서 현대적으로 재구성된 가챠챠(Gacaca) 법원의 정당성 및 적법성을 '대체적 분쟁해결절차의 법인류학적 의의', '이행기 정의와 과거청산의 역사성', '진실의 발견을 통한 역사적 트라우마의 치유'라는 세 가지 지평에서 논하고 있다. 이를 통해 그녀는 이행기 정의의 목적이 "정의와 화해 사이의 조화"로 집약될 수 있으며, 이러한 역동적인 과정으로서 이행기 정의와 초국가적 인권이 —국제형사사법, 국내형사사법, 그리고 지역사회의 공동체 사법이 법형성의 차원에서 수평적이고 병렬적인 구조로서 공존하는— 다원주의적 사법 모델을 통해 실현되도록 구상되어야 함을 제안하고 있다.

최근 정채연의 연구작업은 위와 같은 일련의 이론적 바탕과 관심사를 현대의 다문화사회와 국제사회의 문화적 갈등 상황에 연장시켜, 현대사회에서의 '관용론'을 재구성하는 데 중점이 있다. 우리나라에서도 2006년 공식적으로 다문화사회임을 선언하고 법적인 정비를 시도해 왔듯이, 관용에 대한 논의는 전세계적으로 다문화사회로의 진입이 본격적으로 이루어지고 있는 오늘날의 시점에서 새로이 요청되고 있다. 관용에 대한 그녀의 연구는 먼저 서구사회의 다문화정책과 그것의 기초가 되는 관용 개념이 갖는 한계를 밝히는 데에서 시작되고 있다(2012c). 이를 위해 그녀는 대표적인 이민국가이자 다문화사회인 프랑스와 독일 사회에서 이루어진 이주의 역사적 배경과 다문화정책을 정리하고, 히잡착용금지와 같은 문화적 갈등에 대한 논의를 중심으로 하여, 프랑스의 동화주의적 다문화정책과 독일의 통합적 다문화정책 모두 내재적 한계를 가지고 있음을 지적하고 있다. 나아가 이러한 다문화정책의 이론적 배후이자 관용의 한계로서 작동하는 기제가 각각 프랑스의 고유한 세속주의 원칙인 라이시떼(laïcité)와 독일의 민주적 헌정주의임을 제시하고, 이렇듯 '한계지어진 관용'은 진정한 의미의 다문화시대에 추구되어야 할 가치가 되기에 '한계'를 내재할 수밖에 없음을 밝히고 있다. 이러한 관용의 한계를 극복하고 현대 다문화사회의 관용 이해가 나아가야 할 방향성을 제시하기 위해, 관용 개념을 무관심(indifference), 인정(recognition), 통합(integration), 포용(embracement)으로 단계화하고, 법다원주의로 나아가는 방향성에서 포용적 관용(embracing toleration)을 —특히 접촉이론(contact theory)과 같은 다문화적 교육학 이론을 참고하여— 제안하고 있다.

관용에 대한 논의의 연장선에서, 정채연의 최근 연구주제는 세계적 테러리즘(global terrorism)과 관용 내지 환대(hospitality)에 대한 하버마스(Habermas)와 데리다(Derrida)의 이론을 분석하고, 이들의 논의를 관용에 대한 모더니즘적, 그리고 포스트모더니즘적 해석의 변증이라는 관점에서 이해하는 데 있다. 이렇듯 관용에 대한 이론적 성찰을 통해, 그녀는 세계시민법에 대한 법철학적 논의, 다문화사회에서의 시민권(multicultural citizenship), 국적법과 이민법, 그리고 종교다원주의에 대한 향후 연구과제의 기초적 작업을 마련하고자 한다.

(2006) "포스트모더니즘과 법"(4인 공저), 세창출판사.

(2007) 『법인류학의 방법론과 실천적 과제』, 고려대학교 대학원 법학과 석사학위논문.

(2010) 『법에서 다원주의의 수용과 발전』, 고려대학교 대학원 법학과 박사학위논문.

(2012a) "A Cultural Criticism of Childbirth Practice in the U.S. from a Medical-Legal Pluralistic Perspective: Limitation of Medicalization and Reconstruction of the Cultural Meaning of Childbirth," *Korea University Law Review*, Vol.11-12, Spring-Fall.

(2012b) "다원주의적 사법을 통한 이행기 정의와 초국가적 인권의 실현: 르완다의 제노사이드와 가챠챠(Gacaca) 법원에 대한 논의를 중심으로," 「고려법학」(고려대학교 법학연구원) 제65호.

(2012c) "유럽사회에서 다문화정책의 현황과 관용의 한계: 프랑스의 라이시떼와 독일의 민주적 헌정주의를 중심으로," 「법학논총」(단국대학교 법학연구원) 제36권 제1호.

(2013) "의료화의 역사에 대한 법사회학적 반성: 새로운 의료법 패러다임의 구상," 「법학논집」(이화여자대학교 법학연구소) 제17권 제3호.

한국의 법철학자

2013년 6월 1일 초판 인쇄
2013년 6월 10일 초판 발행

편 자 한국법철학회
발행인 이 방 원
발행처 세창출판사
서울 서대문구 경기대로 88 냉천빌딩 4층
전화 723-8660 팩스 720-4579
e - mail: sc1992@empal.com
http://www.sechangpub.co.kr
신고번호 제300-1990-63호

정가 30,000원

ISBN 978-89-8411-414-2 93360